16	3	2	13
5	10	11	8
9	6	7	12
4	15	14	1

C:B022929

QUANDO A TERRA DEIXOU DE FALAR

Cantos da mitologia marubo

Organização, tradução e apresentação
Pedro de Niemeyer Cesarino

A partir dos cantos de
Armando Mariano Marubo, Antonio Brasil Marubo,
Paulino Joaquim Marubo, Lauro Brasil Marubo
e Robson Dionísio Doles Marubo

editora 34

EDITORA 34

Editora 34 Ltda.
Rua Hungria, 592 Jardim Europa CEP 01455-000
São Paulo - SP Brasil Tel/Fax (11) 3811-6777 www.editora34.com.br

Copyright © Editora 34 Ltda., 2013
Organização, tradução e apresentação © Pedro de Niemeyer Cesarino, 2013
Esta obra possui autorização para publicação de traduções e transcrições de cantos originalmente produzidos por cantadores marubo do Alto Rio Ituí (Amazonas, Brasil). Os direitos dos cantos originais estão reservados aos cantadores.
Os valores referentes aos direitos autorais desta obra foram integralmente convertidos em exemplares, gratuitamente distribuídos entre as comunidades marubo e diversas instituições de ensino.

A FOTOCÓPIA DE QUALQUER FOLHA DESTE LIVRO É ILEGAL E CONFIGURA UMA APROPRIAÇÃO INDEVIDA DOS DIREITOS INTELECTUAIS E PATRIMONIAIS DO AUTOR.

Imagem da capa:
Antonio Brasil Marubo, Patamares celestes, *2005,*
caneta hidrográfica s/ papel, 21 x 29,7 cm (detalhe)

Capa, projeto gráfico e editoração eletrônica:
Bracher & Malta Produção Gráfica

Revisão:
Alberto Martins, Isabel Junqueira

1ª Edição - 2013

CIP - Brasil. Catalogação na-Fonte
(Sindicato Nacional dos Editores de Livros, RJ, Brasil)

Cesarino, Pedro de Niemeyer, 1977

C664q   Quando a Terra deixou de falar: cantos da mitologia marubo / organização, tradução e apresentação de Pedro de Niemeyer Cesarino. — São Paulo: Editora 34, 2013 (1ª Edição).
320 p.

ISBN 978-85-7326-517-0

Texto bilíngue, português e marubo

1. Literaturas aborígines - Brasil.
2. Mitologia marubo. 3. Antropologia.
I. Título.

CDD - 898

QUANDO A TERRA
DEIXOU DE FALAR

Apresentação, *Pedro de Niemeyer Cesarino* 7

1. *Naí Mai vaná*, "A formação do Céu e da Terra" 43
   1.1. *Mai Vana enemativo*,
      "Quando a Terra deixou de falar" 55
   1.2. *Koĩ Mai vaná*,
      "A formação da Terra-Névoa" 69
2. *Kaná kawã*, "Raptada pelo Raio" 85
3. *Shono Romeya*, "Pajé Samaúma" 111
4. *Shetã Veká*, "A história de Shetã Veká" 129
5. *Shoma Wetsa*, "O surgimento dos brancos bravos" 163
6. *Rane Nawavo pakaya*, "A guerra do Povo Adorno" 187
7. *Rome Owa Romeya*, "Pajé Flor de Tabaco" 193
8. *Roka*, "Origem da vida breve" 207
9. *Isko metaska*, "O desaninhador de japós" 219
10. *Temĩ Txoki*, "Temĩ Txoki, o surgimento de Lua" 257
11. *Inka roẽ yõká*, "Pedindo machado ao Inca" 283
12. *Tama rera*, "Rachando Árvore" 295

Mapa 307
Bibliografia 309
Sobre os cantadores 315
Sobre o tradutor 317

Apresentação

Pedro de Niemeyer Cesarino

I

Quando a Terra deixou de falar é uma antologia de traduções de narrativas míticas dos Marubo do Alto Rio Ituí, extremo oeste do Amazonas. Elas tratam de temas diversos, tais como o processo de formação do mundo, o surgimento da lua, as relações entre antepassados e espíritos, os contatos com o Inca e outros episódios ocorridos nos tempos antigos. As presentes traduções servem como introdução ao complexo universo narrativo ameríndio, tão vivo quanto ainda ignorado por muitos leitores. Elas representam um pequeno passo para que se supere a falta de traduções dessas poéticas da floresta, tendo em vista a existência de mais de 180 línguas indígenas faladas no Brasil atual, cujas artes verbais foram muito pouco registradas, traduzidas e publicadas. Cada língua implica um mundo, uma construção de pensamento, uma estética e uma produção ritual. Se somarmos a isso o fato de que esses mundos são bastante distintos daqueles que deram origem às formas ocidentais de pensamento, então percebemos a distância a ser percorrida para que haja uma compreensão mais efetiva dos referenciais intelectuais e criativos indígenas. Daí a necessidade de uma aproximação tradutória, que busca uma compreensão mais afinada de tais singularidades poéticas.

A tradução e documentação das tradições orais das terras baixas sul-americanas possui antecedentes importantes para a compreensão da presente antologia. Como se sabe, as primeiras relações da escrita alfabética com os pensamentos indígenas remontam ao período colonial. Os cronistas do século XVI distorciam as narrativas de povos falantes de línguas tupi-guarani pela escrita em prosa corrida e pelas lentes da teologia e da moral cristãs. Tome-se o exemplo da *Cosmografia universal*, de 1575, na qual o francês André Thevet registrou, a partir do contato com seus intérpretes, uma significativa versão escrita de mitos tupinambá. A despeito do importante conjunto de episódios narrados, mal se reconhecem ali as qualidades poéticas das *performances* originais, através das quais tais narrativas deveriam ter sido realizadas por seus próprios especialistas. Os registros de outros cronistas, tais como Jean de Léry, Fernão Cardim ou Claude D'Abbeville, tampouco escapam de manipulações similares às que caracterizam os textos de Thevet.[1] O padre jesuíta José de Anchieta, aliás, foi um dos maiores conhecedores da língua guarani, sobre a qual chegou inclusive a produzir uma gramática. Seu uso da oralidade guarani era, no entanto, inteiramente voltado para os fins da catequese. Anchieta produzia uma poesia escrita em língua geral (o *nheengatu*, de base tupi) que, de acordo com João Adolfo Hansen, resulta da transferência "de elementos obtidos pela análise da língua indígena segundo o princípio escolástico de que os modos de expressão são modos de conhecimento" (2006: 19). Era assim que Anchieta se apropriava do léxico indígena e o ressignificava através da metafísica cristã para, em seguida, relançá-lo nos poemas.

As torções ontológicas resultantes de tal apropriação são dignas de nota: "É o caso do termo *Tupána*, *Tupã*, que em tupi era o nome genérico de ruídos da natureza, como trovões, e que passa a ser usado significando nada menos que a substância metafísica incriada de uma das Pessoas da Trindade, Deus-Pai". Algo similar se dá no caso de *anhangá*, termo que "nomeava espíritos do mato, apropriado como nome unificador da ausência de Bem, o diabo cristão. Ou de *ánga*, princípio vital, reclassificado como o nome para o princípio cristão de unidade e coerência espirituais da pessoa, a alma" (*idem*: 19). Desta forma, Anchieta incutia na metafísica alheia a distinção entre corpo e alma e, ainda, a ideia de unidade como princípio cosmológico que, como veremos nas próximas páginas, são estranhas às especificidades dos pensamentos autóctones. O jesuíta se valia de um conhecimento profundo da língua que lhe permitia essa eficaz manipulação do pensamento indígena. Aos poucos, tal manipulação passava a se naturalizar e, como consequência, silenciavam-se as particularidades poéticas e me-

---

[1] O escritor Alberto Mussa (2009) reuniu essas fontes em seu livro *Meu destino é ser onça*, o qual tenta restaurar um suposto ciclo narrativo dos Tupinambá.

tafísicas alheias. Nos tempos atuais, esse silenciamento ainda vigora, muito embora sejam notáveis alguns esforços de transformação da relação com as línguas e os pensamentos ameríndios.

A documentação das tradições orais começa a ser realizada de modo mais sistemático a partir do século XIX com o trabalho de cientistas e viajantes. Suas pesquisas partiam de traduções diretas das línguas originais, mais ou menos completas ou bem realizadas, em muito ainda submetidas à linearidade da escrita alfabética, mas que de toda forma nos legaram exemplares fundamentais das artes verbais ameríndias. Ermanno Stradelli publicou em 1890 uma tradução italiana da *Lenda de Jurupari*, realizada a partir de uma versão redigida em *nheengatu* por Maximiano José Roberto, índio de origem Tariana.[2] Theodor Koch-Grünberg, por sua vez, traduziu uma série de narrativas dos povos do norte da Amazônia em seu livro *Vom Roraima zum Orinoco* (1916-1928),[3] tomadas, aliás, como referência por Mário de Andrade para compor o seu *Macunaíma*. Capistrano de Abreu recolheu narrativas de um Kaxinawá e publicou-as em 1914 sob o título de *Rã-txa hu-ni-ku-ĩ*, "A lingua dos caxinauás do rio Ibuaçu". A edição trazia um conjunto de textos em *hãtxa kuin* (a língua kaxinawá) e suas versões em português, mais próximas de uma tradução interlinear do que da tradução livre. Sem esquecer a etnografia produzida pelo Padre Constant Tastevin,[4] a publicação de Capistrano talvez tenha sido pioneira no que diz respeito aos trabalhos dedicados às narrativas dos povos falantes de pano da região do Acre, família linguística que inclui os Marubo e que segue sendo pouco conhecida para além da etnologia especializada.[5]

No que se refere ao acúmulo de estudos, os Guarani estiveram em situação melhor. Grande especialista nos povos das terras baixas, o

---

[2] Ver Stradelli (2009) e Medeiros (2002) para edições recentes em português da *Lenda de Jurupari*.

[3] Esta obra de Koch-Grünberg foi parcialmente publicada em duas edições brasileiras recentes (Medeiros, 2002; Koch-Grünberg, 2006).

[4] Parte do trabalho de Tastevin recebeu uma publicação recente, organizada por Manuela Carneiro da Cunha (2009).

[5] Para outros estudos de tradições orais pano publicados nas últimas décadas, ver Déléage (2006, 2009a), Townsley (1993), Wistrand (1976), Lagrou (2007), Guimarães (2002), Urteaga (1995), Bertrand-Ricoveri (2005) e D'Ans (1978), entre outros.

Apresentação

alemão Kurt Unkel (que havia sido batizado com um nome de origem guarani, Nimuendajú) publica em 1914 o primeiro *corpus* de traduções recolhidas entre os Apapocuva da fronteira do Brasil com o Paraguai.[6] Nimuendajú assim conseguia não apenas apontar para a existência de uma poética oral riquíssima, como também avançar no estudo da complexa metafísica guarani, por sinal ainda hoje bastante viva nas aldeias que se espalham do Chaco até o litoral do sudoeste brasileiro. Foi com o trabalho de León Cadogan, no entanto, que uma parte significativa dessa poética pôde ser traduzida e publicada na década de 1950. Cadogan tornou-se um grande conhecedor do pensamento guarani e, depois de ser admitido pelos Mbya, documentou e traduziu exemplares das *Nhe'e ayvu porã tenondé*, "As belas palavras primeiras" (Saguier, 1980). Daí em diante, uma série de outros estudiosos se dedicaram à etnografia e à tradução das tradições orais guarani, tais como Bartolomeu Meliá, Pierre e Hélène Clastres, Egon Schaden e, mais recentemente, Douglas Diegues, Guillermo Sequera e Josely Vianna Baptista.[7]

Em 1964 e 1966, Claude Lévi-Strauss publica os dois primeiros volumes das *Mitológicas* (*O cru e o cozido* e *Do mel às cinzas*, respectivamente), que reúnem um conjunto copioso de narrativas dos povos sul-americanos provenientes de fontes diversas, algumas das quais acima mencionadas e outras não menos importantes (entre as quais a *Enciclopédia Bororo*, de Albisetti e Venturelli, os textos uitoto traduzidos por Konrad Preuss, a mitologia kogi da edição de Reichel-Dolmatoff, os mitos kadiwéu publicados por Darcy Ribeiro, as *Lendas em nheengatu e português* de Brandão de Amorim, a mitologia marikitare reunida por Marc de Civrieux no ciclo *Watunna*, e outras narrativas dispersas em etnografias). Os dois volumes, mais outros que em seguida completariam esta obra-mestra de Lévi-Strauss, terminam por transformar as *Mitológicas* no mais importante estudo dedicado ao

---

[6] A edição brasileira do original alemão, hoje esgotada, é de 1987 e conta com tradução de Eduardo Viveiros de Castro e Charlotte Emmerich.

[7] Diversas traduções de Nimuendajú, Cadogan, Pierre e Hélène Clastres e Meliá foram reunidas em um volume publicado em espanhol por Saguier (1980). Josely Vianna Baptista (2011) publicou uma tradução literária bilíngue do *Ayvu raptya*, apoiada na tradução original de Cadogan (1959). Vale consultar também as edições de Clastres (1974a), Diegues e Sequera (2006) e de Garcia (2003).

pensamento narrativo ameríndio. Mesmo que os mitos não acompanhem sua forma original de execução em *performance* e que estejam via de regra resumidos em prosa corrida (pois o que interessava era a sua estrutura), o vasto caleidoscópio das *Mitológicas* permanece como referência indispensável para qualquer trabalho de tradução sobre mitos indígenas. É ali que se torna possível entender de modo sistemático as conexões (aparentemente imprevistas) entre narrativas, cujas diferenças não são frutos da falta de lógica ou sentido da oralidade mas, bem ao contrário, uma forma de reflexão sobre aspectos diversos tais como a cosmologia, a escatologia e a temporalidade.

Isso tudo, porém, ainda não dá conta da complexidade e diversidade de tradições orais que, naquele período e ainda nos dias de hoje, seguem ativas entre os povos indígenas.[8] A partir das décadas de 1970 e 1980, uma nova geração de etnólogos vai aliar a pesquisa de campo sistemática com uma compreensão mais sofisticada das línguas e de suas respectivas configurações poéticas e rituais. Alguns dos autores desse período se identificavam a uma certa "abordagem da cultura centrada no discurso" (*discourse-centered approach to culture*) (Sherzer e Urban, 1986) e estendiam suas pesquisas para povos diversos tais como os Kuna do Panamá, os Warao do delta do rio Orinoco e outros da América do Norte e Central.[9] Em seus estudos e traduções das artes verbais da América do Norte, Dell Hymes (1981) aliou as contribuições da linguística estrutural à análise das qualidades da *performance* oral em seus contextos sociais, criando formas específicas para transcrever

---

[8] Alguns autores têm recentemente argumentado em favor de uma redefinição da própria noção de tradição oral, tendo em vista seu contraste assimétrico com a escrita alfabética fonética. Carruthers (1990: 31 ss.), por exemplo, alarga a definição de escrita para modos diversos de decodificar informação via o estímulo do trabalho da memória, inclusive para pictografias ameríndias que, diga-se de passagem, estabelecem uma conexão profunda com a estrutura de composição panorâmica de narrativas tais como as aqui traduzidas. Não por acaso, Severi (2007: 91 ss.) vai propor uma revisão da noção de tradição oral justamente a partir do estudo de tais pictografias e de suas conexões com os cantos cerimoniais ameríndios. O assunto não pode ser aprofundado aqui, mas vale se remeter a dois estudos que desenvolvi sobre o caso marubo (Cesarino, 2011b e 2011c), bem como aos escritos comparativos recentes de Déléage (2009b, entre outros).

[9] O estudo das tradições orais norte-americanas, mesoamericanas e andinas mereceria um longo comentário à parte, que escapa aos nossos propósitos.

Apresentação

as linhas, versos, estrofes e blocos que constituem a armadura paralelística de uma narrativa. Dedicando-se também ao trabalho etnográfico e à transcrição de qualidades das *performances*, em especial às pausas e silêncios, Dennis Tedlock (1983) aproximou as narrativas da ação da poesia dramática e rompeu com a linearidade da prosa que dominava os trabalhos de tradução. Até então afuniladas no literalismo, na redução à prosa corrida e ao menosprezo das qualidades rítmicas e discursivas das expressões orais, as traduções assim passariam a se sofisticar e a ocupar o centro de outros estudos. Nas terras baixas sul-americanas, sobretudo entre os povos do rio Xingu, muitas pesquisas se valeram de tal abertura de campo. Ellen Basso (1987, 1995) e Bruna Franchetto (2000, 2001, 2003), por exemplo, produzem importantes traduções dos cantos e narrativas dos Kalapalo e dos Kuikuro, a que se somam também as pesquisas etnomusicológicas de Rafael Menezes Bastos (entre os Kamayurá) e Anthony Seeger (entre os Suyá, ou Kinsêdjê).[10] O campo passa a se valer de uma perspectiva multidisciplinar ao combinar a etnomusicologia, a etnolinguística e a etnografia para revelar uma série de características das artes verbais das terras baixas que permaneciam obscuras ou pouco sistematizadas. A elucidação de aspectos tais como o paralelismo, o uso de metáforas e léxicos rituais, as enunciações polifônicas e o sistema de evidenciais (ou de modalidades epistêmicas) seria articulada a uma compreensão mais sofisticada da composição dos gêneros de fala e de canto, de suas formas de aprendizagem, de suas configurações rituais e musicais. A partir daí, surgem outras publicações isoladas de traduções de narrativas e de cantos, como se pode verificar pelos trabalhos de Wright (1993), Oakdale (2005), Hill (2008), Course (2009), Déléage (2009a, 2011), Cesarino (2011a) e outros. Mais recentemente, um grupo de jovens etnólogos reuniu seus trabalhos em um volume especial do *Journal de la Société des Américanistes* dedicado aos discursos rituais amazônicos, que apresenta traduções diversas marcadas por igualmente distintos projetos teóricos.

De toda forma, a reunião de *corpus* de traduções em coletâneas ou em antologias segue insuficiente, mesmo se levarmos em consideração alguns esforços isolados. Betty Mindlin vem publicando traduções diversas das narrativas dos Suruí de Rondônia em colaboração com tra-

---

[10] Ver Bastos (1990, 2007) e Seeger (1987).

dutores e narradores indígenas (Mindlin *et al.*, 2007, 2001a, 2001b, entre outros). Uma outra antologia de cantos traduzidos dos Maxakali de Minas Gerais foi realizada por Rosângela de Tugny (2009a e 2009b), fazendo corpo com as já mencionadas retraduções e compilações de textos tupi-guarani oferecidas por Vianna Baptista e Mussa, bem como com a edição brasileira do *Popol Vuh* (grande poema narrativo dos Maia-Quiché da Guatemala) de Medeiros e Brotherston (2007) que, no entanto, se vincula a outro ar histórico e cultural. Marginais tanto no que se refere à etnologia americanista, quanto aos estudos literários realizados no Brasil, os passos valiosos realizados pelas referidas publicações precisariam ser estendidos para que o desconhecimento de tais poéticas pudesse ser superado.

Tal superação deverá também ser levada adiante por intelectuais indígenas, cada vez mais próximos da escrita alfabética, da formação universitária e das referências ocidentais de pensamento. Frutos de produções literárias individuais ou de colaborações com antropólogos e linguistas, algumas publicações recentes são testemunhos de que o registro do livro e da escrita passa, aos poucos, a ser ressignificado. Vale aqui destacar alguns casos exemplares. O primeiro é a publicação recente em francês de um longo depoimento autobiográfico do xamã yanomami Davi Kopenawa, escrito a partir de anos de colaboração com o antropólogo Bruce Albert: *La chute du ciel: paroles d'un chaman yanomami*. As belas passagens dos depoimentos de Kopenawa ali escritas não apenas revelam um trabalho de transposição de categorias centrais do pensamento yanomami para a língua francesa, como permitem, também, vislumbrar algo da *performance* oral, reiterativa e paratática, na versão final escrita. Outra publicação valiosa é a *Coleção narradores indígenas do rio Negro*, composta por oito volumes, nos quais vão traduzidas diversas narrativas e cantos rituais de povos do Alto Rio Negro. Menos atentas às transposições para o português escrito, elas, de toda forma, são documentos etnográficos fundamentais, além de representarem uma espécie de transformação ritualizada do próprio livro, aos poucos integrado pelos povos indígenas da região a seus antigos sistemas rituais de circulação de cantos e de bens cerimoniais.[11] Em

---

[11] Para mais informações sobre o assunto, ver Andrello (2010) e Hugh-Jones (2010).

Apresentação

parceria com organizações não governamentais e com antropólogos, os Huni Kuin (autodesignação preferida dos Kaxinawá) do estado do Acre têm também produzido algumas publicações de seus cantos, em um movimento de formação de professores e pesquisadores indígenas que tem se tornado presente também entre outros povos das terras baixas. Essas publicações fazem parte do processo de ressignificação da escrita e do livro pelos povos indígenas, cada vez mais preocupados em oferecer alternativas à hegemonia do ensino do português escrito (e de suas histórias) em suas comunidades.[12]

II

Essa breve recapitulação de alguns momentos fundamentais do estudo e das publicações dedicadas às artes verbais ameríndias das terras baixas deve indicar os desafios que, ainda hoje, precisam ser enfrentados. Eles demandam uma interlocução mais ampla entre estudiosos da tradução e da literatura, antropólogos, linguistas e mestres indígenas da palavra, já que são diversos os níveis de complexidade aí envolvidos. O momento parece oportuno para encarar de maneira mais aprofundada as possibilidades de uma tradução que conquiste uma literalidade própria e que não permaneça, assim, a reboque da etnologia ou da linguística. Valendo-se de uma integração entre tais perspectivas, o trabalho de tradução deveria conseguir, em algum momento, atingir a sua própria consistência poética, sua força e seu ritmo. É desta maneira que a tradução pode se conceber não como uma traição, mas como uma transformação do original em outro registro literário possível, de modo que as especificidades marcantes na enunciação oral não sejam simplesmente apagadas pelo texto alfabético (Meschonnic, 2010, p. 31).[13] Ora, as artes ameríndias da palavra também formulam para si mesmas uma certa noção de poética associada às suas formas de expressão. Nada mais justo, portanto, que as traduções escritas aliem-se a elas. A seguinte frase de Henri Meschonnic sintetiza bem o

---

[12] Ver Índios Kaxinawá (2007).

[13] Franchetto (2008) oferece uma boa reflexão sobre os dilemas envolvidos no confronto entre escrita e oralidade nas terras baixas sul-americanas.

desafio e a mudança de foco em questão: "O objetivo da tradução não é mais o sentido, mas bem mais que o sentido, e que o inclui: o modo de significar" (*idem*, p. 43).

A presente publicação é resultado de uma pesquisa realizada em parceria com os xamãs cantadores e professores marubo,[14] com os quais venho trabalhando ao longo dos últimos oito anos. Nesse período, estivemos engajados, como dizem eles, em "ligar pensamento", ou seja, em estabelecer uma relação marcada pelo prazer do conhecimento e da amizade. As traduções derivam do encontro entre dois regimes poéticos e intelectuais: o da narração verbal e o da escrita, o das *performances* rituais e o do livro. Trata-se do cruzamento entre modos de pensar cujo resultado é uma tradução criativa, que parte de um registro original de significação (o dos cantadores marubo), e atinge um registro outro, mediado pela escrita e pela reinvenção poética de cantos no papel. Procurei ir ao encontro da elaboração da palavra, já que certa concepção de poética — *vana mekika*, "palavra arranjada", *chinã vana*, "palavra pensada" — é algo absolutamente central para o pensamento marubo e suas artes verbais. Para que sejam eficazes, as palavras são rigorosamente empregadas (e apreciadas) de uma maneira considerada como bela, boa ou correta (*roaka*), e distinta, portanto, da fala cotidiana (*veyô vana*). Em outros termos, a eficácia das artes verbais (tanto no que se refere à cura, quanto à narração e ao aprendizado ou à feitiçaria, entre outros empregos) depende visceralmente da elaboração da palavra e da música, sem a qual seria impossível estabelecer qualquer relação de conhecimento e de interação com o mundo. Algo que não escapou ao entendimento de um xamã yaminawa (povo falante de pano, assim como os Marubo), que ofereceu a seguinte re-

---

[14] O termo "xamã" (e "xamanismo") deriva de *saman*, que originalmente designava os especialistas rituais dos povos siberianos falantes de línguas tungusianas, e aos poucos foi consagrado como categoria genérica para uma certa forma de cosmologia e prática ritual. Ele pode ser considerado como equivalente de "pajé" (e "pajelança"), de origem tupi, que passou a designar os especialistas rituais dos povos indígenas das terras baixas sul-americanas (esta antologia faz uso dos dois termos, portanto). Para uma reflexão geral sobre a diferença entre xamãs, xamanismos, sacerdotes e sistemas religiosos, tão frequentemente confundidos pelo senso comum, consultar Viveiros de Castro (2002: 457 ss.). Como se verá adiante, há entre os Marubo dois tipos de xamãs, que são também os cantadores de seus gêneros orais.

Apresentação

flexão a um antropólogo sobre a linguagem de seus cantos de cura (os *koshuiti*):

> "Com os meus *koshuiti* eu quero ver — cantando, eu examino as coisas com cuidado — a linguagem torcida me traz para perto, mas não em demasia — com palavras comuns eu me esborracharia nas coisas — com palavras torcidas eu caminho ao redor delas — posso vê-las com clareza."[15]

Aí jaz grande parte dos desafios do presente livro, que consiste no esforço de transcrição, interpretação e tradução do que há de indireto, metafórico, alusivo e especializado nas artes verbais marubo. Algo que, para além de meu próprio estudo da língua, só podia ser levado a cabo com a presença de um xamã (em geral o autor da versão gravada) e algum falante bilíngue que fosse necessariamente versado nos conhecimentos rituais. Nas páginas seguintes, as narrativas serão acompanhadas de esclarecimentos e reflexões etnográficas, tendo em vista uma compreensão mais aprofundada da maneira pela qual a metafísica marubo se inscreve nos textos. A presente antologia se situa, portanto, na confluência de um trabalho etnográfico aprofundado com o trabalho de tradução. Em outros termos, a tradução literária dos cantos se encontra com a reflexão tradutória sobre as categorias de pensamento marubo, sem a qual seria impossível realizar uma aproximação das especificidades ontológicas que permeiam as narrativas.

Os *saiti* passam agora a ser escritos e publicados em livro, por um tradutor que os considera como uma expressão poética. Paul Zumthor diz que "é poesia, é literatura, aquilo que o público (leitores ou auditores) reconhecem como tal, aí percebendo uma intenção não exclusivamente pragmática: o poema (ou, de uma maneira geral, o texto literário) é de fato percebido como a manifestação particular, em um tempo e em um lugar determinados, de um vasto discurso que constitui globalmente um tropo de discursos ordinários resguardados no seio do

---

[15] "With my *koshuiti* I want to see — singing, I carefully examine things — twisted language brings me close, but not too close — with normal words I would crash into things — with twisted ones I circle around them — I can see them clearly." Townsley (1993: 460). A tradução para o português é minha.

grupo social" (1983: 38-9 — tradução minha). Os *saiti* não são o único gênero verbal conhecido pelos Marubo e também se articulam a uma série de outras formas de discursos mantidos ao longo de gerações, cujos processos de transmissão têm sofrido alterações nos tempos recentes. Até o momento em que se dá a intervenção do trabalho de documentação, transcrição, tradução e publicação, eles não são ainda, tal como no caso do rio Negro, objetificados como uma produção literária que circula no formato "livro". Ainda assim, os *saiti* (e outros exemplos das artes verbais) são perfeitamente compreendidos como manifestações de uma esfera mais vasta, que serve de matriz e pretexto para reflexão: *nokẽ shenirasĩ vana*, "as falas de nossos antepassados" (em um sentido amplo de "fala", que engloba suas expressões cantadas e narradas, mas que também querem dizer saber e ensinamento), *nokẽ tanáti*, "o nosso jeito", *nokẽ chinã vana*, "a nossa fala pensada". Tais categorias, aliás, começam agora a ser traduzidas por "a nossa cultura", indicando um processo, comum entre outros povos indígenas, de ressignificação de categorias de pensamento provenientes da matriz ocidental.[16]

O *Popol Vuh* surge aqui como um contraponto interessante ao nosso caso. Ao verter as narrativas maia-quiché para o português, Medeiros e Brotherston se apoiavam na versão de Munro Edmondson, que apresentava a transcrição do original com sua própria estruturação de versos. Mas, ao contrário dos referidos documentos tupi e da presente antologia, o *Popol Vuh* foi escrito pelos próprios Maia-Quiché em sua língua. Seu mais antigo manuscrito, relatam os tradutores, "é uma cópia, feita em Rabinal, Guatemala, do original maia-quiché do século XVI, que utiliza a escrita alfabética introduzida pelos conquistadores" (2007: 12). Isso em um conjunto cultural no qual a comunicação escrita já era disseminada, por meio dos famosos livros de papel mesoamericanos elaborados nas escritas maia e nahuatl. O *Popol Vuh* possuía, ademais, um contexto enunciativo preciso:

> "Escrito apenas três décadas após a invasão do território quiché liderada por Pedro de Alvarado em 1524, o *Popol Vuh* procura afirmar memória e direitos locais, perguntando:

---

[16] Carneiro da Cunha (2009) tem se dedicado a estudar tal fenômeno.

Apresentação

quem, naquele ano, entrou na história de quem? Quem entende melhor o tempo que vai prevalecer agora, 'na Cristandade'? A quem pertence a narrativa mais original da gênese do mundo? Narra com clareza de detalhes a história da criação do Quarto Mundo, numa forma que recorre com engenhosidade à tradição de escrita indígena da qual ele próprio reivindica ter sido copiado." (*idem*: 11-2)

A situação é aparentemente distinta do caso Marubo. Nesta tradição oral não há nenhum traço de presença da escrita (alfabética ou não), a não ser o criado pela intervenção do presente livro,[17] que não se origina de uma intenção política local como a do poema maia-quiché. Como foi dito, a compilação que se apresenta surge de uma iniciativa minha, acolhida de bom grado pelas aldeias em que vivi durante meu trabalho de campo. Logo no início, quando o projeto era explicado e aceito pelos cantadores, xamãs e moradores locais, ele passou a se tornar de interesse dos mesmos, a ponto de desejarem que documentações e transcrições fossem feitas nas outras aldeias em que eu não trabalhei. O objeto (e projeto) "livro", que era um mistério para os cantadores locais, foi aos poucos assimilado através da criação de uma categoria local, a de *docomento* (apropriação do termo português "documento"): algo que se deve mostrar aos chefes dos brancos para que se garanta a integridade das terras, para que o saber seja reconhecido, para que os Marubo sejam enfim tratados com o devido respeito. Neste ponto, a coisa se torna análoga ao contexto enunciativo do *Popol Vuh*: o livro vira uma forma de demarcar a existência de um registro epistemológico próprio e alternativo. Isso tudo vai ser acompanhado por um processo de edição e de tradução, conduzido através da interlocução direta com os cantadores monolíngues e alguns parceiros bilíngues capazes de compreender a língua ritual marubo que, com frequência, se faz presente nos cantos. No final, o processo permitiu che-

---

[17] Os Marubo convivem com a escola e com a tradução de trechos da Bíblia feita pelos missionários da Missão Novas Tribos do Brasil, ali presentes desde os anos 1950. Nada disso, porém, chega a causar um impacto direto no sistema de composição e no sentido das artes verbais, sobretudo no que se refere aos mestres cantadores monolíngues mais velhos. Para um estudo mais detalhado da relação do xamanismo marubo com a escrita, ver Cesarino (2012).

gar a um resultado similar ao do poema mesoamericano editado por Medeiros e Brotherston: o estabelecimento de um texto na língua original, acompanhado de sua tradução para o português.

III

A passagem de Medeiros e Brotherston acima citada trazia ainda uma outra indagação fundamental: "quem entrou na história de quem?". Ela aponta para a necessidade de reavaliar a divisão entre mito e história, latente em uma antologia como esta, que leva o subtítulo de "Cantos da mitologia marubo". Ora, "mito" é uma categoria de contraste criada no interior da tradição greco-europeia para designar *o outro* do pensamento filosófico — aquele horizonte de suposta irracionalidade que a filosofia e a história precisaram inventar ao longo de seu processo de fundação;[18] aquele mundo pré-filosófico marcado pelo *logos* palaciano e seu monopólio da verdade[19] e distinto, portanto, das descentralizações e multiplicações do discurso que tipificam muitos dos horizontes da floresta (Clastres, 1974b, 2004; Viveiros de Castro, 2007: 111-2). O leitor não encontrará aqui exatamente uma exposição narrativa da trajetória de heróis, feitos de deuses ou reis divinizados fundadores de dinastias, guerras e eventos exemplares, que serviriam de pretexto para a "exaltação de uma espécie de superego comunitário" (Zumthor, 1983: 110 — tradução minha), tão característica da poesia épica clássica. As particularidades da ontologia marubo não se compreendem pela figura da palavra mítica monárquica e suas instituições, tão arraigadas no nosso imaginário.

E não se trata também, por outro lado, de considerá-la como fantasiosa, imaginária ou fictícia, ou seja, oposta ao discurso objetivo e "verdadeiro" da ciência ou da história. Tampouco se pretende, ainda, idealizar o mito e alçá-lo à condição de bálsamo para a solução do mal--estar da modernidade, tal como propunha a invenção romântico-modernista do "primitivo", ou como ainda quer uma certa cultura mística

---

[18] Detienne (1981) oferece um bom inventário de tal trajetória.

[19] A propósito, ver outro estudo clássico de Detienne (1967) sobre os mestres da verdade na Grécia arcaica.

urbana contemporânea. Aqui, o sentido projetado pelas artes verbais marubo deve ser concebido em suas próprias condições de verdade. Afinal de contas, se os Marubo dizem que suas narrativas são "verdadeiras" (*anõse*), cabe a nós estudar os seus critérios. É assim que a tarefa da tradução, entendida, de acordo com Henri Meschonnic, como um compromisso com a alteridade da expressão oral, se encontra com certa concepção da antropologia, ou seja, aquela que se empenha em garantir a "autodeterminação ontológica do outro", como diz Eduardo Viveiros de Castro (2003).

Estas são, pois, algumas das ressalvas críticas necessárias para que a noção de mito faça aqui sentido. Os termos "narrativa", "mito" e "história" têm nessas páginas, portanto, o mesmo peso epistemológico, designam uma única propensão das artes verbais marubo para registrar e refletir sobre um conjunto de ações verdadeiras, constitutivas de seu mundo e de sua temporalidade. "Mito" designa apenas uma inteligência narrativa e sua disposição verbal de ações específicas ocorridas nos tempos primeiros, e nada além disso. Ou, aliás, muito, pois trata-se de apresentar ao leitor justamente as condições e os termos de tal disposição das ações primeiras. Há ali toda uma reflexão ativa sobre a produção e transmissão de narrativas que ainda precisa ser apresentada, pois os xamãs marubo não cabem na imagem genérica do mito e sua suposta monotonia circular e repetitiva. Eles se dedicam, bem ao contrário, a reavaliar, comparar, criticar, revisar, reformar e aumentar o complexo legado intelectual transmitido através de suas palavras. Para que possamos compreender melhor tais parâmetros de pensamento, é necessário ainda colocar algumas questões. O que pensam afinal as narrativas marubo? Quais são as suas condições de enunciação e de produção?

Os *saiti* não são frutos de alguma espécie de coletivismo anônimo primitivo e, tampouco, de uma subjetividade literária individual e de suas respectivas instituições de autoria (Foucault, 2009 [1969]). Eles se compreendem bem mais a partir de uma certa dispersão ou multiplicação da função enunciativa (Agamben, 2007: 56), que deve ser estudada a partir de sua relação íntima com a noção de pessoa.[20] Os cantadores

---

[20] Em seu estudo sobre os cantos dos Araweté, Eduardo Viveiros de Castro (1986) foi pioneiro ao notar a relação entre os sistemas de enunciação e as teorias locais da

que produziram as *performances* a partir das quais as presentes versões foram gravadas e traduzidas são, a rigor, responsáveis por atualizar temas narrativos virtuais ou transindividuais, por meio dos diversos duplos (*vaká*) que, de acordo com a teoria da pessoa marubo, se envolvem na execução e transmissão de cantos. Os Marubo concebem este nosso corpo como uma carcaça (*shaká*), na qual habitam agentes diversos, os *vaká*, aqui traduzidos por "duplos", na medida em que, para si mesmos, eles também possuem (ou são) corpos (e não exatamente "almas" etéreas, fugazes, imateriais). Esses duplos se articulam em uma tríade de irmãos. O mais velho ("núcleo do peito" ou "núcleo do coração", *chinã nató*) é o mais sabido e mais próximo da própria condição dos espíritos (entidades magníficas e prototípicas que permeiam as narrativas aqui traduzidas); o do meio é o duplo do lado direito (*mechmiri vaká*), também de inteligência notável; o mais novo, por sua vez, se associa ao lado esquerdo (*mekiri vaká*) e é o mais insensato. São eles os responsáveis pelas competências intelectuais e poéticas do sujeito identificado ao corpo-carcaça (aquele que costuma ser chamado pelos nomes correntes entre os viventes, tais como os dos autores dos cantos originais aqui traduzidos): "quem não tem duplos assim, não sabe pensar", disseram-me certa vez. Tais duplos-irmãos concebem isso que julgamos ser o nosso corpo como a sua própria casa ou maloca, idêntica àquela que ocupamos na referência externa. Eles replicam o espaço externo (e suas relações sociais) para a dimensão interna em que vivem. O modelo é recursivo e posicional, irredutível, portanto, a dicotomias fixas de tipo corpo-alma.[21]

Daí resultam os contornos essenciais da epistemologia marubo, bem como alguns momentos marcantes das narrativas aqui traduzidas. Os duplos-irmãos estão sempre aptos a sair de casa (interna aos corpos-carcaça) e a transitar pelo cosmos, naqueles momentos em que a pessoa adormece, se entorpece de *ayahuasca* (a infusão do cipó psicoativo *Banisteriopsis caapi*) ou adoece, entre outros estados liminares

---

pessoa, bem como ao explorar os seus rendimentos conceituais (entre os quais o próprio perspectivismo, que seria desenvolvido mais tarde pelo autor).

[21] Para uma etnografia detalhada da pessoa marubo e de sua relação com as artes verbais, consultar Cesarino (2011a). Para outros estudos etnográficos que apresentam análises da pessoa análogas ao caso marubo, ver Luiz Costa (2010) e Lima (2005), entre outros.

possíveis. Uma vez em contato com os espíritos *yovevo*, mais sábios e loquazes que os humanos, a pessoa-carcaça se torna apta a memorizar e transmitir longos cantos tais como os *saiti*. Mas, veja bem, os duplos não são heterônimos, não são inventados por uma subjetividade literária tal como a de Fernando Pessoa, e sim *pessoas* diversas embutidas umas nas outras. As estruturas narrativas dos cantos *saiti*, compostas de um complexo repertório de fórmulas verbais,[22] não pertencem nem aos domínios restritos da cultura dos Marubo viventes (já que a fonte primeira dos cantos é o conhecimento dos antepassados e dos próprios espíritos *yovevo*, que todo tempo ensinam as pessoas por intermédio dos xamãs *romeya*), nem à criação de um cantor isolado ou, ainda, de algum universo de criação solipsista. As narrativas marubo, assim como outras modalidades de seus saberes, lançam mão de um arcabouço virtual de conhecimento, atualizados nesta ou naquela *performance* oral. Algo bastante próximo do que já escrevia Lévi-Strauss nas *Mitológicas*:

> "Os mitos não têm autor; a partir do momento em que são vistos como mitos, e qualquer que tenha sido a sua origem real, só existem encarnados numa tradição. Quando um mito é contado, ouvintes individuais recebem uma mensagem que não provém, na verdade, de lugar algum; por essa razão se lhe atribui uma origem sobrenatural. É, pois, compreensível que a unidade do mito seja projetada num foco virtual: para além da percepção consciente do ouvinte, que ele apenas atravessa, até um ponto onde a energia que irradia será consumida pelo trabalho de reorganização inconsciente, previamente desencadeado por ele." (2004 [1964]: 37)

De fato, como diz o antropólogo, a unidade do mito não existe senão como virtualidade: cada *performance* — e, também, cada tradução — é um fragmento a ser reorganizado pela mente daqueles que a recebem em um momento específico, para que depois se apague contra

---

[22] O sentido de "fórmula" aqui é aquele definido por Albert Lord: "um grupo de palavras empregado regularmente sob as mesmas condições métricas para expressar uma determinada ideia essencial" (Lord, 1985: 30 — tradução minha).

um pano de fundo indeterminado. O que Lévi-Strauss chama de "sobrenatural", os Marubo talvez pudessem chamar de "tudo aquilo que não vemos" (*noke oĩmarasĩ*) — a miríade de malocas, aldeias e moradas dos espíritos que se espalham por diversos patamares celestes e terrestres, pelos diversos estratos do mundo arbóreo que, de seus pontos de vista, é mais populoso do que São Paulo. Para que o conhecimento (de que os *saiti* são apenas uma das expressões) daí proveniente chegue aos ouvidos dos participantes de um determinado ritual, é necessária uma mediação, por um lado, de um xamã *romeya*, que transitou alhures e pôde trazer as palavras para o plano dos humanos, e, por outro, de um xamã rezador *kẽchĩtxo*, que transmite as longas narrativas (e suas artes verbais associadas, tais como os cantos de cura) para seus parentes.[23] Esse processo, digamos, de "descida" do virtual para o atual, envolve um certo regime de autoria que deve ser reconhecido, em paralelo ao que acima dizia Lévi-Strauss.[24] Cada atualização de um mito é marcada pelo estilo de um certo cantador, que pode, por exemplo, traçar seu grau de parentesco com um dos antepassados mencionados ao longo da narrativa, além de orientar o conjunto de fórmulas poéticas dessa ou daquela maneira, a partir de uma estrutura predeterminada. Ademais, o próprio esforço de atualização dos cantos, o próprio investimento de memória, afeto e relação, também marca o processo de transmissão dos conhecimentos orais. É a partir daí que se

---

[23] Aí está uma das diferenças entre os dois tipos de xamanismo existentes entre os Marubo: o xamã *romeya* é aquele cujos duplos se deslocam pelo cosmos, enquanto seu corpo-maloca recebe outros tantos espíritos (como visitantes) para cantar seus cantos *iniki* aos viventes desta terra. Através do corpo do *romeya*, os espíritos não apenas cantam, mas passam ensinamentos, coordenam festivais, extraem objetos patogênicos da carne das pessoas, participam, enfim, da vida ritual e do parentesco das aldeias. Os xamãs rezadores *kẽchĩtxo* (ou *shõikiya*), por sua vez, não recebem os espíritos *yovevo* em seus corpos-maloca e não transmitem diretamente as suas palavras. Eles lançam mão de complexos cantos agenciadores (empregados para a cura, para a feitiçaria e outros fins) chamados *shõki*, bem como de espíritos auxiliares, por eles enviados para realizar determinados fins nas diversas regiões do cosmos (espantar espectros de mortos, resgatar duplos perdidos de pessoas, atrair a caça, entre outras tarefas possíveis). Para mais considerações sobre o assunto, ver Cesarino (2011a). Vale reforçar que, conforme a nota 14, ao longo deste livro os termos "pajé" e "xamã" são tratados como sinônimos e traduzem os dois especialistas rituais aqui referidos.

[24] Para um estudo específico sobre as relações entre autoria e conhecimento no xamanismo marubo, ver Cesarino (2010).

torna possível reunir e traduzir os presentes cantos. A rigor, esta antologia adiciona mais uma camada de autoria e de complexidade enunciativa ao saber das aldeias: eu e os xamãs "ligamos pensamento" (*chinã ãtinãnãi*) da mesma maneira como fazem com os espíritos que lhes ensinaram a cantar. Ao longo desse processo, também terminei por aprender alguns contornos de suas artes verbais, sem os quais não seria possível traduzir. Dessa forma, a multiplicidade enunciativa termina por encontrar aqui um resultado extremo, pois a presente forma de reinvenção escrita estende para o papel a minha experiência vivida do ritmo e do corpo através do qual os *saiti* são cantados. É através dela que as palavras dos pajés (e, através deles, as dos espíritos) aqui serão experienciadas.

IV

Os *saiti* são um fenômeno singular nas terras baixas sul-americanas, nas quais, salvo engano, não há outras tradições consolidadas de narrativas míticas *cantadas*. O repertório mítico costuma ser *contado*, tal como no caso das *akinhá* xinguanas (Franchetto, 2003; Basso, 1995), ou então embutido em longos cantos de cura tais como os dos Baniwa (Wright, 1993) e dos Desana (Buchillet, 2007), entre outros exemplos possíveis. Ora, os Marubo se diferenciam de tal panorama por possuírem duas maneiras de expor o conhecimento narrativo: contando (o que constitui também um gênero particular, *yoã vana*, "fala contada") ou cantando (*saiti*), através de uma estrutura melódica, rítmica e métrica rigorosa.[25] Nas festas que levam o nome dessa ação de cantar ou, mais propriamente, "gritocantar" (*sai-*, um tipo de vocalização realizado durante a execução dos cantos e de sua coreografia, acrescido do verbalizador *-ki*), as narrativas míticas são ensinadas pelos xamãs-cantadores (tanto os *kẽchĩtxo* quanto os *romeya*) para uma audiência determinada. Tais xamãs serão os líderes ou puxadores de canto (*saiti yoya*) que proferem um determinado encadeamento de fórmu-

---

[25] "Cantar" deve ser aqui entendido através da oposição, mais clara em inglês, entre *sing* (cantar) e *chant* (entoar, salmodiar). As artes verbais marubo possuem gêneros propriamente salmodiados, tais como as falas de chefe *tsãiki*.

las a ser repetido pela audiência, a fim de que esta memorize aos poucos a sequência da narrativa. Ao cantar/narrar, os puxadores de canto são acompanhados por seus parentes em uma espécie de fila indiana que reproduz um caminho, a saber, o caminho da própria narração e seu desdobramento na trama da história que se desvela ao longo do ritual. A referência ao gênero verbal que consolida esse repertório de narrativas recebe, em geral, o nome de *saiti* (*sai-*, mais o nominalizador *-ti*). As narrativas podem também ser realizadas como cantos solo, caso em que se chamarão de *inīti* e não virão, portanto, acompanhadas das respostas da audiência que caracterizam as suas execuções nas festas. De um modo ou de outro, elas são cantadas através de uma única frase melódica, realizada até que se complete determinada narrativa.[26] Essas frases costumam também servir como uma forma de identificação dos episódios narrados, bastante empregada pelos cantadores em suas conversas e processos de transmissão.

Ao cantarolar sozinho em sua rede no final de tarde, por exemplo, um cantador passará a ser escutado por seus parentes mais próximos que se ocupam de outros afazeres. Nesse caso, não se espera que os ouvintes respondam ou repitam as fórmulas, mas que reproduzam em silêncio os panoramas visuais desvelados pelas narrativas. Em seguida, no momento em que a maloca se aquieta e o cantador vem sentar nos bancos paralelos *kenã* para cheirar rapé de tabaco, inicia-se por vezes uma discussão com seus filhos, netos, genros e demais presentes em torno da história, de suas concatenações, transformações e implicações diversas. Desenvolvidos em um ambiente completamente alheio à escrita alfabética, os *saiti* são produtos de uma memória prodigiosa, capaz de estabelecer longuíssimos encadeamentos narrativos, frequentemente em forma de lista, transmitidos de modo rigoroso por um ou mais conhecedores, com uma diferença insuficiente entre distintas *performances* para que se descarte a persistência de uma estrutura virtual (temática e formular) fixa. É verdade que a variação é regra nesta e em outras tradições orais, mas aqui ela se dá por meio de uma estrutura obsessivamente comentada, discutida e cobrada nos processos de transmissão das artes verbais. Os cantos são, portanto, constituídos por um repertório formular de estrutura predeterminada, mas de enorme va-

---

[26] Para informações similares, ver Werlang (2002).

riabilidade temática. A maestria dessa estrutura é o objetivo principal do aprendizado de um pajé cantador, que poderá estendê-la para aplicações diversas das artes verbais, em suas conexões com histórias e processos de formação transcorridos nos tempos primeiros.

Além de transmitir o conteúdo dos mitos, os *saiti* constituem a pedra de toque sobre a qual estão assentados o xamanismo, a escatologia e a cosmologia marubo. Seus temas versam sobre a formação do cosmos, dos céus, da terra e de seu relevo, dos animais, dos espíritos, dos xamãs, dos antepassados, dos povos inimigos, dos brancos e estrangeiros, entre outros diversos episódios que sucederam no "lugar do surgimento" (*weníanamã*). Alguns dos cantos que narram tais processos de "formação", de "surgimento" ou de "aparecimento" compõem um ciclo chamado *Wenía* (parcialmente publicado aqui), no qual episódios diversos ocorridos após o aparecimento dos antepassados se encadeiam em uma vasta trama, dificilmente finalizada nas *performances* rituais (e, mais ainda, em um trabalho de documentação, transcrição e tradução). "Nossas falas não terminam, não têm como terminar", dizem com frequência os xamãs. De fato, uma parte considerável dos *saiti* parece se dedicar mais à exposição de uma formação contínua do cosmos do que a um relato fechado e acabado de processos definidos; mais a um mapeamento, sempre em forma de trajeto, de processos de diferenciação e alteração de múltiplas referências, do que à constituição de um mundo pronto, acabado. Donde o caráter propriamente sequencial, ou em forma de lista que, muito frequentemente, estrutura os cantos do ciclo *Wenía* e outros não menos vastos. Para cada detalhe da paisagem, tais como os distintos tipos de relevos, colinas, várzeas e barrancos ou, ainda, para os distintos tipos, colorações, densidades, matizes e formações de nuvens e cromatismos celestes, há um processo etiológico particular a ser desvelado pelas palavras dos cantadores. "É tudo pensamento de pajé" (*katsese kẽchĩtxo chinãrivi*), diziam-me, ao mostrar que tudo o que se apresenta pode ser apreendido pela variação das fórmulas verbais que constituem a mitopoese marubo.

É por essas e outras razões que esta antologia não pretende estabelecer uma versão definitiva da mitologia marubo — não apenas porque os cantos aqui traduzidos nem de longe esgotam o arsenal de narrativas e os critérios de reflexão de que se valem os cantadores, mas também porque traduções são por natureza experimentais. Espera-se que outros estudos e traduções venham completar esse quadro. Robson

Dionísio, um dos mais respeitados xamãs *romeya*, e também jovem professor, enumera um conjunto de aproximadamente trezentas narrativas distintas. Destas, por volta de cinquenta foram gravadas por mim e cerca de trinta transcritas, das quais apenas treze seguem aqui publicadas. Somente estas se estendem por algumas centenas de páginas, derivadas de um processo detalhado de estudo e de sucessivas camadas de revisão. Cabe imaginar, então, as dimensões de uma eventual coleção completa. Por conta disso, os cantos aqui compilados não oferecem um panorama integral da mitologia marubo e se articulam de modo um tanto quanto fragmentário. E isso por alguns motivos: reuniu-se aqui aqueles cantos que vieram à tona ao longo dos últimos anos, que estavam prontos para ser publicados e que não eram demasiado enigmáticos ou impenetráveis para um leitor não indígena. Estabeleceu-se, a partir de tal conjunto, um critério de edição mais temático do que linear, que realiza agrupamentos por meio de afinidades, e não exatamente por uma progressão temporal fixa das narrativas.

Tal progressão, aliás, não é de todo evidente no pensamento mítico marubo. Ainda assim, é possível identificar aqui algumas etapas ou movimentos fundamentais: em primeiro lugar, como se verá, houve a formação do mundo realizada pelos demiurgos Kana Voã e Kanã Mari. Depois disso, sucedem-se os diversos episódios decorrentes do surgimento dos antepassados, que são reunidos no ciclo *Wenía* e que podem ser estabelecidos em sequências, cuja precisão é objeto de reflexão constante entre os xamãs. De toda forma, o pensamento mítico será sempre caracterizado pelas recorrências, retomadas e sobreposições. Mais do que apresentar um panorama total da temporalidade, ele busca desvelar processos de formação ou surgimento, através dos quais se torna possível fundamentar a própria manipulação (ritual e intelectual) do mundo. Tudo se passa, assim, como se a visualização de cenas etiológicas fosse tão importante quanto a disposição precisa de eventos em uma cadeia temporal, ou até mais. A singularidade dos saberes verbais marubo não deve ser levada em conta, portanto, apenas por sua extensão, mas também por sua dinâmica intensiva e conectiva. Cada unidade formular possui um potencial de formação ou de aparecimento (*anõ shovima, anõ wenía*), como se verá em abundância nas próximas páginas. Esse potencial e sua estrutura combinatória servem de matéria para outros gêneros ou modos do conhecimento xamanístico, tais como os cantos de cura que integram a "fala pensada" (*chinã vana*) ou "sopro-

Apresentação

cantada" (*shōki vana*), nos quais as sequências narrativas são frequentemente embutidas ou engastadas.[27] O saber mitopoético marubo é uma forma de fazer ou de fabricar o mundo. Ele parte de um repertório aparentemente heteróclito de elementos para se estender ao infinito. É por isso que o conjunto das fórmulas poéticas pode migrar de um para outro modo das artes verbais, de acordo com a necessidade de um determinado ritual. Como exemplo, cabe examinar o seguinte fragmento de um canto *shōki*, dedicado a curar doenças provocadas pelos espíritos das sucuris:

1	*atõ mane roeyai*	seus machados de ferro
	roeyai oneki	machados esconderam
	vei tama niáki	e árvore-morte
	atõ vake rera	seus filhos derrubaram
5	*rakápakemaĩnõ*	e ali tombado
	vei tama tekeyai	tronco de árvore-morte
	tekeyai oneki	o tronco esconderam
	vei waka shakĩni	dentro do rio-morte
	aya onepakeki	derrubando esconderam
10	*vei waka shakĩni*	dentro do rio-morte
	aya shokoakesho	ali mesmo colocaram
	vei tama tekeki	tronco de árvore-morte
	atõ aya onea	escondido ali deixaram
	ene mai tsakamash	na terra-rio afundado
15	*ene meã tsakamash*	no riacho afundado
	rakãnavo atõ ash	ali eles deitaram
	vei shõpa peiki	e folha de lírio-morte
	votĩ iki irinõ	à folha misturaram
	mai rakákãisho	e na terra ficaram
20	*rakãnivo yochĩra*	os espectros deitados
	yochĩvoro eakiki	o espectro mesmo sou — diz[28]

---

[27] O termo *shōki* é formado por *shō-* ("soprar") + *-ki* (verbalizador). Donde o neologismo "soprocantar".

[28] No final da estrofe, o cantador mostra que o locutor em questão é o espírito

Esse trecho, que poderia se transformar em um longo canto de cura, desloca das narrativas um episódio referente à formação dos duplos (*vaká*) e dos corpos (*shaká*) das grandes sucuris. Nos tempos primeiros, os espíritos demiurgos Kanã Mari cortaram troncos da Árvore--Morte (classificada com o termo "morte" por pertencer a este mundo em que vivemos, ou seja, o Mundo-Morte, *Vei Shavá*) e os colocaram no fundo do rio, dando origem aos corpos das sucuris. Em seguida, misturaram aos troncos um preparado de folhas de lírio (*Brugmansia sp.*) e, desta forma, criaram os seus duplos (ou espectros), que costumam atacar os humanos quando são incomodados. Não posso aqui tratar com profundidade o complexo sistema interdiscursivo das artes verbais marubo,[29] já que esta antologia se dedica apenas às narrativas míticas, mas o exemplo deve ser suficiente para que se tenha ideia das conexões entre o arcabouço narrativo e a atividade ritual do xamanismo. Trata-se de algo extremamente válido para uma cosmologia em que os tempos primeiros não desapareceram ou terminaram, mas estão suspensos na virtualidade (aqui, como em outros mundos ameríndios, já dizia Viveiros de Castro [2002]). As narrativas mostram, entre outras coisas, como se formaram ou surgiram entidades diversas, feito as sucuris, mas também outros animais que podem, nos dias de hoje, cobiçar e agredir os humanos. Para neutralizar os ataques potenciais, um cantador deverá resgatar o conjunto de fórmulas que, nas narrativas, descrevem os três momentos fundamentais da trajetória da entidade em questão: o seu *surgimento* (*awẽ shovia*), o seu *trajeto* (*awẽ vai*) e o seu *estabelecimento* (*awẽ tsaoa*).

O esquema *surgimento-trajeto-estabelecimento* não orienta apenas os cantos que pretendem dar conta da formação de espíritos e duplos agressores: ele fundamenta a estrutura narrativa de grande parte dos cantos-mito *saiti*. É assim, por exemplo, que o canto de surgimento do cosmos, "A formação da Terra-Névoa" (*Koĩ Mai vana*), mostra a maneira como o demiurgo Kana Voã e seus consortes, uma vez tendo surgido de uma ventania de lírio-névoa, saem do espaço aberto em que

---

da sucuri, através do emprego do suxifo reportativo –*ki*, acima traduzido por "diz". Tradução originalmente publicada em Cesarino (2011a: 212-3).

[29] Ver Cesarino (2010, 2011b) para outros estudos dedicados a tal interdiscursividade.

Apresentação

flutuam e se estabelecem em um determinado lugar para que, a partir daí, passem a montar ou formar a terra. Também o Pajé Samaúma, no canto "Raptada pelo Raio" (*Kaná kawã*), parte de sua maloca para resgatar o duplo de sua esposa que foi sequestrado pelos espíritos do raio. Após realizar um longo trajeto pelo cosmos, ele retorna para sua morada inicial nesta terra. A estrutura da narrativa não se concentra tanto no surgimento de uma determinada entidade, espírito ou coletivo, mas mantém a ênfase no papel dos trajetos, deslocamentos e estabelecimentos. Em vez do surgimento inicial (como no caso do surgimento dos antepassados narrado no canto *Wenía*, ou no dos espíritos demiurgos), dá-se um conflito primeiro que, então, desencadeia toda uma trama. Esta é uma outra estrutura narrativa comum: um protagonista vive determinado dilema (em geral derivado de competições com inimigos, que levam a ataques de feitiçaria), é atacado e decide abandonar a sua casa. Em seguida, realiza um percurso pela terra (ou por outras posições do cosmos) até se estabelecer em algum lugar. Tal é o padrão narrativo dos cantos "Pajé Flor de Tabaco" (*Rome Owa Romeya*), "Origem da vida breve" (*Roka*) e "Raptada pelo Raio" (*Kaná kawã*), que seguem aqui integralmente traduzidos. Todos constituem uma mitologia da afinidade, que é também uma mitologia da viagem e das distâncias. São diversas as narrativas que seguem o esquema, das quais aqui se apresenta apenas uma pequena amostra.

A mitologia e as artes verbais marubo, ao que tudo indica, foram sistematizadas (ou atualizadas) nos tempos em que vivia o falecido xamã *romeya* e chefe do rio Curuçá, João Tuxáua.[30] Ele teria sido o responsável por amansar diversos grupos falantes de línguas pano que se articulavam em relações de aliança, constituindo assim as bases do que hoje se entende por "sociedade marubo".[31] Poderoso *romeya*, João

---

[30] Para mais informações sobre tal figura, consultar Montagner (1996), Welper (2009) e Ruedas (2004).

[31] A principal referência para o estudo da organização social marubo é, ainda, um texto elaborado por Julio Cezar Melatti (1977). Na sociedade marubo atual, os povos (*nawavo*) presentes nos tempos primeiros (Povo Sol, Povo Azulão, Povo Jaguar, entre outros que estarão presentes nas narrativas) se transformam em unidades matrilineares, vinculadas entre si por relações de afinidade e consanguinidade, produzindo assim um complexo sistema de parentesco, que se caracteriza pelo casamento entre primos cruzados. "Marubo", pois, é um nome dado posteriormente pelos peruanos e

também teria sido um dos mais importantes mediadores das palavras (e cantos) dos espíritos para os viventes, enriquecendo desta forma o saber mitopoético de seu povo. Por conta disso, muitos dos habitantes do rio Ituí, que outrora viveram junto com a parentela de João Tuxáua em uma aldeia hoje abandonada, consideram-no como "o nosso governo" (*nokẽ governo*) e a ele atribuem o saber mais completo das artes verbais. O uso do termo em português é estratégico, já que os Marubo do Alto Ituí se ressentem da falta de um cacique que consiga reuni-los em torno de um comando político — coisa que atualmente acontece no rio Curuçá graças a um dos filhos do falecido xamã. Esse reconhecimento é mais *de jure* do que *de facto*, pois os chefes daquele outro conjunto de aldeias marubo não têm um poder político efetivo sobre o Alto Ituí. De toda forma, o saber veiculado por João Tuxáua é, em última instância, atribuído aos antepassados e aos espíritos, que representam a fonte final de autoridade para a palavra e a memória. Não por acaso, o próprio João Tuxáua liberou diversos duplos ao morrer, que passaram então a viver como espíritos. Um deles segue até hoje orientando seus parentes através dos corpos dos *romeya*, nos quais por vezes entra para ensinar e cantar (Cesarino, 2001a).

Antes de João Tuxáua e do estabelecimento das relações com os peruanos e com os brasileiros, que se deram por conta do impacto da economia da borracha no vale do rio Juruá, no final do século XIX, os antigos Marubo já tinham um intenso histórico de contatos. Sua mito-

---

brasileiros que estabeleciam contatos com aquela sociedade no final do século XIX. Não é improvável, aliás, que o nome hoje adotado pelos índios derive de uma origem quéchua, e não propriamente pano (*mayo runa, mayo rubo, mayo marubo*, "povo do rio"). Os Marubo dizem, também, que sua língua atual é a de um daqueles povos que estavam em sua configuração mais antiga, os *Chai Nawavo* (Povo Pássaro), curiosamente ausentes da presente organização social. A despeito, portanto, de sua unidade linguística (caracterizada pela adoção da língua do Povo Pássaro e do abandono das demais) e sociológica externa (sob a rubrica "Marubo"), os membros da sociedade em questão, como grande parte dos povos ameríndios, costumam se autorreferir como *yora* ("gente"), um termo conceitualmente equivalente à primeira pessoa do plural ("nós", *noke*, por oposição aos "estrangeiros", *nawa*), e a se identificar com as tais das unidades matrilineares a que pertencem (Povo Sol etc.) e que os situam no campo de relações de parentesco. Essas duas referências (múltiplas e posicionais) são anteriores e, em certa medida, mais fundamentais do que o pertencimento à unidade "Marubo", que vem se consolidando nas últimas décadas por conta das relações com a sociedade nacional e com as configurações interétnicas regionais.

Apresentação

um aprendiz de xamã pode adquirir e aprender os cantos. Como dizíamos, eles constituem um repertório de saberes dominado, sobretudo, pelos espíritos *yovevo*, que desde sempre estiveram aí. Através da progressiva alteração de sua pessoa, um marubo pode se tornar apto para receber em seu corpo/casa os *yovevo*, que a ele ensinam suas palavras. É por isso que Robson (jovem xamã de cerca de trinta anos reconhecido por suas capacidades excepcionais) sabe todos os *saiti*, ao passo que muitos outros candidatos a xamã, na casa dos sessenta, se atrapalham ao executar uma ou outra narrativa mais complexa. Foram os parentes-espírito que ensinaram a Robson — o saber não está propriamente limitado à mente ou ao sujeito, mas suspenso no virtual.

V

Os Marubo vêm sendo estudados desde a década de 1970. São pioneiras as etnografias de Delvair Montagner (1995) e Julio Cezar Melatti (1999) que, inclusive, recolheram uma versão de trabalho não publicada dos *saiti*, em forma de prosa corrida, mesclada a depoimentos e dados etnográficos. Werlang (2002) ofereceu um estudo etnomusicológico sobre os cantos *saiti*; Javier Ruedas (2002) tem se dedicado a pesquisar o sistema político marubo e Elena Welper (2009), por sua vez, a etno-história e a organização social. Raquel Costa (1992, 1998) produziu alguns estudos sobre a língua marubo, tomados como fontes para as presentes traduções, que se valeram também de outros dados coletados por mim em campo, de pesquisa comparativa sobre outras línguas da família pano[33] e do trabalho coletivo de tradução com cantadores e professores marubo. A presente antologia se completa com outra publicação resultante de minha tese de doutorado (Cesarino, 2011a), na qual articulo uma etnografia geral da cosmologia e do xamanismo à tradução de outros modos das artes verbais, sobretudo aquelas relacionadas à doença e aos rituais funerários.

---

[33] As referências mais importantes para tal pesquisa comparativa foram os trabalhos de David Fleck (2003) para o matsés, de Eliane Camargo (trabalhos diversos) para o kaxinawá, de Pierre Déléage (2006) para o sharanawa e de Pilar Valenzuela (2003) para o shipibo-conibo, entre outras que podem ser consultadas em Cesarino (2011a).

Nesta antologia, as traduções são apresentadas em duas colunas (o original em marubo transcrito à esquerda e a versão em português à direita). As quebras de linha das duas colunas são dadas pela métrica do original cantado (quatro sílabas métricas, via de regra), que costuma marcar a variação de versos nesta e em outras tradições orais da família pano. Ainda assim, os versos em português tendem a ser livres e não seguem um padrão métrico fixo. Decidi também não transcrever e traduzir aqui os *vocalises* que costumam prolongar os versos ou, então, criar intervalos entre sequências formulares. Eles são de inegável importância para a arquitetura musical dos *saiti*[34] e para o trabalho da memória durante a *performance*, mas não são compostos por um prolongamento do conteúdo gramatical das fórmulas verbais e tampouco possuem alguma carga semântica (algo comum, no entanto, em outras artes verbais ameríndias). Desempenham, também, um papel central na formação da cadência reiterativa dos cantos, mas não encontrei uma maneira satisfatória de reinventar tal função nos textos em português, que, de toda forma, tentam estabelecer um padrão rítmico através de outros recursos. Há uma terceira maneira de ensinar os *saiti* (e outros tais como os *shõki*), na qual a sequência de fórmulas é entoada (e não cantada) rapidamente, em voz baixa, pelo especialista, a fim de que o aprendiz capte a sequência inicial a partir da qual poderá completar o canto. Essa execução, desprovida de *vocalises* e de melodia, mas marcada com a mesma métrica da forma cantada, é a que em geral costumo tomar como referência para estabelecer o fluxo das traduções.

Os cantos reproduzidos neste livro se transformam deliberadamente em outra coisa (isto é, em poemas escritos), distinta do registro musical de origem, mesmo que a fluência poética ainda guarde afinidades com o canto.[35] Espera-se que o ritmo reiterativo seja aqui sugerido ao longo da passagem dos versos, estrofes e cenas narrativas, cujas quebras de linha (as mesmas do original cantado e transcrito em marubo) buscam capturar a variação paralelística essencial dessas artes verbais. É para isso que deve convergir o uso de rimas, aliterações e assonâncias, bem como as inversões e reiterações de fórmulas reinventadas

---

[34] Werlang (2002) oferece considerações sobre o assunto.

[35] Daí a opção de não incluir nesta publicação as gravações dos cantos, uma vez que eles aqui estão transformados em outra forma de texto literário.

Apresentação

em português. É também por conta disso que, sempre quando possível, coloco os verbos no final de cada predicado — não apenas por ser esta a ordem constituinte predominante da língua marubo (sujeito, objeto, verbo), mas também para favorecer a cadência das traduções. A economia de preposições e de artigos também visa preservar a cadência do original cantado, além de potencializar a densidade das imagens contidas nos versos.

Busquei recriar em português espécies de equivalentes formulares do original (do tipo "Para assim fazer/ Lua aparecer", de mesma estrutura que "Para assim deixar/ A raia se espalhar", entre outros exemplos) e seguir o meu próprio jogo de maneira tão rigorosa quanto fazem os cantadores. Tratei, assim, de transportar para o português o próprio fluxo mental interno que eu mesmo havia desenvolvido ao aprender a reproduzir blocos de cantos, a montar e remontar suas fórmulas enquanto escutava, cantava e transcrevia os *saiti* e outras modalidades das artes verbais. Recorro à pontuação apenas na medida do necessário — outra estratégia adotada para não obscurecer o registro paratático do original, caracterizado pelas constantes justaposições de imagens e unidades narrativas. Utilizo-me de maiúsculas nas primeiras palavras de cada verso, a fim de conferir certa unidade visual ao texto.

A língua dos *saiti*, como se disse, não é idêntica à cotidiana: os cantos são compostos por meio de fórmulas poéticas frequentemente metafóricas, frequentemente marcadas por variações gramaticais e lexicais com relação à língua marubo comum.[36] Muitas vezes, encontra-

---

[36] "Metáfora" foi traduzida pelos meus interlocutores como "nome" (*ane*), em uma tentativa de se aproximar do sentido das fórmulas especiais do discurso xamanístico (tal como "olho de onça-fogo", *txi kamã vero*, para "relógio", *vari oĩti* na língua comum), utilizadas "para compreender o surgimento [das coisas]" (*anõsho awẽ shovia taná*). Grande parte desses "nomes", aliás, deriva de narrativas míticas em que são expostas a fabricação de coisas e entidades existentes nos tempos primeiros (tal como nas linhas 136 ss. do canto "Pajé Samaúma", entre outras estudadas em Cesarino [2011a: 183 ss.]). Há, ainda, outras ocorrências de metáforas que não se referem a tais processos de formação, mas sim à diferença da linguagem dos espíritos e da fala cotidiana ("cauda de arara-espírito" para "caminhos", na linha 464 de "Raptada pelo Raio", por exemplo). Em alguns casos, essa diferença de expressão termina por revelar uma diferença de posição (o que a audiência dos cantos entende [e vê] como "Galho de samaúma-azulão", o espírito da serpente entende como a sua casa, em "A história de Shetã Veká", linhas 356 ss.). Outras ocorrências de metáforas ficam por conta da

-se a presença da língua dos antepassados (*asãikiki vana*) engastada nos versos, entre outras idiossincrasias atribuídas ao modo de dizer dos espíritos ou do próprio cantador. Essas variações não são suficientes para que os cantos sejam incompreensíveis ao tradutor (e aos próprios cantadores que, nesse caso, não se veem às voltas com uma linguagem ritual hermética e, no limite, semanticamente vazia). Em alguns casos, tais como aqueles nos quais há partículas distintas da língua comum,[37] a segmentação gramatical das fórmulas no ato da tradução se torna temerária, pois é difícil recompor paradigmas referentes a uma língua arcaica não falada fora dos cantos. Para casos assim, outros procedimentos se fizeram necessários, tais como o recurso às interpretações e

---

propensão poética das palavras narradas (como no exemplo de "As sementes gêmeas/ Que éramos nós", em "Raptada pelo Raio", linhas 73-74) que, por vezes, merecem esclarecimentos para o leitor não apresentado às referências do mundo marubo.

[37] A língua marubo, assim como outras da família pano, é uma língua aglutinante de marcação de caso, e as fronteiras entre seus morfemas são razoavelmente nítidas. Tal nitidez nem sempre é uma boa pista para a segmentação e tradução de palavras na língua especial que, desta forma, dependem da explicação dos especialistas marubo. Vejamos os seguintes exemplos, extraídos das presentes traduções: *Newere amairisho* ("Pajé Flor de Tabaco", linha 68) é a fórmula especial para o marubo cotidiano *nekirisho* (*ne-ki-ri-sho*, aqui-locativo-direcional-conectivo, "Para este lado", "deste lado"); *masotaná irinõ* (*Shoma Wetsa*, "O surgimento dos brancos bravos", linha 486), por sua vez, é a fórmula para *matxiri* (*matxi-ri*, em cima-direcional, "Ali em cima"). Ambos os casos guardam afinidades lexicais com a língua cotidiana (*ne-*, presente em *newere* e em *nekiri*; *ma-*, presente em *masotaná* e em *matxi*), mas terminam por se associar a outros morfemas não utilizados normalmente (tal como no caso da sequência em negrito à direita: *ne-we-re*). Em outros casos, mesmo essa similaridade lexical chega a se perder, muito embora os termos especiais sejam acompanhados pela estrutura gramatical da língua comum: *awẽ imawenẽne* ("E no terreiro", em "Pajé Flor de Tabaco", linha 151), assim como *Wa txipãtavaki* ("Naquele terreiro", em *Shoma Wetsa*, "O surgimento dos brancos bravos", linha 448) são os termos da língua especial (acompanhados, no primeiro caso, do possessivo *Awẽ* e, no segundo, do demonstrativo *wa* e do assertivo *-ki*) para o nome cotidiano *shovo ikoti* (exterior da maloca, terreiro). Algo similar ocorre também na seguinte sequência de versos, da qual nos interessa apenas o último: *Yove shawã ina/ Yove kapi mevinõ/ Keyãroa inisho* ("Na cauda de arara-espírito/ Atada ao galho/ De mata-pasto-espírito", em "Raptada pelo Raio", linhas 464-6). *Keyãroa inisho* traz um termo especial (*keyãroa*) para o cotidiano *ãtika* (*ãti-ka*, ligar/atar-transitivizador). Tais exemplos, aos quais outros diversos poderiam ser somados, mostram que ao menos os primeiros trabalhos de tradução devem ser feitos em parceria com um falante nativo não apenas bilíngue, mas também versado no conhecimento da língua ritual ou poética das artes verbais.

Apresentação 37

explicações oferecidas pelos próprios cantadores, a comparação com outros materiais de línguas pano, com a própria língua cotidiana marubo e, mais importante, o levantamento do sistema estrutural das fórmulas, dos esquemas a partir dos quais elas costumam variar ao longo dos cantos. É esse levantamento que permitiu identificar uma estrutura de base a partir da qual as diferenças se tornam claras e, então, traduzíveis. É também nesse ponto que a reescrita tem que ser mais forte, pois as qualidades do original soariam incompreensíveis ou desajeitadas no caso de um transporte literal para o português.[38]

A transcrição ortográfica tomou como base a escrita utilizada nas escolas marubo do rio Ituí, que foi estabelecida pelos missionários. Minhas versões apresentam algumas variações com relação a tal padrão de referência, mas seguem no geral as convenções adotadas entre os Marubo desse rio, em um processo ainda em curso e sujeito a revisões. Os seguintes quadros explicitam as convenções adotadas nas traduções para os sistemas vocálicos e consonantais: à esquerda estão os símbolos fonéticos e, à direita, em negrito, as presentes convenções ortográficas.

SISTEMA CONSONANTAL

	Labial	Alveolar	Alveopalatal	Retroflexo	Palatal	Velar
Oclusiva	p **p**	t **t**				k **k**
Nasal	m **m**	n **n**				
Fricativa	v **v**	s **s**				
Africada		ts **ts**	ʃ **sh**	ʂ **ch**		
Tap		r **r**	tʃ **tx**			
Aproximante	w **w**				y **y**	

SISTEMA VOCÁLICO

	Anterior	Central	Posterior
Alta	i **i**	ɨ **e**	u **o**
Baixa		a **a**	

---

[38] A apresentação das traduções interlineares e do levantamento dos termos e expressões em língua especial estão aqui suprimidas por se afastarem dos propósitos do presente projeto, centrado na recriação poética dos originais. O leitor interessado poderá, porém, consultar uma lista mais detalhada das partículas da língua marubo em Cesarino (2011a).

As presentes traduções vêm sendo elaboradas desde 2004 com o auxílio dos professores bilíngues Robson Dionísio Doles Marubo, Matheus Txano Marubo, Reinaldo Mario da Silva e Benedito Dionísio Ferreira Marubo, ao longo de diversas etapas de trabalho realizadas nas aldeias do Alto Rio Ituí e nas cidades próximas à Terra Indígena Vale do Javari. Foi através do trabalho de pesquisa de campo e de minha atuação nas escolas indígenas (realizada em parceria com o Centro de Trabalho Indigenista, CTI) que os materiais compilados nesta publicação puderam vir à tona. Os cantadores das versões originais são os pajés Paulino Joaquim Marubo (rezador *kẽchĩtxo*, também chamado de Memãpa), chefe da aldeia Paraguaçu; Armando Mariano Marubo (rezador e *romeya*, também chamado de Cherõpapa), chefe da aldeia Paraná; Antonio Brasil Marubo (rezador, conhecido também como Tekãpapa), chefe da aldeia Alegria; Robson Dionísio Doles Marubo (*romeya* e professor, conhecido como Venãpa) e o falecido Lauro Brasil Marubo (rezador, chamado de Panĩpapa), todos moradores das comunidades do rio acima referido, que me abrigaram por mais de catorze meses em suas casas.[39] Nas páginas seguintes, cada tradução segue acompanhada do nome de seu respectivo cantador. As narrativas aqui traduzidas correspondem às versões oferecidas pelos cantadores do Alto Rio Ituí. Elas provavelmente trazem variações com relação às conhecidas por seus parentes das aldeias do rio Curuçá (também na Terra Indígena Vale do Javari), que não participaram diretamente desta pesquisa. A decisão de publicá-las em português para um público geral foi partilhada com e estabelecida pelos cantadores envolvidos nesta edição e independe, portanto, dos Marubo do rio Curuçá (dos quais se espera que, em algum momento, surjam também livros similares).

As distintas etapas de pesquisa que possibilitaram a presente publicação contaram com recursos do CNPq (Conselho Nacional de Desenvolvimento Científico e Tecnológico), da FAPERJ (Fundação de Amparo à Pesquisa do Estado do Rio de Janeiro), da FAPESP (Fundação de Amparo à Pesquisa do Estado de São Paulo), do Centre National de la Recherche Scientifique (Paris), da Wenner-Gren Foundation for Anthropological Research e da Ford Foundation, bem como com o apoio da FUNAI (Fundação Nacional do Índio), do CIVAJA (Conselho

---

[39] Ver Cesarino (2011a) para mais informações biográficas sobre os cantadores.

Apresentação

Indígena do Vale do Javari), da Universidade de São Paulo, do Museu Nacional da Universidade Federal do Rio de Janeiro e do CTI (Centro de Trabalho Indigenista).

Este livro não existiria sem a colaboração de todos os cantadores e professores marubo acima mencionados, além dos mestres que me levaram às palavras ameríndias e dos parceiros diversos que fizeram comentários preciosos às versões anteriores deste trabalho. A todos vão os meus agradecimentos.

QUANDO A TERRA DEIXOU DE FALAR

Cantos da mitologia marubo

1

Naí Mai vaná

A formação do Céu e da Terra

"A formação do Céu e da Terra" trata do tempo em que a Terra ainda não existia e dos atos que levaram à sua constituição. Seguem traduzidas versões de duas narrativas que integram tais histórias: *Koĩ Mai vaná*, "A formação da Terra-Névoa", e *Mai Vana enemativo*, "Quando a Terra deixou de falar". A primeira trata da cena do surgimento e a segunda, das transformações posteriores ocorridas com a Terra. Naquele momento inicial, Kana Voã, o principal dos espíritos demiurgos da mitologia marubo, surge no vento produzido por uma flor semelhante ao lírio ou trombeta (*Brugmansia sp.*), e pelo rapé de tabaco. Presentes nos rituais xamanísticos como substâncias psicoativas, o lírio e o rapé aparecem nos mitos como espécies de operadores cosmológicos, já que são elementos capazes de desencadear os processos de transformação do mundo antigo. Depois do surgimento de Kana Voã, uma multiplicidade de espíritos, considerados seus pares ou irmãos, começa também a surgir a partir de outros princípios transformacionais que não encontram paralelo em nosso léxico. Um deles é *nãko*, que aqui segue recriado como "néctar". O termo se refere a uma seiva adocicada de certas árvores valorizada pelos xamãs, a um hiperalimento dos espíritos (similar a uma maçã, disseram-me) e, por fim, a um princípio transformacional difuso e misterioso desde sempre existente. É este último o que aparece nos cantos, na sequência de surgimento dos irmãos de Kana Voã.

Como seria de se esperar, há variações sobre os traços gerais desta cena primeira amazônica. É o que se pode ver na versão de "A formação da Terra-Névoa" cantada por Armando Mariano (cujo trecho de abertura segue traduzido mais abaixo) e na versão mais completa, aqui publicada na íntegra, de Paulino Joaquim. Nesta última, os demiurgos surgem em uma tríade composta por Kana Voã, Koĩ Voã e Koa Voã.

Uma tríade que, explicaram-me os xamãs, se refere "aos irmãos" (*awẽ take*), aos pares ou variações daquele que, de toda forma, é sempre referido como o chefe dos espíritos: Kana Voã. Para Paulino, o aparecimento dos demiurgos não se dá a partir do vento de lírio, mas sim de um "vento da Terra-Névoa" combinado ao "névoa-vento do céu". Todos eles, de qualquer maneira, são fenômenos referentes a essa dimensão primeira da "Terra-Névoa", ainda distinta do mundo atual que vai se formar nas cenas subsequentes, nessa e em outras narrativas dos ciclos de surgimento. O lírio e o rapé aparecerão logo em seguida na versão de Paulino, pois a tríade de espíritos se utilizará de seus caldos misturados para formar a Terra que ainda não existia. Ambas as narrativas, porém, põem-se de acordo quanto à proeminência de Kana Voã e o seguinte propósito: "A formação da Terra-Névoa" trata do estabelecimento de um lugar firme para que os espíritos, que até então flutuavam no aberto, pudessem ficar em pé e começar a sua montagem do mundo.

Kana Voã, "chefe" (*awẽ kakaya*) dos espíritos primeiros, é também o candidato preferencial para a aproximação com o deus dos cristãos: "é como o deus de vocês" (*matõ deos keská*), explicam-me os cantadores através de uma aproximação que já subentende certas diferenças significativas. A primeira delas se refere à incompatibilidade entre uma noção de divindade única, paterna, hierárquica, criadora do mundo através de um monólogo imperativo ("E Deus disse/ seja luz/ e foi luz", na tradução do *Gênesis* oferecida por Haroldo de Campos [2000]), e a multiplicidade constitutiva desta e de outras cenas ameríndias do surgimento.[1] Aqui, o processo deriva de uma decisão dialógica entre entidades concebidas como pares ou irmãs, que discutem, por exemplo, a necessidade de se criar uma terra sólida para seus futuros habitantes: "Os nascidos depois/ Nas outras épocas/ Onde será que/ Poderão viver?", diz a narrativa traduzida adiante. Não por acaso, encontramos no *Popol Vuh* (poema dos Maia-Quiché da Guatemala) outra conversa entre as entidades primeiras acerca da formação do mundo: "'O que se plantaria?'/ Então algo ia brilhar —/ Um protetor,/

---

[1] Algo já observado com pertinência por Clastres (2004: 101) e Tedlock (1983: 261 ss.), este último uma fonte importante para a minha presente análise de tal contraste.

Um nutridor./ Que assim seja".[2] Algo que vai na mesma direção de uma narrativa dos Desana (povo falante de língua tukano do Alto Rio Negro), na qual os demiurgos conversam entre si: "Como vai ser para nós aqui, bisavô? — perguntou *Baaribo* para *Bupu*. — Somos somente três! Precisamos fazer alguma coisa! Como vamos fazer aparecer as futuras gerações? Como vamos fazer nascer os outros?".[3]

Note-se que, no caso marubo, tal multiplicidade constitutiva não desencadeia exatamente uma "cosmogonia": as entidades primeiras não criam o mundo *ab ovo*; as imagens genéticas não são exatamente as escolhidas pelo pensamento em pauta.[4] Trata-se, antes, de uma série de transformações e derivações: primeiro, dos próprios demiurgos e, em seguida, dos elementos da paisagem inicial. Montagem ou construção do mundo, mas não exatamente uma gênese ou criação. O mundo é formado, construído ou disposto pelos espíritos a partir de outros tantos elementos que já estavam ali à disposição nesta época em que a Terra ainda era "terra-espírito" (*yove mai*), uma Terra melhor. É nesse sentido, aliás, que vai o termo em geral associado a tais processos primeiros: *shovia*, "fazer", "construir", tal como uma pessoa faz a sua casa ou a sua canoa. A isso se adiciona o termo *wenía*, "surgir", "brotar", "despontar", que também designa essa série de aparecimentos das entidades primeiras. (No ciclo *Wenía*, posterior aos presentes episódios, a origem propriamente sexuada dos antepassados começa porém a entrar em jogo. É apenas aí que aparecem tais modos de gênese, distintos dos processos de formação do mundo primeiro.)

O termo "espírito", aqui utilizado para traduzir *yove*, não é menos complexo do que outro que se costuma atribuir a essas entidades magníficas: "deus".[5] Ora, os *yovevo* são distintos de deuses tais como os

---

[2] Brotherston e Medeiros (2007).

[3] Wenceslau Sampaio Galvão e Raimundo Castro Galvão (2004: 27).

[4] Para mais detalhes sobre o assunto, ver Cesarino (2011a).

[5] A seguinte observação de Viveiros de Castro (2006: 325) com relação ao xamanismo yanomami pode servir de parâmetro para a compreensão do que se costuma traduzir por "espírito" na Amazônia indígena: "Um espírito, na Amazônia indígena, é menos assim uma coisa que uma imagem, menos uma espécie que uma experiência, menos um termo que uma relação, menos um objeto que um evento, menos uma figura representativa transcendente que um signo do fundo universal imanente [...] menos um espírito por oposição a um corpo imaterial que uma corporalidade dinâmica e in-

A formação do Céu e da Terra

45

das religiões gregas ou africanas, aos quais se prestam cultos, erguem-se templos e se oferecem sacrifícios. Não faz sentido tal coisa para a cosmologia marubo. Se fosse possível utilizar o termo "deus" (luminoso, celeste, em sua acepção indo-europeia) seria necessário recriá-lo pelas figuras caras ao pensamento marubo. As entidades primeiras costumam ser representadas em desenhos como donas de maloca (*shovõ ivo*), com suas lanças nas mãos, sempre pressupondo os seus parentes que ali vivem.[6] Parentesco e coletividade são, pois, imagens presentes desde os tempos iniciais para o pensamento em questão. Tais entidades são de certo magníficas, gigantescas, fulgurantes, mas vivem para si mesmas em uma base institucional similar à dos Marubo e de outras sociedades das terras baixas sul-americanas: malocas e aldeias conectadas por vastas redes, e não palácios fortificados com seus oráculos e sacerdotes. São outras as imagens institucionais em questão e outras, também, as configurações dos tempos primeiros e seus respectivos regimes poéticos. Passemos à leitura do trecho inicial da versão cantada por Armando Mariano:

1	*Koĩ shõpa weki*	Vento de lírio-névoa[7]
	We votĩvetãki	O vento envolvido

---

tensiva. [...] Em suma, uma transcorporalidade constitutiva antes que uma negação da corporalidade" (2006b: 319-9). A observação é importante, pois permite mostrar como "espíritos" *não são*: 1) entidades etéreas e fugazes, mas corporalidades transformacionais irredutíveis à divisão ocidental entre corpo e alma (e suas correlatas, tais como forma e matéria); 2) figuras de imaginação ou de ficção, mas princípios de realidade, subjetividades pertencentes a isso que Viveiros de Castro chama de "fundo universal imanente", ou seja, um plano virtual sempre prestes a intervir na vida cotidiana. É esse o papel preciso dos xamãs: fazer com que "espíritos" ("corporalidades dinâmicas e intensivas") se atualizem, atravessem ou visitem seus suportes corporais, entendidos como malocas no caso do xamanismo marubo. Uma vez aí, os espíritos apresentam a uma determinada audiência algo como um traço, índice ou vestígio de sua presença e existência inacessíveis à percepção ordinária — o que se dá, sobretudo, através dos cantos dos xamãs. Para mais informações sobre o assunto, ver o referido artigo de Viveiros de Castro e também Peter Gow (1999: 299-317). Especificamente para o caso marubo, ver Pedro Cesarino (2011d).

[6] Para mais detalhes sobre a iconografia marubo, ver Cesarino (2011a).

[7] Trata-se do lírio pertencente à referência "névoa" e, portanto, marcado por tal classificador, que se fará também presente em outros elementos na sequência da narrativa.

	Koĩ rome weki	Ao vento de rapé-névoa
	Veõini otivo	Há tempos flutua
5	*Koĩ shõpa weki*	Vento de lírio-névoa
	Chĩkirinatõsho	Vai se revolvendo
	Koĩ Voã wení	E Koĩ Voã surge
	Awẽ askámaĩnõ	Enquanto isso
	Tene tewã nãkoki	No néctar-*tene*[8]
10	*Nãko osõatõsho*	Dentro do néctar
	Pikashea wení	Pikashea surge
	Wenikia aíya	O surgimento ocorre
	Otxoko inĩki	Junto a Otxoko
	Pikashea wení	Surge Pikashea
15	*Weníkia aíya*	O surgimento ocorre[9]

---

[8] *Tene* é um classificador intraduzível. Ele serve para indicar a variação (ou classe) de tal néctar e dos respectivos espíritos que a partir dele surgem. Os que seguem abaixo (sol, azulão, jaguar, arara) correspondem às outras variações de coletivos (e de seus respectivos elementos) de que se constitui a cosmologia marubo, como se verá ao longo das próximas páginas.

[9] Exceto em algumas passagens específicas, os *saiti* não trazem uma marcação de tempo definida. No entanto, sabe-se que o conjunto da narrativa se dá no passado remoto ou narrativo, referente aos tempos do surgimento (*weníatiã*). Tal informação costuma ser anunciada em fórmulas (no caso, a da linha 4) nas quais o cantador lança mão de um morfema marcador de passado remoto (-*ti-*, em *veõini otivo*, "há tempos flutua"). Há algumas exceções, que ficam por conta das sequências de ações que envolvem uma concatenação clara de eventos anteriores e posteriores (veja-se, por exemplo, as linhas 71-3 do canto "Quando a Terra deixou de falar", que se valem da marca de passado imediato, -*ai*), que, no entanto, não costuma se utilizar de marcadores de tempos característicos da língua cotidiana (tais como -*vai* para dias ou semanas [não confundir com -*vaiki* e sua contração, -*vai*, um conectivo usado abundantemente nos cantos], -*shna* e -*chĩa* para meses ou anos, e -*mta* para anos e décadas). Tudo se passa, assim, como se a cena narrada acontecesse em um presente suspenso, em uma espécie de janela aberta para a audiência através da qual se torna possível visualizar os acontecimentos que se passam no interior da temporalidade narrativa ou remota. Donde a minha opção neste livro por presentificar as ações ("o surgimento ocorre"), já que o canto justapõe uma série de episódios e ações transformativas completadas ao longo da sucessão das estrofes. Note-se, também, que a presente edição modificou, a pedido dos colaboradores marubo, a ortografia do termo *aya* (adotada anteriormente em Cesarino, 2011a: 162 ss.) para *aíya*. Trata-se de um termo da língua especial, que não possui tradução clara (e nem uma convenção ortográfica estabelecida), mas que indica

A formação do Céu e da Terra

	Vari tewã nãko	No néctar-sol
	Nãko osõatõsho	Dentro do néctar
	Vari Tokẽ wení	Tokẽ-Sol surge
	Weníkia aíya	O surgimento ocorre
20	*Shane tewã nãkoki*	No néctar-azulão
	Nãko osõatõsho	Dentro do néctar
	Shane Tokẽ weni	Tokẽ-Azulão surge
	Weníkia aíya	O surgimento ocorre
	Ino tewã nãko	No néctar-jaguar
25	*Nãko osõatõsho*	Dentro do néctar
	Ino Tokẽ wení	Tokẽ-Jaguar surge
	Weníkia aíya	O surgimento ocorre
	Kana tewã nãkoki	No néctar-arara
	Nãko osõatõsho	Dentro do néctar
30	*Kana Tokẽ wení*	Tokẽ-Arara surge
	Weníkia aíya	O surgimento ocorre
	Wení mashtesho	O surgimento terminado
	Koĩ shõpa weno	Vento de lírio-névoa
	Ronokia ashõki	No vento planam
35	*Chinãkia aíya*	E planando pensam
	"Txipo kaniaivo	"Os nascidos depois
	Txipo shavá otapa	Nas outras épocas
	Awekima tsakai	Onde será que
	A shokomisi?"	Poderão viver?"
40	*Ikianõ anã*	Assim eles dizem

---

o estatuto de verdade do evento narrado pelo cantador. Variações ortográficas tais
como essa podem ser verificadas em algumas de minhas publicações das artes verbais
marubo, já que, como se disse, o processo de estabelecimento da escrita marubo ainda
não é algo completo ou definido.

	Koĩ shõpa wenõ	Vento de lírio-névoa
	Ronokia ashõki	No vento planando
	"A anõ neskai	"Deixá-los assim
	Noke enetĩpa"	Nós não podemos"
45	*Aki chinãvaiki*	Pensam e então
	Awẽ yove kemo	Salivas-espírito
	Pakekia ashõki	Salivas cospem
	Mai shovimaya	Para terra formar
	Kemo rane saiki	Bolhas de saliva
50	*Toako atõsho*	Por tudo espalham
	Mai shovimashõki	Terra inteira fazem
	Shokopake voãsho	E vão ali ficar
	Chinãkia aíya	Assim pensam
	Koĩ rome tashõno	Caule de tabaco-névoa
55	*Tashõ naotashõki*	Caule atravessam
	Rakãkia aíya	E deixam deitado
	Koĩ rome tekepa	Toco de tabaco-névoa
	Vosek ashõ rakãi	Colocaram cruzado
	Rakãkia aíya	E deixam deitado
60	*Koĩ rome weyai*	Tabaco-névoa ventando
	Mai shovimashõki	A terra formam
	Shokopake voãsho	E vão ali ficar
	Chinãkia aíya	Assim pensam
	Koĩ Voã inisho	Koĩ Voã, junto com
65	*Pikashea akavo*	O chamado Pikashea
	Otxoko iniki	E também Otxoko
	Tene Tokẽ iniki	E também Tene Tokẽ
	Shane Tokẽ akavo	E o chamado Shane Tokẽ
	Ino Tokẽ akavo	E o chamado Ino Tokẽ
70	*Kana Tokẽ akavo*	E o chamado Kana Tokẽ
	Ave atisho	São os que fizeram
	Mai shovimakatsi	Terra querem formar

A formação do Céu e da Terra

	Chinãkia avaiki	Assim pensam e
	Koĩ awá niaki	Anta-névoa de pé
75	*Pakã aki ashõki*	Com lança matam
	Koĩ awá nami	Carne de anta-névoa
	Koĩ Rome Maiki	Na Terra Tabaco-Névoa
	Kaikia txiwáki	Na terra emendam
	Shõpe rakáinia	A carne esticada
80	*Koĩ awá shaonõ*	Osso de anta-névoa
	Shao vosek ashõki	Osso atravessam
	Rakãkia aíya	E deixam colocado
	Aská aki ashõki	Assim mesmo fazem
	Koĩ txasho niáki	Veado-névoa de pé
85	*Pakãkia ashõki*	Com lança matam
	Koĩ txasho nami	Carne de veado-névoa
	Koĩ awá namiki	Mais carne de anta-névoa
	Nami txiwá iniki	As carnes atam
	Shõpe rakáinia	E deixam esticadas
90	*Koĩ amẽ veoá*	Capivara-névoa em pé
	Pakã aki ashõki	Com lança matam
	Koĩ amẽ nami	Carne de capivara-névoa
	Koĩ txasho namiki	Mais carne de veado-névoa
	Nami txiwá iniki	As carnes atam
95	*Shõpe rakáiniya*	E deixam esticadas
	[...]	

Interrompo a versão cantada por Armando no momento em que entraria a longa série de montagem do mundo, feita a partir de partes de animais e demais elementos disponíveis na Terra primeira. O leitor poderá ter acesso a uma versão mais detalhada logo adiante, na narrativa de Paulino. Narrativas como essas, aliás, não têm um fim definido: um cantador poderia muito bem, se tivesse memória e disposição para tal, estender sua *performance* o quanto fosse necessário para dar conta de todas as formações possíveis. É por isso que os xamãs marubo dizem com frequência que "nossas falas não terminam": a sucessão de fórmulas poéticas, a variação de sua armadura para um conjunto indefinido de empregos, a sua montagem ilimitada, gera essa capacidade mito-

Naí Mai vaná

poética um tanto quanto vertiginosa. Os *saiti* são espécies de cantos-série nos quais a formação do mundo e de seus elementos se descortina na imaginação da audiência (e dos leitores) por intermédio da voz dos cantadores (e de seu tradutor). As variações entre versões distintas (tais como a do trecho acima e a da tradução que segue abaixo) indicam que o xamanismo marubo é uma arena aberta para a reflexão, a exegese e as especulações sobre os temas postulados pelas narrativas.

Kana Voã havia formado aquela "terra-espírito", uma terra melhor, plana, iluminada, sem matas fechadas ou elevações que atrapalhassem o trânsito, sem doenças e males; uma terra bastante distinta da nossa, sugestivamente chamada de "Morada da Terra-Morte" (*Vei Mai Shavaya*). Ocorre, porém, que Kanã Mari, um dos espíritos demiurgos que surge depois de Kana Voã, decide rivalizar em força e poder com este seu par mais velho. Queria seguir um caminho alternativo ao do chefe e, então, vai por conta própria criando arbustos e espinhos nos quais as pessoas tropeçam, mais os barrancos e relevos íngremes, bem como as serpentes e outros males que hoje lotam essa terra. É o que conta outro longo *saiti* integrante desse ciclo referente aos tempos do surgimento, que não está incluído na presente antologia: *Kanã Mari Mai vaná*, "Kanã Mari, a formação da Terra". Diz-se também, em outra narrativa, que Kana Voã, temendo que seu inimigo o alcançasse e destruísse todos os seus feitos, vai fugindo na direção do Sol poente. Ao longo do caminho, ele levanta as altas montanhas a fim de deter o rival. Já nos limites do mundo, Kana Voã termina a fuga subindo aos céus, onde passará a viver envolto em uma névoa criada por si mesmo.

Ali, ele não se transforma exatamente em um *deus otiosus*. Alguns xamãs antigos conseguiam visitá-lo; eram capazes de citar ou transportar os seus cantos. Não por acaso, um jovem xamã me disse estar próximo de atingir os domínios do poderoso espírito, que deverá voltar para essa terra em um final dos tempos iminente, quando tudo se consumirá em chamas. A história da rivalidade entre Kanã Mari e Kana Voã se replica também nos tempos atuais. Kana Voã, cansado da insensatez dos viventes, está prestes a separar suas pessoas daquelas que seguem o caminho de seu rival, pondo assim um termo à série de problemas que assolam a Morada da Terra-Morte. Os prováveis ecos cristãos da narrativa (contada para mim por um xamã que já foi tradutor da Bíblia para os missionários) repousam sobre uma base original ameríndia, de mesma estrutura que os mitos clássicos referentes ao par de gêmeos ou irmãos envolvidos na formação do mundo. Versões similares podem ser encontradas no ciclo mítico *Watunna*[10] dos Yekuana da Amazônia venezuelana, entre diversos outros exemplos, tais como os estudados por Lévi-Strauss na *História de lince*.[11]

Paulino Joaquim achou por bem cantar "A formação da Terra-Névoa" depois de outro episódio, "Quando a Terra deixou de falar". Do ponto de vista cronológico, os episódios estão invertidos, pois este último versa sobre um momento em que os antepassados já haviam surgido, coisa que ainda não havia acontecido no primeiro, referente aos feitos de Kana Voã. A lógica pela qual Paulino resolveu conectar as narrativas é, entretanto, outra. Ele não pensava em uma sucessão linear de etapas, mas sim em outro vínculo, pois ambas as narrativas se referem aos processos de "silenciamento" do mundo antigo, nessa época em que a Terra ainda era "nova" (*Mai venã*). No primeiro canto, os antigos *Vari Nawavo* (Povo Sol) decidem silenciar a Terra e os demais elementos-locutores, que reclamavam do comportamento sexual dos antigos. No segundo canto, "A formação da Terra-Névoa", Céu, falando através de trovões, cobiçava os viventes desta Terra. Para eliminar tal risco, Kana Voã decide então silenciá-lo com um feitiço. É por isso que hoje não escutamos ou compreendemos as suas falas. Mas os xamãs *romeya* continuam a escutá-lo, uma vez que ainda mantêm conexões especiais com o tempo dos surgimentos. Vale dar uma olhada na tradução do trecho de uma conversa que tive certa vez com Armando Mariano:

As colinas de terra falavam...

Armando — Falavam. Para si mesmas elas falavam. Quando aconteceram essas coisas, elas falavam tudo isso. Assim é que se escutava na época do surgimento. Mas agora não é assim, nós não escutamos assim. Mas quem, como eu, tem ouvido de espírito para escutar, escuta.

---

[10] Civrieux (1980).

[11] Claude Lévi-Strauss (1993).

As pessoas do surgimento tinham ouvido assim...

Armando — É verdade, no ainda novo surgimento viam-se os espíritos, eles escutavam naquele tempo. Era assim, assim é que eles contam.

O que é que eles contam?

Armando — Que eles copulavam. "Vocês fizeram assim comigo, fizeram assim e agora minha vida se cansou, essa catinga deixou a minha vida cansada." E então eles escutaram tudo isso, e se envergonharam. Envergonhando-se, eles arrancaram da terra o osso de arara-sol que a segurava, arrancaram e jogaram o osso para longe. Arrancando, a terra se encheu de gordura de jaboti-cansaço e, tendo se enchido dessa gordura, ela deixou de falar. Foi assim que há tempos a terra parou de falar, e agora não podemos escutá-la.

Por que não podemos escutá-la?

Armando — Porque não fala. Porque ficou cheia de gordura de jaboti-cansaço. Ficaram cheias, acho que engoliram, foi assim, assim mesmo aconteceu. O céu também falava, mas eles arrancaram o osso, pegaram a gordura daquele jaboti, ferveram e, misturada com caldo de lírio, assopraram o céu. Por terem assim assoprado o céu com caldo de lírio fervido é que a sua fala mudou. No começo falava como gente, mas depois de ter sido assoprada passou a falar assim: *trtrtrtrtrrrrrrrrr*, quer falar mas *trtrtrrrtrtrrrrrrr*, é assim que sai, como trovão. Mas, antes falava como gente. Isso não aconteceu agora, foi na época do surgimento, na época em que falava o céu. Agora parou.

O rio também falava na época do surgimento?

Armando — O rio é assim. As pessoas mais humanas não escutam, mas quem tem ouvido-espírito, como eu, escuta as falas do pessoal do rio. Escuta mesmo.[12]

---

[12] Versão completa disponível em Armando Marubo (2008: 152-6).

Armando se refere aos episódios que seguem traduzidos no primeiro canto desta antologia. A narrativa trata do momento em que os *Vari Nawavo* (Povo Sol) encontram Grande Sucuri-Sol, um espírito-xamã que passa ensinamentos aos antigos. Entre esses, estão certos indivíduos lascivos e insensatos que atrapalham a fala de Sucuri. Em retaliação, ela manda as Mulheres-Insônia perseguirem os antepassados, que continuavam a viajar ao longo dos rios em direção às suas cabeceiras. As mulheres, então, manipulam as vozes da paisagem e de elementos diversos (rios, troncos, praias, mas, também, panelas e redes), denunciando os viventes que ali teriam copulado. Por conta disso, os antepassados envergonhados decidem silenciar a Terra. Daí o atual estado de coisas.

1.1

Mai Vana enemativo

Quando a Terra deixou de falar

Cantado por Paulino Joaquim Marubo

1	*Varĩ Vake Nawavo*	Filhos do Povo Sol
	Atõ shovitãisho	Em seu começo
	Nawa wenitaniki	Tendo já surgido
	Noã kayã tanai	Pelo rio descendo
5	*Sai inaya*	Eles vão viajando
	Vari shawã ina	Com seus cocares
	Atõ tene aoa	De caudas de arara-sol
	Shavá rakáini	Brilhando brilhando
	Sai toã ikia	Barulho vão fazendo
10	*Atõ awe shavovo*	E suas irmãs
	Vari shawã renãki	Com suas coifas
	Atõ soro maita	De penugens de araras-sol
	Shavá rakáini	Brilhando brilhando
	Sai inaya	Vão também viajando
15	*Vari mai voroke*	Na colina da terra-sol
	Onãniti yosiki	Aprendem e respeitam
	Natxi mamẽ ikitõ	Outras mulheres, suas tias[1]
	Natxi ainaya	As tias encontram
	Vari Achá veoa	Outras mulheres sentadas[2]

---

[1] Trata-se de mulheres desconhecidas pelos antigos que vão sendo encontradas ao longo da viagem. Aprendem então a respeitá-las, a considerá-las como tias classificatórias. Evocá-las por seus nomes pessoais seria uma falta de respeito, uma vez que não as conhecem bem. Hoje em dia, chama-se qualquer desconhecido pelo nome pessoal. Um indício dos maus hábitos que caracterizam os tempos presentes.

[2] A tradução literal do verso seria "sapas-sol sentadas", um nome para aquelas

20	*A nokoinisho*	Vêm se aproximando
	Onãniti yosiki	E aprendem, respeitam
	Natxi ainaya	As tias encontram
	Varĩ Vake Nawavo	Os filhos do Povo Sol
	Varĩ Ĩper raká	Grande Sucuri-Sol[3]
25	*A nokoinisho*	Vem se aproximando
	Romeyavorasĩni	Os pajés todos
	Varĩ Ĩper vana	Fala de Sucuri-Sol
	Vana nĩkãini	A fala escutam
	Atõ aki amaĩnõ	E enquanto isso
30	*Rome amarasĩni*	Os não-pajés
	Atõ aya wenía	Que surgiram todos
	Vari moshô shãko	Do broto da madeira-sol[4]
	Atõ paka atõ	Com lanças em punho
	Varĩ Ĩper vana	Fala de Sucuri-Sol
35	*Nĩkãtiro amẽkĩ*	Juntos escutam
	Vari moshô shãko	Mas suas lanças
	Atõ paka atõ	De broto de madeira-sol
	Atõ rakeaki	Grande Sucuri assustam
	Owa atõ matxiri	E sobre eles
40	*A ronoinasho*	Sucuri vai pairando
	Vei rome ene	Caldo de tabaco-morte
	Ene tokoinisho	Do caldo bebendo
	Owa ato atxõki	Em seus encalços coloca

---

outras mulheres encontradas ao longo do caminho. Não se trata de sapas solares, nem de alguma espécie mítica de batráquios-fêmea, mas apenas de um nome dessas mulheres antigas, pertencentes ao Povo Sol (*Vari Nawavo*). Isso porque o Povo Sol é o protagonista do episódio: diversos elementos e entidades mencionados na narrativa passam, então, a adotar a classe ("sol") de tal povo. Foram eles, aliás, os primeiros a surgirem de *mai nãko*, o "néctar da terra" (uma metáfora para o sêmen dos antepassados), tal como conta o mito *Wenía*.

[3] Trata-se do duplo da sucuri, da pessoa deste animal, pertencente ao Povo Sol.

[4] *Moshô* é uma árvore de madeira leve, não identificada, que possui qualidades xamânicas especiais, a saber, um certo "vento" (*moshô we*) capaz de aliviar o peso do corpo dos pajés.

	Kocho aki aoi	Um forte soprocanto[5]
45	*"Ea neská ashõ*	"Vocês me assustaram
	Matõ chinãnikia	Com pensamento ruim
	Aská atsomaroa!"	Não façam assim!"[6]
	A iki aoi	Diz Grande Sucuri
	Wesná Rome Shavo	E Mulheres Tabaco-Insônia[7]
50	*Wa ato atxõki*	No encalço deles
	Yonokia aíya	Mulheres manda
	Noã kayã tanai	Pelo rio descendo
	Sai inaiya	Eles seguem viajando
	Vari mai matoke	Na colina da terra-sol
55	*Kãtxiake voãsho*	Ali se reúnem
	Rakátaki ashõki	Abrigo juntos fazem
	A anõ kãtxisho	Para se reunirem[8]

---

[5] "Soprocanto" (*koshoka*) é um gênero das artes verbais empregado, por exemplo, nos feitiços.

[6] Sucuri quer dizer que os antigos deveriam ter ficado escutando a sua fala boa, ao invés de assustá-la com as lanças. O conflito é comum a outros episódios da mitologia marubo: um grupo original de antepassados se divide entre os chefes/xamãs e os insensatos. Estes últimos acabam por fazer alguma besteira, que acarreta transformações na configuração do cosmos.

[7] Trata-se de mulheres-espírito ruins (*ichná shavo*, *yochĩ shavo*): elas são propriamente o feitiço enviado por Sucuri-Sol para perseguir aqueles que a desrespeitaram. Doravante, as Mulheres-Tabaco-Morte delatarão os feitos dos antigos insensatos às entidades/elementos que aparecem ao longo do canto, assim fazendo com que tais entidades reclamem dos insensatos.

[8] Os antigos não viviam ainda em grandes malocas comunais (*shovo*) tais como as de hoje em dia. Abrigavam-se em cabanas de palha chamadas de *rome awã peche* e se alimentavam da entrecasca de uma certa árvore (*mey*) e de pequenos pássaros caçados com zarabatana. Andavam com tangas e estojos penianos (*shãpati*), possuíam o olhar e a audição apurados. Foi apenas mais tarde que o antepassado Vimi Peiya, em uma viagem ao Mundo Subaquático (*Ene Shavapá*), trouxe de lá a tecnologia para construir malocas, bem como a caça com arco e flecha e outros elementos que compõem "o nosso jeito" (*yorã tanáti*), algo que atualmente se costuma traduzir por "cultura". O presente episódio deve ter acontecido depois desse evento, pois diversos elementos da cultura material já se encontram aí presentes.

Quando a Terra deixou de falar

	Vari Ĩper akavo	Mas Sucuri-Sol
	Vei Rome Shavo	Mulheres Tabaco-Morte
60	*Owa ato atxõki*	No encalço deles
	A awẽ yonoa	Mulheres manda
	Owa ato inĩki	E junto deles
	A shaváyashõki	Elas mesmo ficam
	Ato vei roaki	Com feitiço-morte
65	*Atõ onepamea*	Quando cultos copulam
	Ato yoã yoãi	Elas tudo contam
	Mai voro tsaoa	Que na colina
	A anõ pãtesho	Ali mesmo escondidos
	Atõ onepamea	Ocultos copulam
70	*Ato yoã yoãi*	Elas contam contam[9]
	"A enõ pãtesho	"Em mim escondidos
	Mã onepamea	Em mim copularam
	Matõ anẽ kopíai"	E fedida fiquei"[10]
	A iki amaĩnõ	Reclama Colina[11]
75	*Vari shawã shaonõ*	Mas o osso arara-sol

---

[9] As Mulheres Tabaco-Morte contam para Colina (e os seguintes elementos da paisagem e da cultura material) que os antigos nela copularam e, assim, direcionam as falas de seu duplo. É esse o sentido do "feitiço" aí em questão: fazer com que determinados espíritos agressivos (tais como essas mulheres) manipulem ou direcionem a fala (e os comportamentos) de outrem — neste caso, dos elementos da paisagem e demais objetos tais como redes e panelas.

[10] *Kopía* quer aí dizer algo próximo de "contagiar". A raiz *kopí-* possui um campo semântico mais vasto, que comporta os sentidos de "vingar", "retaliar" e "revidar" não apenas uma agressão, mas também uma transação ou troca. Quando seguida de um morfema causativizador e outro nominalizador/instrumentalizador, ela se transforma, por exemplo, no substantivo utilizado para traduzir "dinheiro": *kopi-ma-ti*, literalmente, "coisa de/para trocar".

[11] Nessa época em que "a terra era nova" (*mai venã*), tudo falava. Colina de terra reclama dos antigos, que faziam sexo em cima dela, e assim por diante. Na verdade, isso é o que entendem os *Vari Nawavo*, pois são as Mulheres-Tabaco que manipulam a fala desse e de outros elementos da paisagem.

Shaõ ãti ativo	Na colina enfiado[12]
Awẽ askámaĩnõ	Os antigos todos
Vari shawã shao	Osso arara-sol
Ãtseakevaiki	Arrancam e então
80 *Pini shawe shaonõ*	Osso jaboti-cansaço
Shaõ ãti akĩrao	O osso enfiam
Vana enemativo	E Terra de falar deixou
Mai voro tsaosho	Ao morro da terra
Ato yoã yoãi	Elas contam contam
85 *"Aivo yora*	"Essas pessoas aí
Aivo shavoni	Com aquelas mulheres
Onepamevaina"	Ocultas copularam"
A iki aoi	Dizem mesmo assim[13]
Awẽ askámaĩnõ	E logo então
90 *Mai vanainai*	Terra vai falando
Yove mawa shaono	Osso sabiá-espírito
Shao ãti ativo	Ao osso sempre ligada
Mai vanainai	Terra vai falando

---

[12] Esse osso foi há tempos colocado na colina pelos fazedores da terra. "É o seu microfone", explicou Robson, dizendo que o tal osso é uma espécie de flauta (*rewe*) através da qual a terra falava. Trata-se de uma flauta-espírito, que é gente sabida e faladora. Para que a terra ficasse quieta, os antigos decidem então retirar esse seu "microfone": "ficaram com vergonha e então arrancaram o osso", explicam-me. (Mais uma vez, como toda essa sequência narrativa se refere aos feitos do Povo Sol, o osso é classificado como um elemento "sol", o que não denota qualidades solares específicas.) Vale lembrar a aproximação deste elemento mítico com o longo inalador de rapé utilizado pelos xamãs marubo: chamado também de *rewe*, o inalador de rapé costuma ser aproximado a um microfone. É um tradutor das vozes dos espíritos, uma espécie de luneta ou binóculo através do qual enxerga-se à distância, e, também, um *soul catcher* e *soul deliverer* (pegador e alienador de almas). Após retirarem o "microfone" da terra, os antigos ali colocam uma espécie de "antimicrofone", isto é, um determinado elemento (e, mais adiante, certos óleos ou gorduras) que impede a fala da terra. O mesmo procedimento se repetirá na sequência do canto.

[13] As mulheres-tabaco delatam os feitos dos insensatos para os pajés mais sabidos.

95	"*Mã enõpamea*	"Em mim copularam
	Matõ anẽ kopíki	Fedida mesmo fiquei
	Ea chinã natsoai"	Minha vida enfraqueceu"[14]
	A iki aoi	Diz terra novamente
	"*Matõ nasa virao*	"Vendo suas rachas
	Ea areaina"	Eu mesma rachei"[15]
100	*Awẽ iki amaĩnõ*	Assim diz e
	Yove mawa shaoki	Osso de sabiá-espírito
	Ãtse akevaiki	Arrancam e então
	Pini shawe shaono	Osso jaboti-cansaço
	Shaõ ãti akĩrao	O osso enfiam
105	*Mai vanayasmẽ*	Terra outrora falava
	Vana enemativo	Mas de falar deixou[16]
	Voĩ Tapã rakátõ	No Tronco-Pica-Pau
	Atõ onepamea	Eles ocultos copulam[17]
	Ato yoã yoãi	E elas contam contam
110	*Voĩ Tapã rakásho*	Ao Tronco-Pica-Pau

---

[14] O verso se refere à catinga do sexo, que cansa a vida/pensamento (*chinã*) da terra ("vida" é uma tradução oferecida pelos próprios Marubo, que decido aproveitar aqui). Isso porque alguns dos antigos mantinham relações com quaisquer mulheres, ao invés de respeitá-las e tratá-las como suas tias (*natxi*). Não se trata de condenação do sexo em geral, mas dos problemas de incesto e aliança derivados das relações que os antigos cometiam a torto e a direito, sem respeitar as devidas prescrições.

[15] Terra vê as vaginas das mulheres e acaba ela mesma rachando.

[16] Assim como acima, não é exatamente a paisagem que fala, mas os seus duplos (*maĩ vaká*) que falam através da paisagem com o auxílio de tais "microfones". Esses duplos da terra e da árvore não delatavam as pessoas e tampouco mentiam. Ocorre, porém, que eles passam a ser "manipulados" (*peshotka*) pelas Mulheres-Insônia, assim delatando os feitos dos antigos. Os antigos, assim, estão sendo enganados pelas mulheres-espectro: eles acham que foi a terra (ou seu duplo) que falou, mas na verdade ela assim o fez por ter sido dirigida pelas mulheres-espectro. Quando os antigos tiram os "microfones", a paisagem (e demais elementos) deixa de ser escutada (exceto, porém, para os xamãs *romeya*).

[17] Copulam no tronco liso da árvore caída.

	Ato yoã yoãi	Tudo contam contam
	Awẽ aki amaĩnõ	E eles então
	"Noke yoãina"	"Tronco nos delatou"
	A inãki	É o que dizem
115	*"Owa yoraraosho*	"Aquela coisa ali
	Iki kavi akĩrao	Conosco falou
	Wa noke yoãi"	Como gente conversou"
	A inãki	É o que dizem
	Yove mawa shaoki	Osso sabiá-espírito
120	*Ãtse akevãiki*	O osso arrancam
	Pini shawe sheni	Óleo de jaboti-cansaço
	Sheni yaniamaki	O óleo terra engole
	Vana enemativo	E de falar deixou
	Owa iwi vemaki	Naquela sapopema[18]
125	*A pãtenisho*	Vão se esconder
	Shavokai wetsa	E outras mulheres
	A meramavai	Ali encontram
	Iwi vema pãtesho	Nas sapopemas ocultos
	Atõ onemaĩnõ	Vão copulando
130	*Tama vanainai*	E Árvore fala
	Yove mawa shaono	Pelo osso sabiá-espírito
	Shaõ ãti ativo	Ao osso ligada
	Tama vanainai	Árvore fala
	"A enõ pãtesho	"Em mim escondidos
135	*Mã enõpameai*	Em mim copularam
	Matõ anẽ kopíai	Fedida mesmo fiquei
	Ea chinã natsoai"	Minha vida enfraqueceu"

---

[18] O termo designa as raízes tabulares de certas árvores e aparece com frequência na mitologia marubo.

Quando a Terra deixou de falar

Awẽ iki amaĩnõ	E eles dizem
"Owa yoraraosho	"Aquela coisa ali
140 *Iki kavi akĩro*	Conosco falou
A noke yoãi"	Como gente conversou"
A inãki	É o que dizem
Yove mawa shao	E osso sabiá-espírito
Ãtse akevaiki	O osso arrancam
145 *Pini shawe sheni*	E óleo de jaboti-cansaço
Sheni yaniamaki	O óleo engole
Tama vanayasmẽ	Árvore outrora falava
Vana enemativo	Mas de falar deixou
Pani vanairao	Rede então fala
150 *"A ẽnõ mĩtxisho*	"Em mim deitados
Mã onepamea	Eles ocultos copularam
Ea ewẽaĩ"	Pesada me deixaram"
A iki aoi	Diz mesmo Rede
Awẽ askámaĩnõ	E então respondem
155 *"A awẽ pani*	"Aquelas redes
Noke yoãaina"	Conosco falaram"
A inãki	É o que dizem
Pini shawe shenĩnõ	E óleo-cansaço
Shenĩ ratekakĩro	Em Rede passam
160 *Pani vanayase*	Rede outrora falava
Ikeinamẽkĩ	Assim mesmo fazia
Vana enemativo	Mas de falar deixou
Owa tapã rakásho	E naquela ponte
Owa tapãneshõki	Na ponte mesmo
165 *Atõ onepamemãi*	Eles ocultos copulam
Owa a tapãne	Mas para ponte
Ato yoã yoãi	Elas contam contam

Mai Vana enemativo

	"A enõ mĩtxisho	"Em mim deitados
	Atõ onepamea	Eles ocultos copularam
170	*A matõ vanápa*	Pentelhos de mulheres
	Ea chinã wesnai!"	Com insônia me deixaram"
	Awẽ iki amaĩnõ	Ponte assim diz
	"Matõ nasa virao	"Vendo suas rachas
	Ea nasa aina"	Eu mesma rachei"
175	*Awẽ iki amaĩnõ*	E eles dizem
	"Owa yorashorivi!	"Aquilo é gente!
	Mĩ noke yoãi	Você conosco
	A inãki"	De verdade falou"
	Pini shawe sheni	Mas óleo de jaboti-cansaço
180	*Sheni yaniamaki*	O óleo engole
	Tapã vanayase	Ponte outrora falava
	Ikeinamẽkĩ	Assim mesmo fazia
	Vana enemativo	Mas de falar deixou
	Wa anõ yoápa	E naquela panela
185	*A anõ pãtesho*	Na panela escondidos
	Atõ onepamea	Eles vão copulando
	Owa Yoá tsaosho	E aquela Panela
	Ato yoã yoãi	Vai falando falando
	"A ẽnõ pãtesho	"Em mim escondidos
190	*Mã ẽnõpamea*	Em mim copularam
	Matõ anẽ kopíai	Fedida mesmo fiquei
	Ea chinã natsoai"	Minha vida enfraqueceu"
	Awẽ iki amaĩnõ	Diz Panela e então
	Shõki shawe sheni	Óleo jaboti-fadiga
195	*Sheni yaniamaki*	O óleo engole
	Yoá vanayase	Panela outrora falava

Quando a Terra deixou de falar

	Ikeina amēkĩ	Assim mesmo fazia
	Shõki shawe sheniki	Mas óleo-fadiga
	Sheni yaniamaki	O óleo engole
200	*Vana enemativo*	E de falar deixou
	Owa nachti vaĩsho	Ali no porto
	Atõ onepamea	Eles ocultos copulam
	A Chomo tsaosho	E para Pote
	Ato yoã yoãi	Elas contam contam
205	*"Wa yorashovisi*	"Aquilo é mesmo
	Iki atõ ikirao!"	Assim como gente!"
	"Yora niá wetsa	"Aquelas outras pessoas
	Atõ onepamea	Em mim copularam
	A pamevaiki	Copularam e então
210	*Ea atõ mea*	Em mim mexeram
	Atõ anẽ kopiki	Fedido mesmo fiquei
	Ea chinã natsoai"	Minha vida enfraqueceu"
	Awẽ iki amaĩnõ	Diz Pote e
	Shõki shawe sheni	Óleo de jaboti-fadiga
215	*Sheni yaniamaki*	O óleo engole
	Chomo vanayasmẽ	Pote outrora falava
	Vana enemativo	Mas de falar deixou
	Owa nachti vaĩsho	Ali no porto
	Atõ onepamenãi	Eles ocultos copulam
220	*Ato yoã yoãi*	Mas elas contam contam
	"Mã enõ pamea	"Em mim copularam
	Matõ anẽ kopiki	Com catinga fiquei
	Ea chinã natsoai	Minha vida enfraqueceu
	A matõ vanápa	Seus pentelhos
225	*Ea chinã wesnái"*	Insone me deixaram"
	Awẽ iki amaĩnõ	Assim diz e então
	Yove mawa shaõno	Osso de sabiá-espírito

	Shaõ ãti ativosh	Há tempos colocado
	A anõ maĩki	Para que Terra
230	*Ato yoã yoãi*	Falasse falasse
	Awẽ aki amaĩnõ	Assim mesmo
	Yove mawa shaõki	Osso de sabiá-espírito
	Ãtseakevaiki	Vão logo arrancando
	Shõki shawe sheniki	E óleo de jaboti-fadiga
235	*Sheni yaniamaki*	O óleo engole
	Mai vanayasmẽ	Terra outrora falava
	Vana enemativo	Mas de falar deixou
	A onepamevãi	E ocultos copulam
	Atõ anõ nachia	No lugar de banhar
240	*Owa waka rakásho*	E para aquele rio
	Ato yoã yoãi	Elas contam contam
	Matsi mawa shaonõ	Pelo osso sabiá-frio
	Shaõ ãti ativosh	Há tempos colocado
	Ato yoã yoãi	Rio fala fala
245	*"Ã onepamevãi*	"Eles ocultos copularam
	Mã enõ nachia	Enquanto se banhavam
	Ea chinã natsoai"	E minha vida enfraqueceu"
	Awẽ iki amaĩnõ	Assim dizem e
	Matsi mawa shaoki	Osso de sabiá-frio
250	*Ãtse akevaiki*	O osso arrancam
	Pini shawe sheniki	Óleo de jaboti-cansaço
	Pini shawe shaonõ	E osso jaboti-cansaço
	Shaõ ãti akĩro	Naquele osso colocam
	Waka vanayasmẽ	Rio outrora falava
255	*Vana enemativo*	Mas de falar deixou
	Yora niá wetsani	Com outras mulheres
	A tasanãnãi	Eles se enroscam
	A aki avai	Assim fazem e
	"Mã ẽnõ nachia	"Banhando em mim
260	*A mato itsarao*	Com suas catingas

Quando a Terra deixou de falar

Ea kopíainã!"	Eu mesmo fiquei!"
Owa yoraraosho	Aquelas que também
Iki kavi akĩro	Com gente se parecem
Wa a Wakãki	Para aquele Rio
265 *Ato yoã yoãi*	Contam contam
A onepamevãi	Que ocultos copularam
"Mã enõ nachia	"Banhando em mim
A matõ vanápa	Os seus pentelhos
Ea chinã wesnai"	Insone me deixaram"
270 *Awẽ iki amaĩnõ*	Assim diz e
Yove mawa shaoki	Osso sabiá-espírito
Ãtseakevaiki	Arrancam e então
Shõki shawe shaõno	Osso sabiá-fadiga
Shaõ ãti akĩro	O osso ali enfiam
275 *Waka vanayasmẽ*	Rio outrora falava
Vana enemativo	Mas de falar deixou
Mai Voro tsaosho	E para Morro
Ato yoã yoãi	Elas contam contam
Vari Mai Voroke	Ali no Morro-Sol
280 *A anõ pãtesho*	No morro escondidos
Atõ onepamea	Eles vão copulando
Ato yoã yoãi	Mas elas contam contam
A aki amaĩnõ	E assim então
Nachitõ vikõi	No caminho do banho
285 *Yoá veno tsaoa*	Um mocho-mentira[19]
Tekakia ashõki	Eles mesmos matam
Yoá veno sheniki	Óleo de mocho-mentira
Sheni yaniamaki	Fazem Morro
Mai Voro tsaosho	O óleo engolir

---

[19] Mocho designa aqui um tipo de coruja comum na Amazônia (da família *Strigidae*).

290	*"Mĩ noke yoãi"*	"Você conosco falou"
	A inãki	Dizem mesmo assim
	Yoá veno sheni	Óleo-mentira
	Sheni yaniamaki	O óleo engole
	Vana enemativo	E Morro de falar deixou
295	*A Shovo tsaosho*	E para Maloca
	Ato yoã yoãi	Elas contam contam
	"A ẽnõ mĩtxisho	"Em mim deitados
	Mã onepamea	Vocês ocultos copularam
	Ea ewẽaina"	Pesada me deixaram"
300	*Awẽ iki amaĩnõ*	Assim diz e então
	Nachitõ vikõi	No caminho do banho
	Yoá veno setea	Um mocho-mentira
	Tekakia ashõki	Eles logo matam
	Yoá veno sheni	E óleo-mentira
305	*Sheni yaniamaki*	O óleo engole
	Shovo vanayasmẽ	Maloca outrora falava
	Vana enemativo	Mas de falar deixou
	Tama vanayase	Árvore outrora falava
	Ikeinamẽkĩ	Mas Árvore então
310	*Yoá veno sheni*	Óleo de mocho-mentira
	Sheni yaniamaki	Eles fazem engolir
	A onepamevãi	E ocultos copulam
	A anõ setea	Sentados mesmo ali
	Wa kenã rakásho	Naqueles bancos
315	*Ato yoã yoãi*	Mas elas contam contam
	A onepamevai	Que eles ocultos copulam
	"Mã enõ setea	"Sentando se em mim
	Matõ anẽ kopíki	Fedido mesmo fiquei
	Ea chinã natsoai"	Minha vida enfraqueceu"
320	*Awẽ iki amaĩnõ*	Assim diz e então

Quando a Terra deixou de falar

	Yoá veno sheni	Óleo de mocho-mentira
	Sheni yaniamaki	Fazem Banco engolir
	Kenã vanayasmẽ	Banco outrora falava
	Vana enemativo	Mas de falar deixou
325	*Wa matôpashõki*	Naquela colina
	Atõ onepamea	Eles ocultos copulam
	A Matô tsaosho	E para Colina deitada
	Ato yoã yoãi	Elas contam contam
	"A enõpamea	"Em mim copulando
330	*Matõ ewẽrao*	Com o seus pesos
	Ea kopíainã	Eu mesma fiquei
	Matõ txõkẽ virao	Como vocês afundada
	Ea txõkẽaina	Afundada fiquei
	Matõ nasavirao	Vendo suas rachas
335	*Ea areaina"*	Eu mesma rachei"
	Awẽ iki amaĩnõ	Assim diz e
	Nachitõ vikõi	No caminho do banho
	Veno yoá setea	Um mocho-mentira
	Tekakia ashõki	Eles mesmos matam
340	*Yoá veno sheni*	E óleo-mentira
	Sheni yanimaki	O óleo engole
	Mai vanayasmẽ	Terra outrora falava
	Vana enemativo	Mas de falar deixou
	Varĩ Ĩper vana	Fala de Serpente-Sol
345	*Vana nokoirao*	Fala-feitiço chegou[20]
	Askákia aoi	Assim mesmo aconteceu
	Varĩ Vake Nawavo	Aos filhos do Povo Sol

---

[20] "Fala", isto é, o feitiço de Sucuri ou Serpente-Sol, que persegue os antigos na forma das Mulheres-Tabaco, as delatoras.

1.2

Koĩ Mai vaná

A formação da Terra-Névoa

Cantado por Paulino Joaquim Marubo

1	*Koĩ Mai weki*	Vento da Terra-Névoa
	We votĩnãnãki	O vento envolve
	Naí koĩ weki	A névoa-vento do céu
	Chĩkirinã atõsho	E no redemoinho
5	*Ari rivi shovisho*	Por si mesmos surgem
	Kana Voã akavo	O chamado Kana Voã
	Koa Voã akavo	O chamado Koa Voã
	Koĩ Voã akavo	E o chamado Koĩ Voã
	Ave atisho	São mesmo eles
10	*Koĩ Naí vanáki*	Do Céu-Névoa plantado
	Koĩ rome ene	Caldo de tabaco-névoa
	Koĩ shõpa eneki	E caldo de lírio-névoa
	Ene votĩ vetãsho	Os caldos misturam[1]
	Koĩ shõpa ene	Caldo de lírio-névoa
15	*Ene yaniashõki*	Do caldo bebem
	Atõ kemo pakea	Saliva cospem
	Koĩ mai shovimash	E Terra-Névoa formam
	A anõki	Para que ali
	Nipai kawãsho	Fique de pé
20	*Koĩ Voã inisho*	Koĩ Voã mais
	Kana Voã akavo	O chamado Kana Voã

---

[1] O tabaco e o lírio já estavam plantados nessa paisagem primeira. Os demiurgos deles fazem caldos utilizados no processo de transformação.

	Koĩ Mai shovimash	Formada Terra-Névoa
	Shokopakei voãsho	Ali vão ficar
	Chinãkia aíya	E juntos pensam
25	*"Naí paro wetsãki*	"Num canto do céu
	Rono ronotaniki	Muitos ainda flutuam
	A arimẽse	Alguns dali mesmo
	A tachikarãi	Já vêm chegando[2]
	Naí paro wetsãki	Noutro canto do céu
30	*Rono ronotaniki*	Muitos ainda flutuam
	A tachikarãi"	E vêm chegando"
	Awẽ aki amaĩnõ	Assim dizem e
	Koĩ Voã inisho	Koĩ Voã mais
	Kana Voã akavõ	O chamado Kana Voã
35	*Koĩ shõpa ene*	Caldo de lírio-névoa
	Ene yaniashõki	Do caldo bebem[3]
	Ato yavi yavi	Agarram agarram
	A aki avaiki	Os que ainda flutuam
	Koĩ mai shovimash	E na Terra-Névoa
40	*Koĩ mai wenene*	Em seu terreiro
	Shokopakei voãsho	Vão todos viver
	Chinãkia aíya	Para lá seguem
	Naí shoviamase	Céu não havia
	Ikeina amẽkĩ	Mas eles então
45	*Koĩ shõpa ene*	Caldo de lírio-névoa
	Ene tokõinisho[4]	Do caldo bebem
	Koĩ shõpa eneki	Caldo de lírio-névoa

---

[2] Os espíritos demiurgos vão trazendo os demais espíritos que viviam flutuando neste vento primordial, "uma escuridão espessa", como me explicaram. O céu propriamente dito, assim como a terra, serão formados na sequência do canto.

[3] Bebem para ganhar força.

[4] *Tokõ* não quer dizer exatamente beber, mas manter um determinado líquido ou substância na boca; mascar tabaco, armazenar *ayahuasca* na boca para que uma determinada pessoa seja soprada com a presença desta substância entre os lábios do xamã. Trata-se de um recurso comum do xamanismo marubo.

	Ene koshoakĩrao	O caldo sopram
	Koĩ shõpa eneki	Caldo de lírio-névoa
50	*Ene tokõinisho*	Do caldo bebem
	A koshoakĩrao	Assim mesmo sopram
	Koĩ awá shovimash	E anta-névoa surge[5]
	Koĩ awá niáki	Anta-névoa de pé
	Pakã aki ashõki	Com lança matam
55	*Koĩ awá nami*	Da carne de anta-névoa
	Koĩ naí shovimash	Céu-Névoa fazem
	Koĩ awá namiki	Carne de anta-névoa
	Shõpe rakáinia	A carne abrem[6]
	Yoma awá niáki	Anta-*yoma* de pé[7]
60	*Pakã aki ashõki*	Com lança matam
	Yoma awá nami	Carne de anta-*yoma*
	Koĩ awá namiki	À carne de anta-névoa
	Nami txiwáiniki	As carnes atam
	Shõpe rakáinia	E tudo esticam
65	*Voa awá niáki*	Anta-*voa* de pé
	Pakã aki ashõki	Com lança matam
	Voa awá namiki	Carne de anta-*voa*
	Yoma awá nami	À carne de anta-*yoma*
	Nami txiwáiniki	As carnes juntam
70	*Shõpe rakáinia*	E tudo esticam

---

[5] Através deste xamanismo primeiro (os espíritos são pajés ou xamãs, *kẽchĩtxo*, desde sempre), os demiurgos criam determinadas antas que servirão de matéria para a construção do mundo. O procedimento é comum a outros episódios da mitologia marubo, nos quais são narrados os processos de formação do cosmos, sempre através de elementos pré-concebidos por essa montagem mítica (pedaços de animais, vegetais e outros elementos presentes nas paisagens primeiras). É o que se vê, por exemplo, na construção do Caminho-Morte, *Vei Vai* (cf. Cesarino, 2011a).

[6] Os demiurgos abrem, alargam e estendem a carne de tais animais.

[7] *Yoma* é o nome de uma espécie de anta dessa referência mítica. Robson Dionísio disse que o equivalente de *yoma* na língua ordinária é *yapa* (peixe), o que daria algo como "anta-peixe". Opto, no entanto, por manter o termo original em marubo na tradução. *Voa* e *kova*, que aparecem a seguir, são classificadores intraduzíveis.

	Kova awá niáki	Anta-*kova* de pé
	Pakã aki ashõki	Com lança matam
	Kova awá nami	Carne de anta-*kova*
	Voa awá namiki	À carne de anta-*voa*
75	*Nami txiwáiniki*	As carnes atam
	Shõpe rakáinia	E tudo esticam
	Koĩ Naí vanaki	Céu-Névoa plantado[8]
	Aská aki aíya	Agora mesmo está
	Aská aki ashõki	Assim tendo feito
80	*A atõ oĩa*	Para tudo olham
	Naí patxo isi	Mas flácido o céu
	Rakámẽaitõ	Ainda mesmo está
	Koĩ panã voropa	E com açaí-névoa
	Naí mestẽ aíya	O céu seguram
85	*Vari kõta voropa*	E com babaçu-sol
	Naí mestẽ ativo	O céu seguram
	Koĩ pano veoa	Tatu-névoa sentado
	Pakã aki ashõki	Com lança matam
	Koĩ pano shaõno	Com osso de tatu-névoa
90	*Naí mestẽ ativo*	O céu seguram
	Koĩ pano shao	Ali ao lado
	Vototaná irinõ	Do osso de tatu-névoa
	Koĩ Pano Shavo	Mulheres Tatu-Névoa
	Tsãoini owia	Eles deixam sentadas[9]
95	*Koĩ pano shao*	Ali embaixo
	Vototaná irino	Do osso de tatu-névoa

---

[8] Terminam assim de "plantar" ou "montar" a abóbada do Céu-Névoa com a carne dessas antas. Note-se que a separação entre reinos animal e vegetal não faz sentido aqui.

[9] Essas mulheres-espírito estão aí sentadas para cuidar do osso-pilar, a fim de que o céu não desabe.

	Koĩ pano cheniki	Óleo de tatu-névoa
	Tsãoini owia	Eles deixam
	Koĩ shõpa weki	Vento de lírio-névoa
100	*We txiwámashõki*	Ao vento juntam[10]
	Nitxĩini owia	E assim levantam
	Koĩ shõpa weki	Vento de lírio-névoa
	We txiwámashõki	O vento juntam
	Koĩ pano sheni	Com óleo de tatu-névoa
105	*Tsãoini owia*	E ali deixam
	Naí patxo isi	Mas céu flácido
	Rakámẽaitõ	Ainda mesmo está
	Txere osho tekasho	Periquito flecham
	Txere osho shaonõ	E com seu osso
110	*Naí mestẽ ativo*	Céu seguram
	Koĩ paka tekepa	Taboca-névoa
	Naí sene ativo	No céu atravessam
	Koĩ paka tekepa	E toco de taboca-névoa
	Naí yati ativo	Céu escora
115	*Koĩ shõpa ene*	Caldo de lírio-névoa
	Ene tokõinisho	Do caldo bebem
	Naí patxo isi	Pois flácido céu
	Rakámẽaitõ	Ainda assim está
	Naí kocho akĩro	E céu assopram
120	*Naí mestẽ ativo*	Para céu firmar
	Koĩ paka tekepa	Taboca-névoa
	Naí senẽ ativo	No céu atravessam
	Txere osho shaonõ	Osso de periquito branco
	Naí sene ativo	No céu atravessam

---

[10] Nos cantos xamanísticos marubo, essa junção ou encontro de ventos (que são atributos ou poderes de árvores, vegetais psicoativos e dos próprios xamãs) costuma ser comum. Através disso, os ventos/agentes ganham força para cumprir determinadas tarefas: no caso, sustentar a terra que ainda quer cair.

125	*Txere osho shaonõ*	Com osso de periquito
	Naí keset ativo	Céu cobrem
	Pakekatsí isi	Mas cair ainda quer
	Awẽ rakámaĩnõ	E com pedaços
	Koĩ paka tekepa	De taboca-névoa
130	*Naí yati ativo*	Céu escoram
	Koĩ paka voropa	Com toco de taboca-névoa[11]
	Naí mestẽ ativo	Céu seguram
	Koĩ shõpa ene	E caldo de lírio-névoa
	Ene tokoinisho	Do caldo bebem
135	*Koĩ rome ene*	Caldo de tabaco-névoa
	Ene votĩ vetãsho	O caldo misturam
	Koĩ shõpa ene	Ao caldo de lírio-névoa
	Ene tokõinisho	Do caldo bebem
	Naí kocho akĩro	Para céu assoprar
140	*Naí rakã otivo*	E céu enfim se firma
	Koĩ awá sheninõ	Com óleo de anta-névoa
	Naí pemã otivo	Céu fazem brilhar
	Naí veri amase	Brilho céu
	Rakákeã amẽki	Quase não tinha
145	*Naí veri akĩrao*	Mas oleoso céu
	Aská aki aíya	Brilhante ficou
	Koĩ awá shavoki	Anta-névoa fêmea
	Shavo maviashõki	Uma fêmea pegam
	Setẽini owia	E deixam sentada
150	*Awá osho shavo*	Anta-branco fêmea
	Shavo maviashõki	Uma fêmea pegam
	Setẽini owia	E deixam sentada
	Ave anõshorao	Para assim fazer

---

[11] Os pilares do céu estão distribuídos pelas distintas direções espaciais. Este está localizado ao sul.

	Naí voro merãno	Nuvem branca aparecer[12]
155	*Aská ainaya*	Assim mesmo fazem
	Shane awá niáki	Anta-azulão de pé
	Pakã aki ashõki	Com lança matam
	Shane awá shakápa	Couro de anta-azulão
	Naí pemã ativo	Pelo céu estendem
160	*Shane awá sheninõ*	Óleo de anta-azulão
	Naí pemã otivo	No céu passam
	Ave anõshorao	Para assim fazer
	Shane naí meranõ	Azul celeste aparecer
	Oka iso tekasho	Japó preto flecham
165	*Oka iso inãnõ*	Cauda de japó preto
	Naí senẽ ativo	No céu atravessam
	Oka osho shaonõ	Com osso de garça preta
	Naí keset ativo	Céu cobrem
	Koĩ oka setea	Japó-névoa pousado
170	*Tekakia ashõki*	Com armas matam
	Koĩ oka shaõno	Com osso de japó-névoa[13]
	Naí mestẽ ativo	Céu seguram
	Koĩ oka inãnõ	E sua cauda-névoa
	Naí senẽ ativo	No céu atravessam
175	*Koĩ kape vake*	Filhote de jacaré-névoa
	Vake maviashõki	O filhote sozinho
	Koĩ naí voro	Ali em cima
	Masotaná irinõ	Do Céu-Névoa
	Rakãini owia	Ali colocam
180	*Ave anõshorao*	Para assim fazer
	Naí yochĩ merano	Desenhada nuvem aparecer[14]
	Aská aki aíya	Assim mesmo fazem

---

[12] Nuvens *Cumulus nimbus*.

[13] *Oka*: nome para uma espécie de japó segundo a classificação marubo.

[14] Nuvens que assumem aspectos diversos, *Cumulus nimbus*.

A formação da Terra-Névoa

	Koĩ nawã vake	Filho de estrangeiro-névoa[15]
	Vake maviashōki	O filho sozinho
185	*Koĩ naí meãne*	Num canto do céu
	Shokoini owia	Ali mesmo deixam
	Imi Nawa shokoa	E Povo Sangue
	Pakã aki ashōki	Com lanças matam
	Imi Nawa vake	Filho do Povo Sangue
190	*Vake maviashōki*	O filho sozinho
	Imi Naí meãne	No canto do Céu-Sangue
	Imi Naí Shavaya	Na Morada do Céu-Sangue
	Nitxĩini owia	Ali mesmo deixam[16]
	Koĩ tete setea	Harpia-névoa pousada
195	*Tekakia ashōki*	Com armas matam
	Koĩ tete vakeki	Filhote de harpia-névoa
	Koĩ naí voro	Ali em cima
	Masotaná irinō	Da colina do Céu-Névoa
	Seteini owia	Ali deixam sentado
200	*Koĩ tete ina*	Cauda de gavião-névoa
	Ina maiti amasho	Da cauda cocar fazem
	Seteini owia	E cocar colocam[17]
	Ave anōshorao	Para assim fazer

---

[15] Dentre os elementos disponíveis *in illo tempore* para a bricolagem mítica estão esses estrangeiros (*nawa*, o mesmo termo utilizado hoje para designar peruanos ou brasileiros, muito embora não se trate dos mesmos coletivos) e também diversas outras crianças ou filhotes sozinhos, isto é, retirados de seus povos de origem.

[16] Este é o conjunto de fórmulas que dá origem às nuvens vermelhas do pôr do sol. Paulino não fechou o bloco com as fórmulas usuais, que, no entanto, podem ser subentendidas pela audiência especializada: *ave anōshorao/ imi roá meranō*, "para assim fazer/ rubra nuvem aparecer". Omissões como essas são comuns nas *performances* orais, sobretudo quando o cantador tem pressa, ou então quando faz uma exposição didática de um determinado mito. "Morada do Céu-Sangue" é um dos diversos patamares celestes que compõem a cosmografia marubo.

[17] O procedimento mitopoético de montagem do cosmos, mais uma vez, achou por bem pegar o filhote solitário e vesti-lo com um cocar de caudas de harpia. Através disso, os demiurgos dão origem a outras tantas nuvens *Cumulus nimbus*.

	Naí yochĩ meranõ	Desenhada nuvem aparecer
205	*Aská ainaya*	Assim mesmo fazem
	Imi Nawa imi	Sangue do Povo Sangue
	Imi Nawa iminõ	Com sangue do Povo Sangue
	Naí pemã otivo	Céu inteiro cobrem
	Imi Nawa imi	Sangue de estrangeiro-sangue
210	*Imi kẽti ashõki*	De sangue cuia fazem
	Imi naí vema	E ali ao lado
	Vototaná irinõ	Da sapopema do céu-sangue
	Tsaõini owia	Ali mesmo colocam
	Ave anõshorao	Para assim fazer
215	*Imi roá meranõ*	Rubra nuvem aparecer[18]

	Koĩ iso setea	Macaco-névoa sentado[19]
	Tekakia ashõki	Com armas matam
	Koĩ iso vake	Filhote de macaco-névoa
	Vake maviashõki	O filhote só
220	*Koĩ naí meãne*	Num canto do céu
	Setẽini owia	Ali sentado deixam

	Imi iso setea	Macaco-sangue sentado
	Tekakia ashõki	Com armas matam
	Imi isõ vake	Filhote de macaco-sangue
225	*Imi naí meãne*	Num canto do céu
	Setẽini owia	Ali sentado deixam

	Koĩ iso sheninõ	Com óleo de macaco-névoa
	Naí pemã otivo	Céu fazem brilhar
	Naí veri amase	Brilho céu
230	*Ikeina amẽki*	Talvez não tivesse

---

[18] *Cumulus nimbus* do pôr do sol.

[19] Macaco preto (*Ateles paniscus*). Lembre-se de que estes, no entanto, são outros macacos, marcados por um sistema de classificação original que não é em princípio compatível com a nossa taxonomia. A identificação das espécies oferecida ao longo deste livro é apenas aproximativa.

	Naí veri ikĩro	Mas oleoso céu
	Aská aki aíya	Brilhante ficou
	Naí osho yamase	Nuvens talvez
	Ikeina amẽki	Céu não tivesse
235	*Naí osho akĩro*	Mas nuvens formaram
	Koĩ makõ poko	Chumaço de algodão-névoa
	Koĩ makõ pokoki	O chumaço-névoa
	Veõini owia	Ali mesmo deixam
	Shane makõ poko	Chumaço de algodão-azulão
240	*Veõini owia*	Ali mesmo deixam
	Ave anõshorao	Para assim fazer
	Naí osho meranõ	Celeste nuvem aparecer
	Aská aki aíya	Assim mesmo fazem
	Vei awá niáki	Anta-morte em pé
245	*Pakã aki ashõki*	Com lança matam
	Vei awá shenĩnõ	Com óleo de anta-morte
	Naí pemã otivo	Céu inteiro cobrem
	Ave anõshorao	Para assim fazer
	Naí vei meranõ	Céu nublado aparecer
250	*Aská aki ativo*	Assim mesmo fazem
	Wacha tete setea	Harpia pintada pousada
	Tekakia ashõki	Com armas matam
	Wacha tete shakapa	Couro de harpia pintada
	Naí verak ativo	No céu estendem
255	*Wacha tete shakapa*	Couro de harpia pintada
	Naí pemã otivo	Céu inteiro cobre
	Wacha kamã veoa	Onça pintada sentada
	Pakã aki ashõki	Com lança matam
	Wacha kamã shakapa	Couro de onça pintada
260	*Naí verak ativo*	No céu estendem
	Wacha kamã sheninõ	Óleo de onça pintada
	Naí pemã otivo	Pelo céu espalham
	Ave anõshorao	Para assim fazer

	Naí wacha meranõ	Céu malhado aparecer[20]
265	*Aská aki aíya*	Assim feito está
	Wacha tete shakapa	Com couro de harpia pintada
	Naí verak aíya	Céu coberto está
	Wacha tete vakeki	Filhote de harpia pintada
	Wacha tete shaká	Mais couro de harpia pintada
270	*Nasotaná irinõ*	Ali em cima
	Tsãoini owia	Ali sentado colocam
	Matsi awá niáki	Anta-frio em pé
	Pakã aki ashõki	Com lança matam
	Matsi awá verõno	Olho de anta-frio
275	*Naí mai kenenõ*	No céu pontilhado[21]
	Potaini owia	Ali mesmo jogam
	Shane awá niáki	Anta-azulão em pé
	Pakã aki ashõki	Com lança matam
	Shane awá verõki	Olho de anta-azulão
280	*Shane awá nami*	Mais carne de anta-azulão
	Nasotaná irinõ	Ali em cima deixam
	Naí mai kenenõ	No céu pontilhado
	Potaini owia	Ali mesmo jogam
	Ave anõshorao	Para então fazer
285	*Nete ichi meranõ*	Brilhante estrela aparecer
	Aská ainaiya	Assim mesmo fazem
	Koĩ naĩ ronoa	Pendente preguiça-névoa
	Tekakia ashõta	Com armas matam
	Koĩ naĩ vake	Filhote de preguiça-névoa
290	*Koĩ naí meãne*	Num canto do céu
	Wetãini owia	Ali engancham[22]

---

[20] Camada de nuvens altas, esparsas, leves e em estratos finos, dos dias bons (*Altocumulus, Cirrocumulus*).

[21] Céu desenhado pelo traçado das estrelas, das constelações.

[22] Para formar nuvens pequenas variadas, proteiformes (*Cumulus nimbus*).

	Koĩ shae niáki	Tamanduá-névoa em pé
	Pakã aki ashõki	Com lança matam
	Koĩ shae vake	Filhote de tamanduá-névoa
295	Vake maviashõki	O filhote só
	Koĩ naí voro	Ali em cima
	Masotaná irinõ	Das nuvens-fumaça
	Nitxĩini owia	Ali mesmo deixam

	Koĩ txona setea	Macaco-névoa sentado[23]
300	Tekakia ashõki	Com armas matam
	Koĩ txona vake	Filhote de macaco-névoa
	Vake maviashõki	O filhote só
	Koĩ naí meãne	Num canto do céu
	Setẽini owia	Ali deixam sentado

305	Koĩ txona sheninõ	Óleo de macaco-névoa
	Naí pema otivo	Pelo céu espalham
	Koĩ txona sheni	Óleo de macaco-névoa
	Koĩ naí mĩkini	Num canto do céu
	Setẽini owia	Ali mesmo deixam
310	Koĩ txona voshkáki	Cabeça de macaco-névoa
	Koĩ naí voro	Ali em cima
	Masotaná irinõ	Das nuvens-névoa[24]
	Setẽini owia	Ali mesmo deixam

	Koĩ rono raká	Cobra-névoa deitada
315	Pakã aki ashõki	Com lança matam
	Koĩ rono vake	Filhote de cobra-névoa
	Vake maviashõki	O filhote só
	Koĩ naí voro	Ali em cima

---

[23] Macaco barrigudo (*Brachyteles arachnoides*). O cantador não explicita exatamente o que resulta de tal filhote de macaco.

[24] Nas nuvens da referência "névoa", cujos elementos são sempre marcados pelo classificador *koĩ*. Mais uma vez, o cantador não explicita o resultado do processo de transformação envolvido na estrofe em questão.

Koĩ Mai vaná

	Masotaná irinõ	Das nuvens-névoa
320	*Rakãini owia*	Ali mesmo deixam
	Ave anõshorao	Para assim fazer
	Naí yochĩ meranõ	Desenhada nuvem aparecer
	Aská ainaiya	Assim mesmo fazem

	Koĩ pano veoa	Tatu-névoa sentado
325	*Pakã aki ashõki*	Com lança matam
	Koĩ pano sheninõ	E óleo de tatu-névoa
	Naí pemã otivo	Pelo céu espalham
	Ave anõshorao	Para assim fazer
	Naí veri meranõ	Brilho de céu aparecer

330	*Koĩ pano vake*	Filhote de tatu-névoa
	Vake maviashõki	O filhote só
	Koĩ naí voro	Ali em cima
	Masotaná irinõ	Das nuvens-névoa
	Veõini owia	Sentado mesmo deixam
335	*Ave anõshorao*	Para assim fazer
	Naí yochĩ meranõ	Desenhada nuvem aparecer
	Aská ainaya	Assim mesmo fazem

	Koĩ shõpa ene	Caldo de lírio-névoa
	Ene tokõ inisho	Do caldo bebem
340	*Atõ kocho atisho*	E céu sopram
	Atõ vei roai	Com seus feitiços-morte[25]

	"Vei mai shavayash	"Aí nesta Terra-Morte
	Mato keyoaina	Todos irão acabar
	A neno verina!"	Venham para cá!"

---

[25] Após ter sido soprado por Kana Voã, Céu fala com as pessoas que vivem na terra e deseja levá-las consigo. Cansados de seu barulho, os demiurgos decidem assoprá-lo novamente, aplacando sua fala com outro feitiço. "Feitiço", pois, não é apenas uma forma de agressão, mas um modo de transformação/alteração de que se vale esse xamanismo primeiro.

345	*A anõ ikisho*	Assim diz Céu
	Awẽ terẽ imaĩnõ	Em seu trovejar
	"Keyoini verina!"	"Venham para cá!"
	A a ikisho	Assim ele diz
	Awẽ terẽ imaĩnõ	Em seu trovejar
350	*Koĩ shõpa ene*	E caldo de lírio-névoa
	Ene votĩ vetãki	O caldo misturado
	Koĩ rome ene	Ao caldo de tabaco-névoa
	Koĩ mai weki	Vento da terra-névoa
	We votĩ vetãsho	Com vento envolvido
355	*Naí kosho akĩro*	Céu sopram
	Vana enemativo	E Céu cala
	Naí vanayase	Céu outrora falava
	Rakákeã amẽki	Assim quase ficou
	Vana enemakĩro	Mas de falar deixou
360	*Aská aki ativo*	Foi o que fizeram
	Txipo shavá otapa	Nas épocas futuras
	Txipo kaniaivõ	Os depois nascidos
	Anõ yoãyairo	Desta forma contarão
	Askái shavánõ	O que aconteceu
365	*A ikianã*	Assim se diz
	Aská aki aíya	O que fizeram
	Kana Voã inisho	Kana Voã, mais
	Koĩ Voã akavo	O chamado Koĩ Voã
	Koĩ Naí vanáki	Céu-Névoa formaram
370	*Aská aki aíya*	Foi o que fizeram
	Aivo vonaro	Essas falas todas
	Txipo kaniaivõ	Os depois nascidos
	Yositi vanata	Devem aprender
	Anõ yoã anõvo	Para então contarem
375	*Txipo shavá otapa*	Nas épocas futuras

Koĩ Mai vaná

A ikianã	Isso mesmo diz
Koĩ Naí vanáki	A formação do Céu-Névoa
Aská aki ativo	Assim mesmo fizeram[26]

---

[26] O canto poderia seguir narrando a formação de outros elementos do céu até um final indefinido. O cantador, no entanto, decide interromper a história neste ponto.

2

Kaná kawã

Raptada pelo Raio

Cantado por Armando Mariano Marubo

Kaná kawã é uma versão amazônica de temas narrativos similares aos de Orfeu e Eurídice.[1] Em busca do duplo sequestrado de sua esposa, Pajé Samaúma (Shono Romeya) realizará um grande percurso pelo cosmos para que, no final, se depare com os limites impostos pela relação entre vida e morte. Na versão marubo, a trajetória do protagonista acontece nos domínios celestes e não no mundo dos mortos, tal como na mitologia grega ou na xintoísta, onde o tema reaparece na história dos deuses Izanami e Izanagi. O *Manuscrito de Huarochirí*,[2] uma narrativa quéchua recolhida entre os séculos XVI e XVII, faz o mesmo tema surgir nos Andes, transformado na história de Cuniraya Viracocha. Cuniraya é uma divindade (*huaca*) disfarçada de mendigo que deseja Cavillaca, mulher também *huaca* e reputada por sua beleza. Transformado em pássaro, Cuniraya introduz sua semente dentro de um fruto comestível, em cuja árvore a bela termina por descansar. Depois de engolir o fruto e engravidar, Cavillaca questiona todas as outras divindades sobre a paternidade de sua filha. Ao descobrir que o pai é aquele com aspecto de mendigo, ela o recusa e foge ofendida em direção ao mar. Cuniraya vai atrás da mulher e tenta alertá-la sobre o seu verdadeiro aspecto resplandescente, mas sem sucesso. Ela não se volta para trás e termina por se transformar em rochedo junto com sua filha. Cuniraya segue então perguntando pelo paradeiro da mulher aos ani-

---

[1] Uma versão dessa tradução, aqui modificada pelos critérios da presente edição, está também publicada em Cesarino, 2011a. A presente tradução apresenta, porém, algumas diferenças de detalhes com relação à versão anterior, na medida em que se insere em uma sequência de outras traduções dos *saiti* aqui incluídas, com as quais deve partilhar certos critérios de estilo e de edição.

[2] Consultar Taylor (1980) e Arguedas (2009).

mais que encontra por seu caminho, dos quais recebe respostas diversas. Por fim, consegue chegar nos limites marítimos do mundo onde estava sua amada mas, ao invés de encontrá-la, termina por violar duas irmãs gêmeas e se envolver em uma série de confusões que resultam no surgimento dos peixes do mar.

No caso marubo, a morte será o eixo central da desconexão entre um casal e seus desdobramentos na paisagem (subterrânea na versão japonesa, terrestre/marítima na andina, e celeste na presente variação amazônica) e das reflexões que ela suscita entre os cantadores. Pajé Samaúma pode realizar a passagem entre mundos distintos a despeito de estar ainda vivo, por contraposição à sua esposa, cujo duplo se desfaz de modo irreversível após a morte de seu corpo aqui nesta terra. Para os cantadores marubo, o destino do duplo da mulher de Pajé Samaúma está relacionado aos antigos rituais funerários, nos quais a ingestão dos ossos transformados em pó era praticada de modo sistemático. Já nos tempos míticos a cremação trazia problemas por interferir no destino póstumo da pessoa, impedindo o retorno da mulher ao seu local de origem. Diz-se que foi também por essa razão que, décadas atrás, os Marubo decidiram parar de cremar e de ingerir os seus mortos. Passariam então a adotar os atuais enterros em sepulturas cavadas na terra.

O canto se abre com uma situação recorrente na mitologia marubo: um feitiço é jogado sobre o protagonista e impulsiona uma ação determinada, da qual decorre uma disjunção entre planos do cosmos ou entre parentes. Encontraremos o mesmo esquema em três outras narrativas aqui traduzidas (*Shono Romeya*, "Pajé Samaúma", *Rome Owa Romeya*, "Pajé Flor de Tabaco", e *Roka*, "Origem da vida breve"), todas relacionadas à feitiçaria, à morte e aos rituais funerários. A narrativa "Raptada pelo Raio" se estrutura em uma composição em anel: o leitor verá como as unidades paralelísticas constroem um trajeto de ida simétrico ao trajeto de volta, através do qual o protagonista chega no mesmo lugar de onde partiu (sua maloca). Ao longo de tal percurso, ele atravessa diversos domínios situados em estratos celestes e terrestres que são "mundos" (*shavá*) paralelos, com seus respectivos povos, línguas e costumes, atrelados ao mundo dos viventes através de potenciais relações de parentesco. Este canto pode, portanto, ser concebido também como uma visão panorâmica da cosmografia marubo: é isso que de fato se dá para a audiência em uma aldeia, ou seja, a formação de uma imagem daquilo que não está acessível à experiência cotidiana. Aqui, torna-se também bastante claro o sentido do sistema especial de classificadores de que se vale esta poética xamanística. Sempre antepostos a determinados nomes, os classificadores acompanham ou marcam as passagens e variações entre mundos. Tudo aquilo que estiver, por exemplo, nos domínios dos espíritos ou gente-raio (*kaná yochĩ*) será classificado de tal maneira: algodão-raio, malocas-raio, e assim por diante.

A multiplicidade de pessoas aí compreendida (e os tais dos "espíritos" são sobretudo isso, pessoas ou sujeitos dos quais temos notícias apenas por seus indícios em forma de canto) não vive exatamente nas nuvens, mas sim naquilo que para si mesmas elas entendem como as suas próprias casas.[3] Suas vidas podem interferir de maneiras diversas no cotidiano desse mundo de cá, a Morada da Terra-Morte. Não por acaso, a melodia deste canto é considerada como *oniska* (triste, nostálgica ou melancólica), um sentimento constantemente evocado nas especulações sobre a distância e as relações de aliança. A nostalgia é, aqui, a qualidade poético-afetiva dessa cosmologia reticular, que estende suas relações não apenas pela vasta malha fluvial que conecta parentes distantes nessa terra, mas também pelas diversas regiões do cosmos e seus habitantes. A própria pessoa marubo, cindida entre seu suporte corporal e seus duplos/almas, acaba por estar, por assim dizer, duas vezes submetida aos efeitos de tal nostalgia. Não é apenas o seu aspecto corporal (a sua carcaça que vive aqui nessa referência cotidiana) que se distancia de seus parentes em viagens, alianças e casamentos. Também seus duplos, ao se desgarrarem dos corpos e errarem pelas paisagens diversas do mundo, acabam por fazer com que a pessoa padeça de melancolia e tristeza, causando, no limite, a doença e a morte. É sobre esse pano de fundo que se desenvolve a história do canto *Kaná kawã*.

---

[3] Aí residem as especulações perspectivistas (no sentido de Viveiros de Castro, 2002) do xamanismo marubo. É o que se pode ver em construções do tipo *ari ã tanáro shovorvi*, "no seu entender, é uma maloca", ou ainda *ari ã tanáro yorarivi*, "no seu entender, é mesmo gente", entre outras nas quais o sufixo reflexivo *-ri* é o detalhe essencial. Ver Cesarino (*op. cit.*) para maiores considerações sobre o perspectivismo entre os Marubo.

Raptada pelo Raio

1	*Vo Shono Romeya*	Pajé Samaúma
	Yove kaya apai	Pajé mais forte
	Awẽ nimẽaitõ	Ali sempre vivia
	Ino Sheta Rekẽne	Mas Sheta Rekẽ
5	*Ino Sheta Wesí*	Sheta Wesí
	Ayo Chai inisho	E Ayo Chai
	Yove vana kẽsho	Ao pajé invejam
	Sheni vana netãti	Soprocanto fazem
	Sheni vana nokoi	E chega o soprocanto[4]
10	*Yene Shavo Maya*	Yene Maya, mulher
	Wa kaya shanẽne	No meio da maloca
	Pani txiwávakĩsho	A rede pendura
	Awẽ rakámaĩnõ	E ao deitar-se
	Vari isĩ potxĩni	Bem ao meio-dia
15	*Kaná veananãki*	Um raio rápido
	Wa kaya nakiki	O pátio da maloca
	Nao vakĩvakĩki	Forte forte fulmina
	Awẽ aĩ toya	Sua mulher grávida
	Kaná kawã yochĩni	Os espíritos do raio
20	*Shatẽkamaĩnõ*	Rasgam e retalham[5]
	A veroyakĩki	E ela tomba
	Pakei kawãmãi	Diante do marido
	Awẽ anõ aĩki	Que assim ampara
	Tetsõ pakei kashõki	A mulher desfalecida
25	*Waishõ aoi*	E começa a chorá-la

---

[4] "Soprocanto", como se disse acima, pretende traduzir os termos *shõki* e *ko-shoka*, ambos formados a partir de onomatopeias para os cantos assoprados de feiti-çaria (*shõ shõ, kosh kosh*). A expressão metafórica *sheni vana* (literalmente "fala de velho") se refere precisamente a tais artes verbais. Sheta Rekẽ, Sheta Wesí e Ayo Chai são três espíritos (*yochĩ*) vizinhos de Pajé Samaúma, que o invejam por causa de sua mulher.

[5] Enquanto um raio arrebenta a barriga da mulher, os seus espíritos sequestram o duplo da mulher e o bebê. Os eventos ocorrem em paralelo, acompanhando a cisão generalizada entre duplos e corpos que marca a ontologia marubo. O duplo da esposa de Samaúma passará, então, a viver com outros homens na Morada do Céu-Raio.

"Ẽ noi shavo	"Minha esposa amada
Noma roa vake"	Pequena bela juriti"
Iki wai ioi	Assim vai chorando
Vo Shono Romeya	Pajé Samaúma
30 "Mĩ yora ravĩki	"Apenas para ti
Yoĩni chinãi"	Eu antes caçava"
A pakekãi	Chora debruçado
"Ẽ aki amaĩnõ	"Enquanto eu caçava
Mĩ anõ awevo	Tu não ficavas
35 Atõ chinãvãi	Indo e vindo
Ori vai chitai	Para lá e cá
Neri vai chitai	Por aí visitando
Ave vakĩvakĩ	Os teus irmãos
Mĩ anõ akama	Não fazias assim
40 Yoĩni chinãi	Quando eu ia
Ẽ pakekãimãi	Sozinho caçar
Mĩ tsaotãisho	Ficavas aqui sentada
Yoĩni pei	Não eras ave
Pei revo sekeya	De penas listradas[6]
45 Tsaotãi iki	Ficavas aqui sentada
Mĩ anõ aina"	Eras mesmo assim"
Iki wai ioi	Diz chorando
Waiki avai	Chora e então
"Ẽ atima yonõ	"Vou buscá-la
50 Wená atsomaroa!"	Não calcinem o corpo!"[7]

---

[6] Metáfora para pessoas volúveis, inconstantes, imprevisíveis.

[7] Pajé Samaúma diz aos parentes para que não queimem ainda o corpo de sua

	Iki chinãvaiki	Aos parentes diz
	Makã tachi pei	E folha forte
	Peikia tsoasho	A folha coa
	Yaniaki avai	Do caldo bebe[8]
55	*Awẽ yovekãia*	Em espírito muda-se
	Kanã Mari sheni	E vai descendo
	Anõ iti vaĩse	Ali no caminho
	Yove pake aoi	Do velho Kanã Mari[9]
	Imi tama sheni	E no Tronco-Sangue
60	*A nokopakesho*	Ali vai chegando[10]
	"Ẽ aĩnã	"Minha mulher
	Neno oamarai?"	Por aqui passou?"
	Awẽ ato akaki	A eles pergunta
	"Noke oĩmanã"	"Aqui não vimos"
65	*Iki nĩkãtaniki*	Assim escuta
	Wa ari amẽse	E sozinho sai
	Nipai oshõki	Andando de volta
	Rona vana txiriai	Vem cantando só
	Yove vana yoi	Seu belo chorocanto
70	*"Ẽ noi shavo*	"Minha esposa amada
	Neská kawãkirivi	Foste mesmo embora
	Mĩ ea eneai	Deixaste-me só

---

mulher (segundo os rituais fúnebres dos antigos), pois ele vai tentar encontrar o seu duplo.

[8] Pajé Samaúma faz um preparado de folhas, do qual beberá para poder deslocar--se pelo cosmos. *Makã tachi* é uma das folhas, não identificada.

[9] Kanã Mari, os demiurgos criadores da terra, são os que fizeram esse caminho.

[10] Esse é o nome do espírito do rato (*makã vaká*), visitado pelo protagonista. Pajé Samaúma passará, daqui por diante, a percorrer diversos domínios de diversas gentes, sempre procurando pelo duplo de sua mulher.

Kaná kawã

	Waki eshe netãi	As sementes gêmeas
	Nõ anõ ikinã	Que éramos nós
75	*Ẽ noi shavo"*	Minha esposa amada"
	Iki wai ioi	Assim chorocanta
	Wakã tachi peiki	E folha forte
	Peikia tsoasho	A folha coa
	Yaniaki avai	Do caldo bebe
80	*Awẽ yovekãia*	Em espírito muda-se
	Wa ene vaĩse	No caminho d'água
	Yove pake aoi	Mudado vai
	Ene yochĩ nawavos	E gente d'água
	Ato noko pakesho	A gente encontra
85	*"Ẽ anõ aĩnã*	"Acaso não viram
	Mato oĩamai?"	Minha mulher?"
	Awẽ ato akaki	A eles pergunta
	"Noke oĩamanã"	"Não vimos não"
	Iki nĩkãtaniki	Assim mesmo escuta
90	*Wa ari amẽse*	E sozinho vai
	Nipai oshõki	Embora andando
	"Ẽ atima yonõ	"Vou encontrá-la
	Wená atsomaroa!"	Não calcinem o corpo!"[11]
	A iki avaiki	Aos parentes diz
95	*Yove iso txeshte*	Do traseiro de macaco
	Yove tama yora	Ali em cima
	Kasotaná irinõ	Da árvore-espírito

---

[11] Há aqui uma ubiquidade em jogo: o Pajé fala com seus parentes na maloca, enquanto seu duplo procura pela mulher no mundo subaquático. O efeito é característico dos eventos xamanísticos, nos quais a separação entre um suporte corporal e seus duplos acaba por marcar a própria estrutura enunciativa do discurso.

	Nitxīini otivo	Há tempos colocado
	Naí shavá pokesho	Cruzado no céu
100	*Wa ronopakea*	Formou-se pendente
	Yove tachi peiki	Outra folha forte[12]
	Yove rome ene	Que ao tabaco
	Ene votī vetãsho	Ao caldo mistura
	Peikia tsoasho	A folha coa
105	*Yaniaki avai*	E do caldo bebe
	Yove rome shãko	Broto de tabaco
	Shãkokia sheai	O broto engole
	A aki avaiki	Assim faz e então
	Rewepei tekasho	Um pássaro flecha
110	*Rewepei ánaki*	Língua de pássaro
	Rome misi nawiki	Com rapé mistura[13]
	Ána shea sheai	E língua engole
	Shãpei tekasho	Gavião cãocão flecha[14]

---

[12] As linhas se referem ao surgimento do psicotrópico *tachi* (não identificado), feito ou montado a partir de um traseiro de macaco-preto-espírito colocado em cima do tronco da árvore pelos demiurgos. O vegetal *tachi* (entre outros elementos tais como rapé e línguas de pássaros) é um propiciador do deslocamento do duplo do protagonista.

[13] Robson me explicava que "engolir língua do pássaro *rewepei*" é um modo de dizer (ou um modo de fazer com) que o seu duplo (do pássaro *rewepei*) acompanhe Pajé Samaúma. *Rewepei* é o joão-barbudo (*Malacoptila fusca*, *Malacoptila striata*), extremamente valorizado pelo xamanismo marubo. Seu duplo humanoide é considerado como um xamã *romeya*; os auxiliares das sessões xamanísticas (responsáveis por assistir o xamã em transe, administrar doses de rapé e *ayahuasca* aos presentes e aos espíritos que chegam na maloca) são também chamados de *rewepei*. Há toda uma classe de espíritos auxiliares dos xamãs também chamada de *rewepei* que, de maneira homóloga aos auxiliares das sessões que vemos nesta maloca, auxiliam também os eventos que se passam na maloca interna dos *romeya*, uma replicação da referência externa em que vivem os Marubo. Ver Cesarino (2011a) para mais detalhes sobre as sessões xamanísticas e seus cantos.

[14] *Shãpei*, ou *veshtao*, é outra ave importante no xamanismo marubo: o duplo deste gavião (não identificado) é considerado como um "espírito passeador", capaz de contar o que se passa em terras distantes aos xamãs seus aliados. Quando o gavião

115	*Shãpei ánaki*	E sua língua
	Ánakia sheai	A língua engole
	Rome chai tekasho	Pássaro-tabaco flecha
	Rome chai ánaki	Língua de pássaro
	Ánakia sheasho	A língua engole
	Yove chairasĩni	E espíritos pássaro
120	*Chinã mekiatõsh*	Seu saber acompanham
	Yove iná aoi	Vai então subindo
	Yove rome shãkonõ	Pelo broto de rapé
	Shãko teki inai	No broto vai subindo
	Yove kaya apai	O pajé mais forte
125	*Yove iná aoi*	O espírito chega
	Wasi chai yochĩvo	E gente pássaro-capim
	Ato nokoinisho	Vem se aproximando
	"Ẽ aĩnã	"Acaso não viram
	Mato oĩamai?"	Minha mulher?"
130	*Awẽ ato akaki*	A eles pergunta
	"Noke oĩamanã"	"Não vimos não"
	A iki nĩkãvai	Assim mesmo escuta
	Atsã chai yochĩvo	E gente pássaro-mandioca
	Ato nokoinisho	Vem se aproximando
135	*"Ẽ aĩnã*	"Acaso não viram
	Mato oĩamai?"	Minha mulher?"
	Awẽ iki amaĩno	Pergunta e então

---

cãocão se aproxima com seu piado característico (*shãã, shãã*), não se deve imitá-lo, pronunciar seu nome ou apontar com o dedo para a ave. Corre-se o risco de ser retaliado por seu duplo ou dono, que envia dardos mágicos para o pescoço do sujeito incauto e o deixa com um forte torcicolo. Deve-se apenas e respeitosamente, em tom de voz baixo e discreto, referir-se a ele como "pássaro-espírito" (*yove chai*).

	"Noke oĩmanã"	"Não vimos não"
	Iki nĩkãvai	Assim mesmo escuta
140	Shõpã chai yochĩvo	E gente pássaro-mamão
	Ato nokoinisho	Vem se aproximando
	"Ẽ aĩnã	"Acaso não viram
	Mato oĩamai?"	Minha mulher?"
	Awẽ ato akaki	A eles pergunta
145	"Noke oĩmanã"	"Não vimos não"
	Iki nĩkãvai	Assim mesmo escuta
	Manĩ chai yochĩvo	E gente pássaro-banana
	Ato nokoinisho	Vem se aproximando
	Awe anõ nĩkã	E a eles pergunta
150	"Noke oĩamanã"	"Não vimos não"
	Iki nĩkãvai	Assim mesmo escuta
	Washmẽ chai yochĩvo	E gente pássaro-algodão
	Ato nokoinisho	Vem se aproximando
	"Ẽĩ aĩnã	"Acaso não viram
155	Mato oĩamai?"	Minha mulher?"
	Awẽ ato akaki	A eles pergunta
	"Noke oĩamanã"	"Não vimos não"
	Iki nĩkãvai	Assim mesmo escuta
	Yove kaya apai	Espírito mais forte
160	Yove inákãi	O espírito vai subindo
	Chiwã chai yochĩvo	E gente pássaro-erva
	Ato nokoinisho	Vem se aproximando

"Mato oĩamai?"	"Viram minha mulher?"
Awẽ iki amaĩno	Pergunta e então

165 *"Noke oĩamanã"* — "Não vimos não"

Iki nĩkãvai — Assim mesmo escuta
Ori teki inai — Mais longe sobe
Mera chai yochĩvo — E outra gente-pássaro
Ato nokoinisho — Vem se aproximando

170 *"Ẽ aĩnã* — "Acaso não viram
Mato oĩamai?" — Minha mulher?"

Awẽ ato akaki — A eles pergunta

"Noke oĩamanã" — "Não vimos não"

Iki nĩkãvai — Assim mesmo escuta
175 *Chiwã chai yochĩvo* — E gente pássaro-planta
Ato nokoinisho — Vem se aproximando

Chai Yove Nawavo — E Povo Pássaro-Espírito[15]
Ato nokoinisho — Vem se aproximando

"Ẽ aĩnã — "Acaso não viram
180 *Mato oĩamai?"* — Minha mulher?"

Awẽ iki amaĩnõ — Pergunta e então

"Noke oĩamanã" — "Não vimos não"

Iki nĩkãvai — Assim mesmo escuta

---

[15] Até aqui, Pajé Samaúma está no nível das plantas baixas dos roçados, onde vivem inúmeros povos-espírito. Em seguida, subirá mais alto, através do tronco da pupunheira.

	Yove wanĩ yora	No tronco de pupunha
185	*Yora tanáini*	Pelo tronco sobe
	Yove kaya apai	Pajé mais forte
	Yove inakãi	Pajé vai subindo
	Wanĩ chai yochĩvo	E gente pássaro-pupunha
	Ato nokoinisho	Vem se aproximando
190	*"Ẽ aĩnã*	"Acaso não viram
	Mato oĩamai?"	Minha mulher?"
	Awẽ iki amaĩnõ	Pergunta e então
	Iki nĩkãvai	Aquilo mesmo escuta
	Ori teki inaki	Sobe mais acima
195	*Nisti chai yochĩvo*	E gente pássaro-paxiúba
	Ato nokoinisho	Vem se aproximando
	"Ẽ aĩnã	"Acaso não viram
	Mato oĩamai?"	Minha mulher?"
	Awẽ iki amaĩnõ	Pergunta e então
200	*"Noke oĩamanã"*	"Não vimos não"
	Iki nĩkãvai	Assim mesmo escuta
	Wa Tama Shavaya	No Mundo Arbóreo
	Pakeina aosho	Vai ali chegando
	Naĩni kokavo	E seus tios-preguiça
205	*Ato nokoinisho*	Vêm se aproximando
	"Ẽ aĩnã	"Acaso não viram
	Mato oĩamai?"	Minha mulher?"
	Awẽ iki amaĩnõ	Pergunta e então
	"Noke oĩamanã"	"Não vimos não"
210	*Iki nĩkãvai*	Assim mesmo escuta

Kaná kawã

	Ni Sako sheni	E antepassado Ni Sako[16]
	A nokoinisho	Vem se aproximando
	"Ẽ aĩnã	"Acaso não viram
	Mato oĩamai?"	Minha mulher?"
215	*Awẽ iki amaĩnõ*	Pergunta e então
	"Noke oĩamanã"	"Não vimos não"
	Iki nĩkãvai	Assim mesmo escuta
	Ni Oke yovevo	E espíritos Ni Okevo
	Ato nokoinisho	Vêm se aproximando
220	*"Ẽ aĩnã*	"Acaso não viram
	Mato oĩamai?"	Minha mulher?"
	Awẽ iki amaĩnõ	Pergunta e então
	"Noke oĩamanã"	"Não vimos não"
	Iki nĩkãvai	Assim mesmo escuta
225	*Shawã Nãko yovevo*	E espíritos Shawã Nãko[17]
	Ato nokoinisho	Vêm se aproximando
	"Ẽ aĩnã..."	"Minha mulher..."
	Awẽ iki amaĩnõ	Pergunta e então
	"Noke oĩamanã"	"Não vimos não"

---

[16] Este é o nome do duplo da preguiça. Samaúma está visitando os espíritos do mato.

[17] Os espíritos *Shawã Nãkovo* (Arara-Néctar) surgem do "néctar da árvore-arara" e estão a meio caminho entre as gentes pelas quais Pajé Samaúma já passou (os tios-preguiça e os espíritos do mato), no primeiro nível do Mundo Arbóreo, e o poderoso Povo Espírito Samaúma, que fica mais acima.

Raptada pelo Raio

230	*Iki nīkãvai*	Assim mesmo escuta
	Ori yove inai	E sobe o pajé
	Yove kaya apai	Espírito mais forte
	Yove inakãi	Espírito vai subindo
	Shono Yove Nawavo	E Povo Espírito da Samaúma
235	*Ato nokoinisho*	Vem se aproximando
	"Ẽ aĩnã	"Acaso não viram
	Mato oĩamai?"	Minha mulher?"
	Awẽ iki amaĩnõ	A eles pergunta
	"Kaná kawã yochĩni	"Espíritos do raio
240	*Vevo anõ kawãta*	Aqui passaram
	Kawãta achĩa	Há algum tempo
	Vakẽ ewã toaya	Mãe e bebê
	Kawãta achĩa"	Passaram aqui"
	Iki nīkã anãki	Assim escuta
245	*Vetĩ ipakãisho*	E segue cabisbaixo
	Waiki avai	Vai mesmo chorando
	Yove rome ene	Do caldo de tabaco
	Noshoakevãivai	Do caldo serve-se[18]
	Ori yove inai	Espírito sobe
250	*Shai Yove Nawavo*	E Povo Espírito da Envireira
	Ato nokoinisho	Vem se aproximando
	"Ẽ anõ aĩnã	"Acaso não viram
	Mato oĩamai?"	Minha mulher?"
	Awẽ iki amaĩnõ	A eles pergunta
255	*"Kaná Yochĩ Nawavo*	"'Raptamos mulher!'

---

[18] Pajé Samaúma serve-se da bebida que traz em uma garrafa de barro, pendente de seu cotovelo esquerdo. É assim que os espíritos e suas irmãs costumam se deslocar pelo cosmos.

	'Nõ aĩvo vitãi	Disseram os raios
	Ikõvãtachĩa"	Passando por aqui"
	Iki nĩkãvai	Assim escuta
	Ori teki inaki	E longe sobe
260	Ni Shopa sheni	E antepassado Ni Shopa[19]
	A nokoinisho	Vem se aproximando
	"Ẽ anõ aĩna	"Acaso não viram
	Mato oĩamara?"	Minha mulher?"
	Awẽ iki amaĩnõ	Pergunta e então
265	"Kaná yochĩ Nawavo	"Povo Raio
	Vevo anõ kawãta	Aqui passou
	Vakẽ ewã toaya	Mãe e bebê
	Nanẽ iki txeshese	De jenipapo pintados
	Kawãta achĩki"	Aqui passaram"
270	Iki nĩkãvai	Assim escuta
	Yove mai tsakasho	E ali levantada
	Wa nipa kawã	Fincada na terra melhor
	Torá Osho yoraki	A árvore Torá Osho[20]

---

[19] Ni Shopa é um espírito que vive no último nível da Morada Arbórea.

[20] Chamada de *Torá Tama* pelos viventes e de *Torá Osho* pelos espíritos, a imensa árvore estende-se acima da Morada Arbórea, servindo de caminho para os que desejam passar daí para os outros estratos celestes. Subindo pela árvore *Torá Tama*, encontra-se um caminho íngreme ou praticamente vertical e pendente no céu, por onde passa Lua e que conduz a uma morada melhor. De lá sai uma escada que chega até a Morada do Céu-Morte, ainda nesta região empírea mais baixa. Ao lado e acima da árvore *Torá Tama* estão também as cordas celestes *naí mechpõ*. Cordas celestes que, explicaram-me, são na verdade quatro sucuris elásticas pendentes dos cantos do céu, sobre as quais o viajante pula para ser então catapultado para cima. Servem também para abraçar ou rodear o céu, muito embora não o sustentem. Vistas de longe, estão sobre as nuvens, são brancas e sucedem-se umas às outras em linhas paralelas, girando e assim conduzindo a pessoa de uma corda para a outra. Os xamãs *romeya* e os espíritos Shoma sobem aos céus por estas cordas, dizendo os seguintes versos: "Pendentes cordas celestes/ Vou mesmo agarrando/ E venho aqui olhar" (*Naí mechpõ ronoa/ Atxi*

	Yora tanáini	Pela árvore sobe
275	*Yove kaya apai*	Pajé mais forte
	Yove inakãi	Pajé vai subindo
	Koro tete ina	Seu chapéu
	Awẽ maiti aoa	De harpia-cinza
	Koro shai meviki	Na envireira-cinza
280	*Meso tanáirinõ*	No galho deixa
	Wetãinivãi	Deixa pendurado
	Ave anõshorao	Para assim fazer
	Koro kãtxo revõno	Bromélia-cinza aparecer
	Naí meshpõ ronoa	Agarra as cordas
285	*Atxi inivãi*	Pendentes do céu
	Vei Naí Shavaya	E no Céu-Morte
	Pakeina aosho	Vai passando
	Shetẽ yochĩ ikotãi	Pela gente-urubu
	Ao kamã shokoa	Com seus cachorros
290	*Sai ainvãi*	Passa gritocantando
	Shane tama voroke	Na árvore-azulão[21]
	Shane Nea shokoa	Na gente Jacamim-Azulão
	Ato nokoinisho	Ele vem chegando
	Siná awe kawãi	Bravo, muito bravo
295	*"Ẽta neskái!*	"Vejam como estou!
	Txipo kaniaivo	Os depois nascidos
	Txipo shavá otapa	Nas outras épocas
	Askái shavámisi	Podem assim ficar
	Ea take arina!"	Vamos, ajudem-me!"[22]

---

inivãi/ Oĩpakevarãki). A árvore, inteira desenhada com os padrões *kene*, surgiu assim: "Semente da árvore-espírito/ Na terra arbórea caída/ Por si mesma brota" (*Yove tama eche/ Tama mai rakásh/ Ari toãshki*).

[21] Daí em diante, algumas expressões formulares metafóricas terão de ser compreendidas em seus sentidos paralelos: o que se chama de "árvore-azulão" é o que os espíritos que ali vivem entendem como sua "colina-azulão", e assim por diante, como veremos nas linhas abaixo.

[22] Shono Romeya quer dizer que, nos tempos futuros, os espíritos do raio podem

300	*Awẽ iki amaĩnõ*	Assim diz e
	Shane shatxi tosha	Os seus cajados
	Awẽ wino atõ	De capim-azulão[23]
	Meshtãvina tanasho	Todos agarram
	Paka oni kawãi	E seguem raivosos
305	*Shane Nea yochĩvo*	Gente Jacamim-Azulão
	Tanáinivãi	Chama por toda
	Moka tama voroke	Gente lagarto-amargo
	Moka Ãpe niáki	Que vive em cima
	Siná paka voro	Da árvore-amargo[24]
310	*Masotaná irino*	Na taboca-bravo[25]
	Siná voĩ niáki	Ali nos Pica-Paus-Bravo
	Nokoini aosho	Ele vai chegando
	Siná awe kawãi	Bravo, muito bravo
	"Ẽta neskai	"Vejam como estou
315	*Ea take arina!"*	Vamos, ajudem-me!"
	Awẽ iki amaĩnõ	Assim diz e
	Siná yawã sheta	Seus machados
	Awẽ roe atõ	De dentes de queixada[26]
	Meshtãvinã tanasho	Eles todos agarram
320	*Paka oni kawãi*	Seguem raivosos
	Siná voĩ niáki	Chamando pelos
	Tanáinivãi	Pica-Paus-Bravo
	Moka tama voro	Na árvore-amargo[27]

---

vir de novo raptar as mulheres dos humanos. "Os depois nascidos" é uma metáfora padronizada para os jovens.

[23] Trata-se de espadas de ferro.

[24] Essa gente lagarto-amargo tem espingardas e zarabatanas. Foram eles que ensinaram os estrangeiros (tais como policiais e militares) a usar armas de fogo. "Árvore-amargo" é metáfora para aldeia.

[25] Metáfora para colina.

[26] Trata-se de machados de ferro e pedra, explicaram.

[27] Metáfora para a colina em que vivem tais povos.

	Masotaná irinõ	Nos Lagartos-Amargo
325	*Moka ãpe niáki*	Ali em cima
	Nokoini aosho	Ele vai chegando
	Siná awe kawãi	Bravo, muito bravo
	"Ẽta neskai!	"Vejam como estou!
	Txipo kaniaivo	Os depois nascidos
330	*Txipo shavá otapa*	Nas outras épocas
	Neskai shavámisi	Podem assim ficar
	Ea take arina!"	Vamos, ajudem-me!"
	Awẽ iki amaĩno	Diz ele e
	Mokatipi kesosho	Toma as armas[28]
335	*Pakã oni kawãki*	Bravo para guerra
	Neri patakãiki	Vira para cá
	Moka tama voroki	Na árvore-amargo
	Paich akĩ tekai	*Too* — atira
	Neri patakãiki	Vira para lá
340	*Moka shono voroki*	Na samaúma-amargo
	Paich akĩ tekai	*Too* — atira
	A aki aoi	Assim ele faz
	Kaná Naí Shavaya	E ao Céu-Raio
	Shavá chinãini	Ao céu vai
345	*Yove kaya apai*	Pajé mais forte
	Yove inakãi	Espírito vai subindo
	Kaná tama voroke	E na árvore-raio[29]
	Kaná ãpe niáki	Na gente lagarto-raio[30]
	Nokoini aosho	Ele vai chegando

---

[28] Embora signifique também zarabatana, *mokatipi* aqui se refere a espingardas, armas de fogo.

[29] Metáfora para a colina em que vivem tais povos.

[30] As gentes-lagarto são constituídas por diversos subgrupos: lagarto-azulão (*shane ãpe*), lagarto-jaguar (*ino ãpe*), lagarto-japó (*rovo ãpe*), lagarto-amargo (*moka ãpe*) e lagarto-arara (*kaná ãpe*). Todos são povos celestes policiais (*teskekaya*, "prendedores") considerados como mais antigos do que os soldados dos brancos.

350	*Siná awe kawãi*	Bravo, muito bravo
	"Ẽta neskai	"Vejam como estou
	Txipo kaniaivo	Os nascidos depois
	Txipo shavá otapa	Nas outras épocas
	Neskái shavámisi	Podem assim ficar
355	*Ea take arina!"*	Vamos, ajudem-me!"
	Awẽ iki amaĩnõ	Diz ele e
	Mokatipĩ kesosho	Toma as armas
	Pakã oni kawãki	Bravo para guerra
	Neri patakãiki	Vira para cá
360	*Kaná tama voroki*	Numa árvore-raio
	Paich akĩ tekai	*Too* — atira
	Neri patakãiki	Vira para lá
	Kaná shono voroki	Numa samaúma-raio
	Paich akĩ tekai	*Too* — atira
365	*A aki avai*	Assim mesmo faz
	Kaná Naí Shavaya	À Morada do Céu-Raio
	Shavá chinãini	À morada vai
	Awẽ niá vaiki	E naquele caminho
	Vai sotavãisho	No caminho atocaiam
370	*Kaná panã voro*	Ali ao lado[31]
	Vototaná irino	Do tronco de açaí-raio[32]
	Shokoake voãsho	Todos se reúnem
	Manatima avai	E no caminho aguardam
	Kaná Yochĩ Nawavo	Na roça de algodão-raio
375	*Kaná washmẽ vanati*	Nos pés de algodão-raio
	Kaná washmẽ yora	Daquela gente-raio
	Vototaná irinõ	Bem ao lado
	Shokoakei voshõki	Reúnem-se todos
	Manatima avai	E ali aguardam

---

[31] Quando a gente-raio (*kaná yochĩ*) bate com os seus cajados, fazem-se aqui os relâmpagos, provenientes dessa Morada do Céu-Raio.

[32] Metáfora para colina.

380	*Kaná shovo shakĩni*	Na maloca-raio
	Yove ikoaoki	Vai espírito entrando
	Awẽ anõ oĩa	E dentro encontra
	Wa kenã sheshaki	Entre os bancos
	Vakẽ ewã oshkesho	Mãe com sua criança
385	*Nanẽ iki txeshese*	Preta de jenipapo
	Awẽ tsaomaĩno	Ali mesmo sentada
	Tetsõ pakei kashõki	A mãe acocorada
	Waishõ aoi	E chora de novo
	"Aweto kaiki?	"Para onde foste?
390	*Mĩ ea imai*	Fizeste-me pensar
	Ẽ noi shavo"	Minha esposa amada"
	Iki waishõi	Assim chora
	A askávaiki	E pergunta
	"Venerao katai?"	"Onde foi o homem?"
395	*Awẽ aki aoa*	Ela responde
	"'Ẽ nishõ oĩno'	"'Estou indo caçar'
	Ikaini kavai	Assim disse e foi
	Awẽ iki amaĩnõ	Assim fez e então
	Awẽ vesoakea	Quando vier voltando
400	*Nao nao ikatsai*	Brilho brilho fará
	Awẽ iki keskáis	Assim ele faz
	Awẽ vesoakea	Quando vem voltando
	Nao nao ioi"	Ele brilha brilha"
	Awẽ askámaĩnõ	Enquanto isso
405	*Wa parokãiki*	Atrás dos bancos[33]

---

[33] A referência é ao *repã*, uma seção da maloca que fica logo atrás dos bancos masculinos (*kenã*), entre os quais a mulher estava sentada. Pajé Samaúma é ajudado por mais ou menos cinco pessoas que aí ficam escondidas.

	Shokoake voãsho	Reúnem-se todos
	Manákia aíya	E ali aguardam
	Awẽ yoĩni poteti	Tratada a caça[34]
	Awẽ nokokarã	Ele vem chegando
410	*Wa manã vaĩki*	Por aquele caminho
	Nao vakĩvakĩ	Brilha mais mais
	Wa manã vaĩki	Por aquele caminho
	Awẽ tachi ina	Ele enfim chega
	Wa kaya nakiki	No meio da maloca
415	*Nao vakĩvakĩ*	Brilha mais mais
	A aki avai	Assim mesmo faz
	Awẽ ereikomãi	E logo ao entrar
	A veyamakĩse	Bem em seu peito
	Yove Shono Romeya	Pajé Samaúma
420	*Retekia aoi*	Rápido golpeia
	Awẽ askámaĩnõ	Enquanto isso
	Moka Ãpe inisho	Lagarto-Amargo mais
	Kaná Ãpe yochĩni	Espírito Lagarto-Raio
	Tesho txiwá oĩsho	Na nuca miram
425	*Paich akĩ tekai*	*Too* — atiram
	Awẽ askámaĩnõ	Enquanto isso
	Siná Voĩ yochĩni	Espírito Pica-Pau-Bravo
	Tesho txiwá oĩsho	Na nuca mira
	Rerakia aoi	O machado acerta
430	*Awẽ aská amaĩnõ*	Enquanto isso
	Shane Nea yochĩni	Espírito Jacamim-Azul
	Awẽ shatxi winonõ	Com sua espada

---

[34] Era costume tratar e limpar as caças em um igarapé perto de um caminho nas redondezas da maloca. O trabalho jamais se realizava no mato, sob o risco de ofender Mĩshõ, o Mestre dos Animais, que terminaria por dispersar as caças pela floresta. Por terem os Marubo deixado de praticar tal hábito com rigor, a caça tem se tornado mais difícil. A passagem mostra que os hábitos das outras gentes (no caso, do Povo Raio) são como os hábitos da gente desta terra, isto é, os Marubo.

Raptada pelo Raio

	Yasha akiavo	Cintura atravessa
	Pakei kawãmãi	E o homem tomba
435	*Vo Shono Romeya*	Pajé Samaúma então
	Awẽ anõ aĩki	A sua mulher
	Mepaini tavai	Toma pela mão
	Sai ipakarãi	Gritocantando volta
	Kaná Naí Shavaya	Da Morada do Céu-Raio
440	*Shavá enepakei*	Do céu descendo
	Vei Naí Shavaya	Na Morada do Céu-Morte
	Shavá enepakei	Na morada chega
	Ni Shopa sheni	Mas quando passa
	Awẽ nokopakemãi	No velho Ni Shopa
445	*Awẽ mevĩshose*	Da mão segura
	Manokia aoi	Da mão ela some[35]
	Awẽ askámaĩnõ	E pajé então
	Wa ari amẽse	Vai logo só
	Yove iná aoki	Subindo de novo
450	*Kaná shovo shakĩni*	Na maloca-raio
	A ereikoki	No meio entra
	Awẽ anõ oĩa	E lá encontra
	Tsaovainamãse	A mulher sentada
	Awẽ tsaomaĩnõ	E sentada então
455	*Mepainitaniki*	Ele toma sua mão
	Wa ari amẽse	E dali mesmo
	Ewepake aoi	Vem descendo
	Ni Shopa sheni	Pelo velho Ni Shopa[36]
	Awẽ tavapakemãi	Vai passando
460	*Shai Yove Nawavo*	Mas quando chega
	Awẽ nokopakemãi	No Povo Espírito Envireira

---

[35] A mulher de Pajé Samaúma ou, antes, o seu duplo, solta-se das mãos de seu marido.

[36] Pajé Samaúma já está no Mundo da Copa das Árvores.

	Awẽ mevĩshose	Da mão segura
	Manokia amaĩnõ	Da mão ela some
	Yove shawã ina	Na cauda de arara-espírito
465	*Yove kapi mevinõ*	Atada ao galho
	Keyãroa inisho	De mata-pasto-espírito
	Yove shawã inanõ	Na cauda de arara-espírito[37]
	Inã teki inaki	Ele sobe de novo
	Kaná shovo shakĩni	Na maloca-raio
470	*A ereikoki*	No meio entra
	A awẽ anõ oĩa	E lá encontra
	Tsaovainamãse	A mulher sentada
	Awẽ tsaomaĩnõ	E sentada então
	Mepaini tavai	Ele toma sua mão
475	*Yove shawã inãno*	Pelo caminho-espírito
	Ina tekipakei	Ele vem descendo
	Shai Yove Nawavo	Mas quando passa
	Awẽ tavapakemãi	Pelo Povo Espírito Envireira
	Shono Yove Nawavo	Mas quando chega
480	*Awẽ nokopakemãi*	No Povo Espírito Samaúma
	Awẽ mevĩshose	Da mão segura
	Manokia amaĩnõ	Da mão ela some
	Yove shawã ina	Na cauda de arara-espírito
	Yove kapi mevinõ	Atada ao galho
485	*Keyãroa inisho*	De mata-pasto-espírito
	Yove shawã inanõ	Na cauda de arara-espírito[38]

---

[37] Trata-se de uma metáfora para um dos caminhos-espírito. A sequência inteira de fórmulas poderia, então, ser lida da seguinte maneira: ("E pelo caminho-espírito/ Atado à porta/ Da maloca espírito/ Pelo caminho-espírito...."). Esses caminhos têm cerca de dois metros de largura e são cobertos por flores da árvore *yõchĩ*, brancas e azuis. O caminho sai de cima das embaúbas, embora não haja ali embaúbas para o "olhar que mudou": vê-se apenas uma trilha se abrindo. O caminho dos *Shane Nawavo* (Povo Azulão) é azul, o dos *Vari Nawavo* (Povo Sol) é vermelho e o dos *Rovo Nawavo* (outro Povo Japó), branco.

[38] Mesmas metáforas para caminho dos versos 464 a 467 (ver nota anterior).

Raptada pelo Raio

	Inã teki inaki	Ele sobe de novo
	Kaná Naí Shavaya	No Céu-Raio
	Kaná shovo shakĩni	Na maloca-raio
490	A ere ikoki	No meio entra
	A anõ oĩa	E lá encontra
	Tsaovai namãse	A mulher sentada
	Awẽ tsaomaĩnõ	E sentada então
	Mepaini tavai	Ele toma sua mão
495	Yove shawã inanõ	No rabo de arara-espírito[39]
	Inã tekipakei	No caminho desce
	Shono Yove Nawavo	Mas quando passa
	Awẽ tavapakemãi	No Povo Espírito Samaúma
	Ni Oke yovevo	Mas quando passa
500	Awẽ tavapakemãi	Nos Espíritos do Mato
	Naĩni kokavo	Mas quando chega
	Awẽ nokopakemãi	Nos tios-preguiça
	Awẽ pãtxo kinisho	Do ouvido da mulher
	Koĩ tachivakĩ	Fumaça vai saindo
505	Awẽ rekĩ tsewesho	Do nariz da mulher
	Koĩ tachivakĩ	Fumaça vai saindo
	Awẽ aki amaĩnõ	E diz então
	"Wená atsomaroa!	"Não calcinem o corpo!
	Ẽ tserã ivaĩ"	Eu havia avisado"
510	A iki aoi	Diz aos parentes
	Awẽ tẽshã vitĩno	E nos ombros dela
	Michpo masovakĩ	Cinzas surgem
	Shõkẽ shõkẽ isi	Fica fraca fraca
	Awẽ mevĩshose	E de sua mão
515	Txiti iki kawãi	Vai se esvaindo
	Manokia amaĩno	E logo some
	A anoshose	E ali então

---

[39] Metáfora para o caminho-espírito.

	Nipai oshōki	Ele chega e[40]
	Vanaina aoi	Aos parentes fala
520	*"Wená atsomaroa!*	"Não calcinem o corpo!
	Ẽ mato avai	Eu havia dito
	Mã ea sinamai"	Agora estou bravo"
	Awẽ iki amaĩnõ	Assim diz e então
	"Awẽ ichná kawãmãi	"Ela apodrecia
525	*A nõ avai"*	Por isso queimamos"
	A iki aíya	É o que respondem
	Yene Shavo Maya	Foi o que aconteceu
	Kaná kawã yochĩni	À mulher Yene Maya
	Askákia aoi	Raptada pelo Raio

---

[40] O duplo de Pajé Samaúma volta e entra dentro de seu dono (isto é, em seu corpo).

3

Shono Romeya

Pajé Samaúma

Cantado por Armando Mariano Marubo

O episódio aqui narrado dá sequência a "Raptada pelo Raio", ao descrever a morte de Pajé Samaúma e sua relação com outra esposa que, dessa vez, permanece viva. A presente narrativa desloca as batalhas celestes que caracterizavam o percurso anterior pelos conflitos terrestres, estabelecidos ao longo do grande rio *Noa*. Aqui o papel dos estrangeiros, das viagens e da feitiçaria se torna novamente central. Esta é mais uma exemplar narrativa de viagem, um dos temas fundamentais das mitologias ameríndias, nas quais os deslocamentos espaciais envolvem dilemas de aliança e de afinidade, ou seja, das conexões possíveis, mas sempre arriscadas e instáveis, com a alteridade.[1] Os dilemas da aliança são também relacionados à ambiguidade que define a relação entre feitiçaria e xamanismo nos mundos amazônicos. Afinal, costuma-se chamar de feiticeiro os xamãs dos outros, ou seja, aqueles que protegem os seus próprios parentes e/ou interesses através do ataque aos desafetos. Ao longo de uma expedição de caça, Pajé Samaúma vai encontrar estrangeiros (*nawa*) diversos. O protagonista não sabe de imediato se estarão mansos ou bravos, propensos à aliança ou à agressão. Esses outros são, a rigor, povos de espíritos belicosos enviados por xamãs que invejavam o protagonista. São espécies de mercenários, cuja agressividade é dirigida ou manipulada pelos xamãs mandantes que se encontram à distância e cobiçam a mulher do protagonista.

A morte de Pajé Samaúma se refere, também, a uma das configurações marcantes do xamanismo e da vida social marubo. Como se verá, o duplo do marido continua a dialogar com sua esposa e filhas, já que as relações sociais aqui ultrapassam os limites do visível e do

---

[1] Para um estudo fundamental sobre o assunto, ver Viveiros de Castro, 2002.

vivido. É por isso que a relação com os mortos, estendida para além do limite dos corpos viventes, depende da mediação da palavra poética. Hoje em dia, duplos de mortos conversam com viventes através do corpo/maloca dos xamãs *romeya*, que cita seus cantos e seus ensinamentos. Nos tempos míticos, parece que os duplos vinham ter com os vivos enquanto tais, sem que houvesse a necessidade desse veículo ou suporte para as relações sociocósmicas que é o corpo/maloca dos xamãs. É o que encontramos no desfecho da presente narrativa, assim como no final da história de Shoma Wetsa, traduzida mais adiante.

1	*Yove Shono Romeya*	Pajé Espírito Samaúma
	Yove kaya apai	Pajé mais forte
	Awẽ niá amẽkĩ	Vivia mesmo ali
	Ino Sheta Wesí	Mas Ino Sheta Wesí
5	*Ino Sheta Rekẽne*	E Ino Sheta Rekẽ[2]
	Ave atisho	São aqueles que
	Yove vanã kẽsho	Invejam o pajé
	Shenĩ vana netãti	Fala-feitiço fazem
	Vana nokoirao	E a fala chega
10	*"Ẽ mera shavovo*	"Minhas filhas moças
	Shavovomẽ parãsho	Fala estranha imitem
	Nawa vana anõnã"	Os estrangeiros enganem"[3]
	A ikiaoi	Assim aconselha
	Yove shono rerasho	Árvore-espírito racha
15	*Nõti akiaoi*	Para canoa fazer
	Nõti akĩ mashtevai	Terminada a canoa
	Awẽ mera shavovo	As suas filhas
	Setẽ pakepakei	Ali vão sentar
	A aki avai	Assim faz e
20	*Noa revo irinõ*	O rio sobe
	Shoshokãii	*Chhh* — desliza
	Awẽ nawã peshõno	Com ombro de estrangeiro[4]
	Ene yaweini	A água empurra
	Matsi awá pewãvo	Qual anta nadadora
25	*Reso tavi inai*	Com focinho n'água[5]
	A kaki aoi	Ele navega

---

[2] Tradução literal: "Dente Engraçado-Jaguar" e "Dente Fulgurante-Jaguar".

[3] Prevendo um conflito futuro, o protagonista orienta suas filhas a enganarem os estrangeiros que virão.

[4] Metáfora para remo.

[5] Uma anta nadando com o focinho para fora d'água: tal é a imagem utilizada para figurar a canoa deslizante.

Pajé Samaúma

Shono osho kakoke	Na samaúma branca
Kamã osho toroa	Onça branca deitada
Oĩ inivãĩ	Ele vê viajando

30
Noa matô wetsãnõ	Na colina do rio
Vakõ osho shokoa	Galinhas brancas
Oĩ inivãĩ	Ele vê viajando

| *Waka potxinikãiki* | No meio do rio |
| *Awẽ anõ nĩkã* | Ali escuta |
35
| *Yawa kãtximãino* | Bando de porcos |
| *Nõti nesha akei* | E canoa amarra |

A aki avai	Assim faz e
Kayainakãi	No barranco sobe
Yawa retepakei	Mata mata porcos
40
A aki avaikĩ	E logo depois
Kãtxivarãvarãi	A caça traz
A aki avaikĩ	E logo depois
Yawa potepakei	Os porcos retalha
A aki avaikĩ	E logo depois
45
Karo aki avaikĩ	Lenha pega
Yawa tapo avaikĩ	Moquém faz[6]
Yawa potainisho	Porcos ajeita
Txochi aki aoi	E carnes assa

| *"Ea nawã amaĩnõ* | "Quando me matarem |
50
| *A ewa inĩsho* | Comam porcos |
| *Pivõãneshõnã!"* | Junto com a mãe!" |

A ikiaoi	Assim ensina
Yawa txochi akĩki	E moqueando queixadas
A awẽ nĩkã	Algo escuta
55
Ã karo avainamãsho	Aonde lenha pegava

---

[6] Samaúma faz um jirau para moquear a carne de caça, um costume ainda mantido pelos Marubo.

	Roá paiaoi	Um pássaro pousa[7]
	Aská aki avaikĩ	E logo então
	A a yawaki	Porcos moqueados
	Onekia avai	Ele enterra, esconde
60	*Awẽ mera shavovo*	Suas filhas todas
	Setẽ pakepakevai	Na canoa sentam
	Ioina aoi	E seguem subindo
	Nõti kocha akei	A canoa desata
	A aki avai	E logo vai
65	*Awẽ nawã peshõno*	Com ombro de estrangeiro
	Ene yaweini	A água empurra
	A kaki aoi	E vai viajando
	Awẽ kakĩ oĩa	E viajando vê
	Ã yama tanai	Sinal de morte
70	*Noa ĩper ewãki*	Gigante sucuri do rio
	Pataina ikirao	Na margem deitada
	Oĩ inivãi	Ali mesmo vê
	A kaki aoi	E vai viajando
	Nawã vai chitatĩ	Na trilha do estrangeiro
75	*A nokoinasho*	Ele logo chega
	Nõti nesha akevai	Canoa amarra
	Awẽ mera shavovo	E às filhas diz
	"A a nenosho	"Aqui mesmo vocês
	Ea manaitsoma!"	Por mim esperem!"
80	*Iki aka iniki*	Assim mesmo diz

---

[7] Trata-se de um presságio ruim. Diversos são os conhecidos pelos Marubo, tais como ver ou escutar o falcão-de-coleira (*chĩchĩ*, *Falco femoralis*), o falcão preto (*chãcha*, não identificado) e o pássaro alma-de-gato (*txishka*, *Piaya cayana*), entre vários outros. Pajé Samaúma percebe aí um determinado pássaro pousar no lugar em que ele pegava lenha, o que se considera um sinal nefasto.

	"Nawa rawekarãsi	"Mansos eles virão
	Ã aki amãino	E logo então
	Ẽ mato ewenõ"	Eu levarei vocês"
	Iki aka iniki	Assim mesmo diz
85	*Kayainakãi*	Barranco sobe
	A kaki aoi	E ao subir
	Awẽ kakĩ oĩa	Ali ele vê
	Nawã imawenene	No terreiro do estrangeiro
	Nio tachi aosho	Todos chegarem
90	*Awẽ anõ oĩa*	Para ele olhando
	Anõ raweyamai	Bravos, muito bravos
	Sheni vana nokoki	Feitos da fala-feitiço[8]
	Tawa ashõ owia	Chegam e flecham
	Atõ tawa ashõa	Suas flechas atiram
95	*Tawa yavi yavi*	Mas ele agarra agarra
	A aki aoi	Assim mesmo faz
	Wasa Nawa akavo	Povo Macaco-de-Cheiro[9]
	Nawa tachivarãki	O povo chega
	Tawa ashõ tachisi	Chega e flecha
100	*A aki aoi*	Assim mesmo faz
	Wasa Nawã tawa	Mas as flechas
	Tawa yaviyavi	Ele agarra agarra
	Yove vana ikirao	Belos versos cantando
	Wasa Nawa tawa	Flechas do Povo Macaco
105	*Yove Shono Romeya*	Pajé Samaúma agarra

---

[8] Os espíritos estrangeiros são manipulados pelos pajés rezadores que, de início, resolveram atacar o protagonista. O feitiço consiste em fazer com que tais espíritos agridam Pajé Samaúma, a despeito de desejarem ou não atacá-lo por conta própria. Diz-se, mais especificamente, que espíritos belicosos tais como estes são "pensamento de pajé", ou seja, algo como projeções de seus cantos agentivos, os *shõki*. O mesmo procedimento poderia, ao reverso, ser realizado para o xamanismo de cura.

[9] Macaco-de-cheiro (*Saimiri sciureus*).

	Ayo Nawa akavo	E Povo Japinim[10]
	Nawa tachivarãki	O povo chega
	Tawa ashõ tachisi	Chega e flecha
	A aki aíya	Assim mesmo faz
110	*Ayo Nawã tawa*	Mas as flechas
	Tawa yaviyavi	Ele agarra agarra
	Iki ini yoi	E vai cantando
	Tawa yaviyavi	Ele agarra agarra
	A aki aoi	Assim mesmo faz
115	*"Yove peta vero*	"Vista de ariramba-espírito
	Ea txiwá karãwẽ!"	Venha a vista aligeirar!"[11]
	Iki ini yoi	Assim vai cantando
	Chino Nawa akavo	E Povo Macaco-Prego
	Nawa tachivarãki	O povo chega
120	*Tawa ashõ tachisi*	Chega e flecha
	A aki aíya	Assim mesmo faz
	Chino Nawã tawa	Mas as flechas
	Tawa yaviyavi	Ele agarra agarra
	Iki ini yoi	E vai cantando
125	*Yove Shono Romeya*	O Pajé Samaúma
	Okiri katxirisho	E na outra margem
	Vakõ Nawa akavo	Povo Juriti
	Nawa tachivarãki	O povo chega

---

[10] *Icteridae sp.*

[11] A fórmula "Vista de ariramba-espírito/ Venha a vista aligeirar!" aparece com variações em outros cantos marubo relacionados, por exemplo, à festa dos mortos *Kenã Txitõna*, na qual determinados rituais são realizados para favorecer a agilidade do olhar dos viventes. Desta forma, eles se tornarão capazes de cruzar os perigos do Caminho--Morte. O pássaro ariramba é reconhecido pela rapidez de seu olhar, cobiçada pelos Marubo. *Txiwá* quer dizer "juntar", "ligar", "atar": trata-se, portanto, de trazer a vista veloz do pássaro para a dos viventes.

Pajé Samaúma

	Tawa ashõ tachisi	Chega e flecha
130	*A aki aíya*	Assim mesmo faz
	Vakõ Nawã tawa	Mas as flechas
	Tawa yavi yavia	Ele agarra agarra
	Ã aka amẽki	Mas então
	Vakõ nawa akavõ	O chamado Povo Juriti
135	*Tekõ tachi owia*	Acaba acertando
	Awẽ aská amaĩno	E enquanto isso
	Siná vatxi kene	Os que surgiram
	Nasotaná irisho	A partir daquelas
	Weniko iniki	Saias-raiva desenhadas[12]
140	*Tekõ tachi owia*	Já chegam e flecham
	Siná paka txichpo	Aqueles que surgiram
	Ãs iki atõsho	Do pó de taboca-raiva
	Weniko iniki	Do pó espalhado
	Wa tae revõsho	Nos dedos do pé
145	*Tekõini ini*	Eles flecham flecham[13]
	A aki aíya	Assim mesmo fazem
	Wa mevi revõsho	Nos dedos das mãos
	Tekõvarãvarãi	Vêm e vêm flechando
	Atõ akiaki	Assim o acertam
150	*Tawa txãs nishõki*	*Zás* — o corpo crivado
	Yove vana yoi	Ainda mesmo canta

---

[12] "Os que surgiram/ A partir daquelas/ Saias-raiva desenhadas" é uma sequência de fórmulas que compõe uma metáfora para as mães desses espíritos. Os versos das linhas 141 a 143 referem-se ao modo como os pajés rezadores fizeram tais espíritos, a saber, espalhando pó de taboca. Todos os espíritos guerreiros (*yochĩ pakaivorasĩ*) referidos no canto foram "feitos" pela fala dos pajés rezadores (*vana shovimarvi*) e, assim, mobilizados pelos cantos para que atacassem o protagonista. A poética xamanística marubo costuma se referir a determinados coletivos de pessoas através de fórmulas que designam os seus processos de surgimento. Na estrutura de um canto, elas acabam servindo como o nome formular através do qual o ouvinte consegue identificar o coletivo referido pela narrativa.

[13] Flecham Samaúma a partir dos dedos do pé.

	Tekõ tekõtanise	E os que flecham e flecham
	Txoi txoi isi	Vão caindo caindo
	A aki aíya	Assim mesmo acontece
155	*Awẽ vei imiki*	Pois do sangue-morte[14]
	Imi ia kawãtõ	Forte catinga sai
	Ato keyo keyoi	E com eles acaba
	Tawa txãs nishõki	Zás — o corpo crivado
	Mai meyamai	Ainda fica firme[15]
160	*Awẽ aká amẽki*	Assim mesmo acontece
	Voĩ Nawa akavo	Povo Pica-Pau
	Nea Nawa akavo	E Povo Jacamim
	Ave atiki	São aqueles que
	A tachivarãki	Vêm juntos chegando
165	*Voĩ Nawa akavõ*	Povo Pica-Pau
	Rera tachi owia	Chega e esquarteja[16]
	Nea Nawa akavõ	Povo Jacamim
	Awẽ shatxi winõnõ[17]	Com afiados cajados
	Yasha akiavo	A cintura corta
170	*Pakei kawãmãĩ*	E o homem tomba

---

[14] O cheiro que sai do sangue de Pajé Samaúma mata seus inimigos. Dentre os diversos termos que compõem o código olfativo marubo, *iaka* é aquele que se refere ao odor desprendido de peixes podres e do sangue. Esses odores são incompatíveis com o xamanismo (costumam afastar os espíritos) e com a caça (deixam panema o caçador).

[15] Segue em pé apesar de estar ferido.

[16] O Povo Pica-Pau é portador de machados, com os quais esquartejam o corpo de Pajé Samaúma. Em "Raptada pelo Raio", eles são aliados de Pajé Samaúma no seu combate contra os espíritos do raio. O fato de aparecerem aqui como adversários indica que o cosmos marubo, como dizíamos, não é pensado por polaridades fixas, mas por posições e relações de aliança. O que vale para os espíritos pica-pau se aplica também ao Povo Jacamim, que porta espadas.

[17] *Shatxi* é uma espécie de capim afiado, muito utilizado para adornar as extremidades de flechas e para afiar o cajado de pupunheira *wino*, portado apenas por chefes e xamãs. A fórmula, no entanto, é uma metáfora para a espada (de ferro) portada por esses espíritos. Robson Dionísio, que me ajudava a traduzir esse canto, diz já ter visto tal espada/faca na maloca dos espíritos-jacamim, visitada por ele.

Vina Nawa akavõ	E Povo Vespa
Nawa tachivarãki	O povo chega
A raká pakesho	Caído Samaúma está
Vana eneyamai	Mas ainda canta

175	Awẽ aki amaĩnõ	E assim então
	Siná paka tosha	Suas lanças-bravo
	Awẽ kewã a atõ	Eles afiam
	Potepakevaiki	O pajé retalham
	A awẽ oĩti	E seu coração
180	Tsekainivaiki	Coração arrancam
	Txochi akiavo	Para moquear

Awẽ yama noeki	Mas odor mortal
Noe kawãtõ	Odor se espalha
Ato keyo keyoi	E com eles acaba
185 A aki aoi	Assim acontece

Aská aki avaiki	E logo então
A awẽ oĩti	Aquele coração
Noã kayã shakĩni	Eles todos jogam
Ori aki aíya	No grande rio

190	Ayo Nawa inisho	Povo Japinim
	Wasa nawa akavõ	E Povo Macaco-de-Cheiro
	A atõ tekõa	O pajé flecham
	Yove shono chinãki	Mas o duplo-espírito
	Chinã kanevãi	Duplo não acertam[18]
195	Wa naí shavaya	E ao aberto céu
	Shavá avainiki	Ao céu vão
	Naí koĩ wẽnõ	No vento das nuvens
	Nõtapena vãisho	Ali flutuando
	Shokoi voiya	Ficam as flechas

---

[18] Os inimigos não conseguiram acertar o duplo do coração (*chinã nat*ó) de Pajé Samaúma.

200	*Ave anõshorao*	Para assim fazer
	Ronõ tawa meranõ	Flecha de cobra aparecer[19]
	Rave oshkeakei	E outras flechas
	Naí votĩ ikitõ	Aonde o céu encurva[20]
	Ivaini voita	Para lá vão
205	*Torê epe peiki*	Na folha-podridão
	Pesotaná irino	Ali em cima
	Shokoi voiya	Ficam as flechas[21]
	Aská aki avai	E depois então
	Mevi ravĩ voãi	Do feito envergonhado
210	*Wasa Nawa akavo*	Povo Macaco fica[22]
	Mevĩ ravĩvaĩni	E envergonhado vai
	Naí votĩ ikitõ	Aonde o céu encurva
	Ivaini voita	Todo o povo vai
	Siná mai matoke	Na colina da terra-raiva
215	*Shokoi voiya*	Ali vai viver
	Yove Shono Romeya	Por terem matado
	Pakã avainiki	Pajé Espírito Samaúma
	Mevĩ ravĩvãĩ	Do feito envergonhado
	Vakõ Nawa akavo	Povo Juriti fica
220	*Mevĩ ravĩvãĩ*	E envergonhado vai

---

[19] Essas flechas-cobra transformar-se-ão nas cobras aladas (*rono peiya*), que são espíritos (*yochĩ*). A pessoa costuma escutar tais serpentes que voam por todos os lugares. Depois de três dias, acaba por ser picado por uma cobra.

[20] Oeste.

[21] Não está claro se essas flechas dão origem a alguma coisa, tal como na estrofe anterior.

[22] Os espíritos ficam envergonhados porque não queriam matar o protagonista, mas o fizeram ordenados por outrem (pelos pajés invejosos). Essa "vergonha" é um sentimento bastante produtivo para a mitologia marubo: veja-se, por exemplo, o *saiti* "A formação do Céu e da Terra", no qual tal sentimento leva os antigos a tomarem determinadas atitudes que alteram a configuração do mundo. A tradução literal do verso seria "envergonhados de suas mãos" (*mevi* = mão), isto é, de seus feitos. O radical *me-* forma, aliás, *mei-ti* (mão + nominalizador), o termo utilizado para designar "trabalho", "feito", "obra".

	Naí votĩ ikitõ	Aonde o céu encurva
	Ivaini voita	Todo o povo vai
	Siná mai matoke	Na colina da terra-raiva
	Shokoi voiya	Ali vai viver
225	*Ayo Nawa akavo*	O chamado Povo Japó
	Mevĩ ravĩvaĩni	Do feito envergonhado
	Siná võko votxashe	Nas embaúbas-raiva[23]
	Shokoi voiya	Ali vai viver
	Nea Nawa akavo	O chamado Povo Japinim
230	*Mevĩ ravĩvaĩ*	Do feito envergonhado
	Naí votĩ ikitõ	Aonde o céu encurva[24]
	Ivaini voita	Todo o povo vai
	Siná mai matoke	Na colina da terra-raiva
	Shokoi voiya	Ali vai viver
235	*Voĩ Nawa akavo*	O chamado Povo Pica-Pau
	Mevĩ ravĩkãi	Do feito envergonhado
	Naí votĩ ikitõ	Aonde o céu encurva
	Ikaini kaita	Vai mesmo embora
	Siná paka voro	No toco de taboca-bravo[25]
240	*Masotaná irinõ*	Ali em cima
	Nioi kaoi	Ali vai viver
	Siná paka txichpo	Os surgidos do pó-raiva
	Ãs iki atõsho	Do pó-raiva espalhado
	Yove Shono Romeya	Por terem matado
245	*Pakã avainiki*	Pajé Espírito Samaúma
	Mevĩ ravĩvaĩ	Do feito envergonhados
	Siná paka wenene	No terreiro-raiva
	Shokoi voiya	Lá vão viver

---

[23] Metáfora para malocas.

[24] Oeste.

[25] Metáfora para colinas.

	Siná vatxi kene	Os que surgiram
250	*Nasotaná irisho*	A partir daquelas
	Weniko iniki	Saias-raiva desenhadas[26]
	Yove Shono Romeya	Por terem matado
	Pakã avainiki	Pajé Espírito Samaúma
	Siná paka wenene	No terreiro-raiva
255	*Shokoi voiya*	Lá vão viver
	Atõ aská aki	Assim mesmo fazem
	Awẽ mera shavovo	E suas filhas
	A a setesho	No porto sentadas
	A atõ nĩkã	O pai escutam
260	*Yamanamãshose*	Da presença invisível[27]
	Vana tachi aoi	Fala vem chegando
	"Ẽ mera shavovo	"Minhas filhas moças
	Ea nawã akanã!"	Eles me mataram!"[28]
	A iki aoi	Assim lamenta
	Yamanamãshose	A presença invisível
265	*Vana pakekawãi*	Segue mesmo falando
	A a nõtĩki	Naquela canoa
	A tsaopakesho	Ele vai sentar
	Nõti kocha akevai	Canoa desata e
	"A a vonawẽ!"	"Vamos embora!"

---

[26] Mesmas metáforas das linhas 137 a 139 para as mães dos espíritos.

[27] O duplo de Samaúma chega ao local em que estão suas filhas, que não conseguem vê lo. "Invisível" traduz livremente um predicado complexo: *yama-namã-sho-se* (Nada-Locativo-Proveniência-Predicação Existencial), "de onde nada há", "do lugar mortal" ou algo assim, uma vez que *yama* quer também dizer "morte" em marubo e em outras línguas da família pano. "Invisível" foi, no entanto, um termo escolhido por meus próprios interlocutores para traduzir o verso em questão. Parece mais preciso do que a opção por "nada", uma vez que há ali ainda algo falante, a saber, o duplo (*chinã*) do protagonista.

[28] Segundo o cantador, "eles" refere-se aos não indígenas.

Pajé Samaúma

270	A ikianã	É o que diz
	Iopake aoi	E rio desce
	Awẽ yawa onevai	Onde porcos deixou
	A nokopakesho	Ali ele chega
	Nõti nesha akevai	A canoa ata e

275	"A ewa inĩsho	"Os porcos tragam
	A pivonosho	Para comerem
	A yawa virina!"	Com a mãe!"

	A iki aoi	Diz novamente
	Yawa vikĩ avai	E apanhados os porcos
280	Nõti kocha akevai	A canoa desata
	Iopake aoi	E segue descendo
	Awẽ vai chitati	Na boca da trilha
	A nokopakesho	Ali mesmo chega
	Nõti nesha akevai	A canoa ata
285	A yamanamãshose	E presença invisível
	Vanakãikãi	Vai e vai falando

	"A eã parirao	"Vou primeiro
	Ewa meramanõnã	A mãe encontrar
	Ã txipo votsoma!"	Venham vocês depois!"

290	Iki aka iniki	Assim diz e faz
	Yama namãshose	Sua presença invisível
	Vanakãikãi	Vai e vai falando
	A kakĩ aoi	E ali chega
	Awẽ anõ aĩki	Enquanto mulher
295	Wa ikotĩ wenene	Aquele terreiro
	Matso matsovãi	Vai e vai varrendo
	Awẽ aki amãino	Ele então
	Awẽ imawenene	Em seu terreiro
	Nio tachi aosho	Ali mesmo chega

| 300 | "Aĩvo mã aĩvo | "Mulher, minha mulher |
| | Ea nawã akanã!" | Eles me mataram!" |

Shono Romeya

	A iki aoi	Lamenta-se de novo
	Awẽ askámaĩnõ	E responde mulher
	"Aĩ vakẽ epanã..."	"Pai de minhas filhas..."
305	*A ikianã*	É o que diz
	Waiki aoi	Assim ela chora
	Yamanamãshose	Mas presença invisível
	Vanakãi kawãi	Segue mesmo falando
	Kenã matxi panĩki	Em sua rede-espírito
310	*Awẽ yove panĩki*	Sobre os bancos atada
	A raká inasho	Ali mesmo deitado[29]
	Vanakia aoi	Ele ainda fala
	Awẽ wai imaĩnõ	Enquanto ela chora
	Vanakia aoi	Ele ainda fala
315	*"'Yove keno keneya*	"'Faça para mim
	A ea ashõwẽ!'	O vaso desenhado!'[30]
	Ẽ mia akamẽ	Eu assim pedia
	'A ẽnõ ãtsãyamawẽ!'	Mas... 'estou cansada!'
	Ẽ mia anã"	Você assim respondia"[31]
320	*A iki vanai*	Assim reclama
	Yove pani kekori	Na rede deitado
	"Ẽnõ ãtsãyamawẽ!	"'Estou cansada!'
	Ẽ mia anã"	Você respondia"
	A iki aoi	De novo reclama

---

[29] Samaúma está deitado em sua rede armada sobre os bancos masculinos da maloca. Essa é a posição típica ocupada por um xamã *romeya* durante uma pajelança, na qual cantam espíritos de mortos e outros diversos. Neste caso, porém, é apenas a presença invisível do protagonista que canta, isto é, o seu duplo. Veja um trecho similar no final da história de Shoma Wetsa.

[30] Vaso de barro, desenhado, que se utiliza para guardar *ayahuasca*.

[31] Reclama da preguiça de sua mulher, que deveria ter feito (como é costume entre os Marubo) a parafernália xamânica encomendada por seu marido.

Pajé Samaúma

125

325	*Yove Shono Romeya*	Pajé Espírito Samaúma
	A askávaiki	E diz então
	"A anõ earao	"A mim mesmo
	Awetima nishõrao	Que permanecerei
	Mato nĩkãkatsanã!"	Vocês vão escutar!"
330	*A iki avai*	Assim diz e
	Yamanamãshose	Presença invisível
	Vanakãikãi	Vai e vai falando
	Yamanamãshose	Da presença invisível
	Yove vana ikiki	Seu canto-espírito
335	*Reshni ikoaoi*	Longe mesmo ecoa
	Noa tae irinõ	No pé do grande rio
	Ikaini kaita	Para lá vai
	Noa mato wetsãno	Noutra colina do rio
	Nioi kaoi	Ali vai viver
340	*Yove Shono Romeya*	Pajé Espírito Samaúma
	Noa mato wetsãno	Noutra colina do rio
	Nioì kaoi	Ali vai viver
	Shono tete ina	Com cocar de cauda
	Ina maiti ayai	Da harpia-samaúma
345	*Nioi kaoi*	Ali vai viver
	Shono rane saiki	Com adornos-samaúma
	Saipana awai	Todos bem vestidos
	Nioi kaoi	Ali vai viver
	Shono kamã vake	Criando filhote
350	*Vake ina ayai*	Filhote onça-samaúma
	Nioi kaoi	Ali vai viver
	Shono yawichi inaki	Com cauda de tatu
	Ina papit ayai	No pescoço pendente
	Nioi kaoi	Ali vai viver

355	*Txipo kaniaivõ*	Os nascidos depois
	Yove mawa chinãyai	Sabidos sabiás-espírito
	Chinãyai kanisho	Sabidos juntos nascidos[32]
	Anõ chinã anõvo	Nisso devem pensar
	Inã taise	Assim talvez façam
360	*Wasa Nawa inisho*	Povo Macaco-de-Cheiro
	Vakõ Nawa akavo	O chamado Povo Juriti
	Ayo Nawa akavo	E o chamado Povo Japó
	Ave atisho	São os que
	Yove Shono Romeya	Juntos mataram
365	*Aská aki aíya*	Pajé Espírito Samaúma

---

[32] "Sabidos sabiás-espírito/ Sabidos juntos nascidos" é uma autorreferência poética utilizada pelos xamãs marubo, que assim se opõem àqueles que "crescem guerreando" (*pakayai kanisho*), tais como os seus antepassados e os outros povos indígenas vizinhos. No desfecho do canto, Armando se dirige à audiência jovem, que deveria prestar atenção em sua fala.

4

Shetã Veká

A história de Shetã Veká

Cantado por Armando Mariano Marubo

Shetã Veká é uma sobrevivente do naufrágio da Ponte-Jacaré, tema famoso nas tradições pano sobre os quais já falamos nas páginas acima.[1] Vale lembrar que, nos tempos do surgimento, os antigos chefes e xamãs encontraram uma monstruosa ponte e decidiram atravessá-la. Chegaram primeiro na outra margem do rio *Noa* (identificado à região de Manaus) e, de lá, chamaram por seus parentes lascivos que haviam ficado para trás brincando com seus genitais e fazendo algazarra. Ao atravessarem, os antigos decepam o pescoço da ponte com uma corda de ferro e os parentes indesejados se afogam nas águas. Shetã Veká, que havia porém se infiltrado entre os chefes e atravessado antes, consegue escapar ilesa do naufrágio. É depois disso que se dá a história abaixo narrada por Armando.

Casada com os irmãos Niro Kaso e Niro Washmẽ, ela mantém relações com dois amantes, o belo Homem-Sucuri (Shane Rono), que vive na floresta, e o feioso Homem-Minhoca (Yora Noĩ), que vive escondido no lixo da maloca. Logo acaba por comprometer a aliança estabelecida entre sua mãe e seus tios maternos, que Shetã Veká havia sido obrigada a tomar como esposos. Através de tal casamento, a mãe conseguia atrair para si dois homens trabalhadores, fundamentais para a economia da maloca. Ela não tardará, porém, por ver o seu plano frustrado por conta das peripécias extraconjugais da filha. Depois de ter a sua infidelidade revelada, Shetã Veká termina por se transformar em uma figura dos limiares, excluída do campo do parentesco e da aliança. Ela parte sem destino interpelando as feras da floresta, após testemunhar o assassinato de seus amantes pelos maridos raivosos. Ter-

---

[1] Ver a apresentação para mais informações a respeito do episódio.

mina por encontrar o caçador Ranẽ Topãne, que estava de tocaia na mata. De tal encontro surgirá uma série de entidades tais como cobras, insetos, serpentes e, surpreendentemente, as Estrelas da Manhã e da Tarde. A narrativa aí se junta com a história de Shoma Wetsa, a mãe canibal de Ranẽ Topãne, que recebe então a futura nora em sua maloca. Mais uma vez, Shetã Veká estabelecerá uma relação conflituosa com uma figura feminina mais velha, terminando por acarretar uma série de consequências ambivalentes e decisivas para a configuração do mundo.

Observe que um de seus amantes, o feioso Homem-Minhoca, percorre um caminho similar ao de Pajé Samaúma quando do resgate do duplo de sua esposa. Aqui, porém, os valores estão invertidos: Pajé Samaúma é pessoa honesta, empreende uma viagem marcada pelo lirismo e pela busca angustiada de sua esposa; Homem-Minhoca é algo como o seu oposto lascivo, uma espécie de anti-herói recusado pelas figuras diversas que povoam o cosmos. Essa é, aliás, uma característica da história de Shetã Veká, marcada por aspectos aparentemente bizarros e cruéis. Ora, esses aspectos estão aqui relacionados a dinâmicas etiológicas, isto é, a formas de marcar ou impulsionar as transformações do mundo que, naquela época, era ainda jovem. É certo que, nos dias de hoje, costuma-se refletir sobre as condutas incestuosas das personagens narrativas, às vezes tomadas como modelos (ou antimodelos) para o que se espera da vida em sociedade. O pensamento narrativo, entretanto, indica ainda outra possibilidade de explorar a corporalidade e seus afetos. Tal como já havíamos visto em "A formação da Terra-Névoa", ele pressupõe um corpo desmembrado, despedaçado ou hibridizado, que aqui será novamente utilizado como matéria de construção da paisagem e do mundo.

1	*Niro Kaso inĩki*	O chamado Niro Kaso
	Niro Washmẽ akavo	E também Niro Washmẽ
	Awẽ tae tavasho	Na mesma aldeia
	Vake kanimavo	Juntos cresceram[2]
5	*Vake kani inasho*	Uma vez crescidos
	Shetã Veká shavo	Da mulher Shetã Veká
	Awĕna onivo	Homens se tornam
	Ovõini inia	Com ela deitam-se
	Pakekawã kawãi	Mas ela foge foge
10	*Pani tero tsaosho*	Para baixo da rede
	Atõ sheta omismai	E com dentes afiados
	Atõ sheta pishõi	Os maridos morde
	Yora Noĩ verõne	Jovem Yora Noĩ
	Shane Rono verõne	E jovem Shane Rono[3]
15	*Ave atiki*	São aqueles que
	Amai tsaosho	Com ela ficam
	Awẽ na onivo	Enquanto os maridos...
	"Nõ maposh oĩnõ"	"Vamos caçar"
	A ikianã	Assim dizem
20	*Atõ okõmaĩnõ*	E enquanto caçam
	Awe anõ ewãki	Diz a mãe da mulher
	"Venevo voanã"	"Os homens partiram"
	A ikianã	Assim diz
	Txi toĩmashõki	Uma tocha entrega
25	*Yonokia aoa*	E então ordena
	"Ẽvesh pionosho	"Não venha você

---

[2] Literalmente, Costas de Macaco-da-Noite (Niro Kaso) e Macaco-da-Noite Algodão (Niro Washmẽ). Ambos são Shane Nawavo, integrantes do Povo Azulão, e vivem juntos em uma mesma aldeia. São os maridos de Shetã Veká, desprezados por ela.

[3] Gente-Minhoca e Serpente-Azulão: os amantes "extra-humanos" de Shetã Veká.

A história de Shetã Veká

	A ikimarao	Comer comigo
	Iso vake kawata	Vá assar macaco
	Miri pionõsho!"	Para comer sozinha!"[4]
30	*Ã akiaki*	À filha diz
	Txi toĩ tanasho	Que pega a tocha
	Waiki aoi	E chorando vai
	A askávaiki	Mas logo então
	Vai amakiriki	Por outro caminho[5]
35	*A pakekãi*	Ela vai desviando
	Shane Rono verõne	O rapaz Shane Rono
	A chinãvãi	Ela vai encontrar
	"Ewa mã ewa	"Mãe, minha mãe
	Mĩtse choiaroa!	Não varra a maloca![6]
40	*Wanĩ tae pakevai*	Perdi meu pente
	Merayoí oionõ"	Procuro ao voltar"[7]
	Iki aka iniki	Assim avisa e sai
	Shane Rono verõne	Rapaz Shane Rono
	A chinãvãini	Ela vai encontrar
45	*A nokovãisho*	E ao chegar
	Shane shono maníchi	O cipó da samaúma-azulão
		/Na porta da casa-azulão[8]

---

[4] Ríspida, a mãe manda sua filha comer alhures o assado de filhote de macaco-preto, embrulhado em pequenas trouxas de folhas de palmeira.

[5] Segue pelo caminho oposto ao de seus maridos.

[6] Ela possui um pente de espinhos de pupunheira.

[7] Shetã Veká tenta enganar sua mãe, a fim de que seu amante permaneça oculto no lixo da maloca.

[8] Shane Rono mora em uma casa de madeira. Ele é, a rigor, um estrangeiro (*nawa*). Robson, que me ajudava a traduzir o canto, disse que a equiparação com o estrangeiro é uma brincadeira (ou, antes, uma reflexão lúdica) do pajé narrador. É provável que, ao assim interpretar a passagem, ele tenha se inspirado no poder de sedução que os brasileiros exercem sobre as mulheres marubo. Vale notar, porém, que apenas a interpretação é aí talvez idiossincrática, mas não a configuração perspectivista subjacente ao trecho em questão.

	Taro taro aoi	Ela vai puxando /Ela vai batendo
	"Kene Kene Vesho Ma ẽ oanã!"	"Ô Desenho Vesgo[9] Já estou aqui!"
50	*Awẽ iki amaĩnõ Shane shono txapakesh*	E assim então Do galho da samaúma-azulão /De sua casa-azulão[10]
	Shane vatxi noshake	Com sua saia-azulão[11] /Pela escada-azulão
	Oyô rakápakei	Ele vem rastejando /Ele vem descendo
	Shane shono wichiki	Pelos vincos da samaúma /Nos corrimãos
55	*Wichi tanápakei*	Pelos vincos desce /Nos corrimãos segura
	Shane shono maníchi	Pelos cipós-azulão /Pelos degraus-azulão

---

[9] Ela brinca com seu amante ao chamá-lo assim. O apelido parece fazer uma alusão aos padrões hipnóticos das sucuris.

[10] O trecho que segue deve ser lido em paralelo por conta de sua configuração perspectivista: o que do ponto de vista ordinário é um cipó, do ponto de vista de Shane Rono é uma porta. O primeiro sentido dos versos corresponde à posição do personagem; o segundo, à posição ordinária. Ao puxar o cipó, Shetã Veká está a rigor batendo na porta da casa de seu amante, e assim por diante. Note-se, porém, que os dois sentidos não correspondem a um desvio de linguagem marcado pela diferença entre registro real e fictício, mas sim a uma bifurcação de referências. Trata-se de um fenômeno decorrente da cisão entre duplos e corpos: para si mesmo, Shane Rono é uma pessoa (*yora*), mora em uma casa, tem uma mulher; para outros pontos de vista, é uma serpente que ocupa galhos de árvores. As realidades do duplo/pessoa e do corpo/bicho são, portanto, paralelas e terminam por engendrar uma torção do discurso poético necessária para expressá-las. Tal torção corresponde, também, a distintos regimes de acesso à informação velada pelos cantos, pois apenas os cantadores e a audiência mais treinada sabem qual é o sentido por detrás das palavras indiretas.

[11] Shane Rono usa uma espécie de saia para se locomover. Mais uma vez, por pertencer ao Povo Azulão (*Shane Nawavo*), todos os elementos de sua referência são também classificados como "azulão".

A história de Shetã Veká

	Õpipakevarãi	Desce se enroscando
		/Ele vem descendo
	Siã ipakarãi	Ele vem assobiando
	A a aĩvo	E a mulher
60	*A nokopakesho*	Ao ali chegar
	Aĩvo mekiakĩki	Ele vai beijando[12]
	Tesĩv aya ayakei	O pescoço beija
	A aki avaiki	E depois então
	A rakãpakesho	A põe no chão
65	*Awẽ po wetsãno*	Numa volta sua[13]
		/Num canto da cama
	Neri tsisekini	O quadril acomoda
	Awẽ po wetsãno	Noutra volta sua
		/Noutro canto da cama
	Neri vosekini	A cabeça acomoda
	Tsisto ave vakĩsho	As coxas afasta
70	*A awẽ ĩpapa*	E sua cauda
		/E seu pênis
	Noavãivãi	Ele enfia enfia
	A aki aoi	Assim mesmo faz
	Aská avainiki	E diz então
	"Aĩvo mã aĩvo	"Mulher, minha mulher
75	*Yapa ashõ kawãwẽ!"*	Vamos pegar peixes!"
	Akĩ ewevãi	Quando juntos
	Wakã nokokãisho	No rio chegam
	A yapa kãtxia	Ali onde peixes
	Yapa nokovãisho	Peixes aparecem
80	*Awẽ po wetsãno*	Numa volta sua
		/Com sua rede
	Neri teapakei	Ele os prende

---

[12] Outra característica peculiar dos estrangeiros: beijar suas amantes.

[13] Shane Rono acomoda Shetã Veká em uma das voltas de seu corpo, que, de seu ponto de vista, é a sua cama.

	Awẽ po wetsãno	Noutra volta sua /Com sua rede[14]
	Neri teapakei	Ele os prende
	A aki ashõki	Assim fazendo
85	*A yapa amai*	Ele pega peixes
	A aki avaiki	E depois então
	Yapa keõ inivãi	Num cordão amarra
	Awe anõ enea	E a ela entrega
	A tachikarãsho	E quando retorna[15]
90	*A awẽ venevo*	Ao caminho por onde
	Vovai vaiki	Os homens foram
	Vai pasô tsaosho	Na beira do caminho
	Ato vea sotãi	Ela os espreita
	A aki avaiki	E depois então
95	*A awẽ venevo*	Que os maridos
	Tachi karãmaĩnõ	Por ali passam
	A ato atxõki	Atrás ela segue
	Yapa keõ meweya	Segura peixes
	Ereina aoi	Correndo vai
100	*A ikokarãi*	E na maloca entra
	"Ewa mã ewa	"Mãe, minha mãe
	Yapa pasa inisho	Essa sopa de peixe
	A yapa piriwẽ!"	Peixe venha comer!"
	Awẽ iki amaĩnõ	Assim diz e
105	*Yoá ninivarãsho*	A mãe panela traz
	Yapa pasa inisho	Sopa de peixe
	A awẽ piáki	Ela vai comendo
	Vẽcha itsa itsapa	Fede forte a sucuri
	Sheakãikãi	Mas ela engole

---

[14] O que vemos como as voltas da sucuri, seu duplo humanoide concebe como uma rede de pesca.

[15] Ela se aproxima do caminho por onde os maridos foram caçar.

A história de Shetã Veká

110	*A aki aoi*	Assim mesmo faz
	A askávaiki	E depois então
	Yãtá kawãmaĩnõ	Quando noite vem
	Yora Noĩ verõne	Jovem Yora Noĩ
	A ovõinia	Com mulher se deita
115	*Vakíchka atõsho*	No escuro ocultos
	Osãiki aoi	Eles dão risadas[16]
	"Ewa mã ewa	"Mãe, minha mãe
	Ramaraoverei	Agora mesmo
	Mĩ papã anevõ	Com seus tios[17]
120	*Yora meiniai*	Estou fornicando
	Txi e aroa!"	Não mexa no fogo!"
	Awẽ iki amaĩnõ	Assim diz e então
	"Ramaraoverei	"Agora mesmo
	Ẽ papã anevõ	Com meus tios
125	*Ẽ aĩ vake*	Minha filha
	Yora meiniai"	Está fornicando"
	A ikianã	É o que diz
	Mekikia aoi	E fica feliz
	A askávaiki	Logo depois
130	*Shavá mashte kawãmãi*	Quando já amanhece
	A awẽ venevo	Os maridos dizem
	"Nõ wai txashanõ"	"Vamos capinar!"
	Iki avainiki	Assim dizem e

---

[16] Durante a noite, Shetã Veká fica com o feioso Yora Noĩ, que não é estrangeiro como Shane Rono; durante o dia, fica com este último, que é bonito.

[17] Shetã Veká tenta enganar a mãe ao se referir assim aos seus maridos, que são irmãos do pai da mãe (*txaitxõ takevo*) e, portanto, afins casáveis com a protagonista. No entanto, termina por romper o vínculo de aliança que interessava à sua mãe.

	Shokopakei vomaĩnõ	Enquanto vão
135	*Atõ meitĩki*	Na roça trabalhar
	Shokopakei vomaĩnõ	Enquanto vão
	Neri amakiriki	Para esse lado
	Pakekãi aoi	Ela vai escapando
	Shane Rono verõne	Jovem Shane Rono
140	*A chinãvai*	Ela vai encontrar
	A awẽ kamaĩnõ	E ao sair diz
	"Ewa mã ewa	"Mãe, minha mãe
	Mĩtse choi aroa!	Não varra a maloca!
	Wanĩ tae pakevai	Perdi meu pente
145	*Merayoi oionõ"*	Ao voltar procuro"
	Iki aka iniki	Assim mesmo diz
	A awẽ kamaĩnõ	Mas enquanto parte
	A awẽ ewãki	Sua mãe
	Txipo raká akesho	Na maloca fica
150	*Choi akõvoãki*	E vai varrendo
	"Awesairao	"Por que é que
	Ẽ aĩ vake	Minha filha moça
	'Wanĩ tae pakevai	'Perdi meu pente
	Mĩtse choi aroa'	Não varra a maloca!'
155	*Ikaikainiki?"*	Diz e diz assim?"[18]
	A ikianã	Assim pensa
	Choi akõvoãki	E vai varrendo
	Kawa shaká masoa	Os restos de folha
	Wa kawa shakáki	Aqueles restos
160	*A a matxiki*	Que sobre ele
	Pota pota aki	Ela deixava deixava
	Awẽ ava avainã	Para o esconder
	Choi akovoãki	Ela vai varrendo

---

[18] As artes verbais ameríndias costumam se utilizar amplamente do discurso direto.

	Awẽ anõ oĩa	E então o encontra
165	*Kawa shaká nakosho*	No meio dos restos
	Patáina aoi	Para ela olhando
	Yora isko ina	Com seu adorno[19]
	Awẽ keo aoa	De penas de japó
	Shavá shavá ioi	Brilhando brilhando
170	*Awẽ askámaĩnõ*	E para a sogra
	Natxi tsõse	Ele faz beiço[20]
	"Ẽ neno raká	"Só estou deitado
	Eaniko ichtápa	Sou mesmo feioso
	Ẽ neno raká"	Mas só estou deitado"
175	*Awẽ iki amaĩnõ*	Assim diz e
	A kaya kawãi	A mãe foge
	Wa ikotĩki	Para o terreiro
	A nikaĩsho	Ela logo corre
	Kenákãikãi	Pelos maridos chamando
180	*"Ẽ papã anevo*	"Irmãos de meu pai[21]
	Awe yoĩn ichtápa	Um bicho feioso
	Yoĩn seyápatõra	Bicho muito nojento
	Natxi tsõse	Um beiço fez
	Ea anõ akĩki	De sogra me chamou
185	*Oĩyoi venawẽ!*	Venham logo ver!
	A neská amai	Por ficar coisando
	Amai tsaosho	Coisando sentada[22]
	Ẽ aĩ vake	É que minha filha

---

[19] Adornos nasais e auriculares.

[20] Yora Noĩ a chama de tia (irmã do pai, *natxi*), que é o termo de parentesco referente à sogra em potencial (os Marubo se casam com suas primas cruzadas, isto é, com as filhas da irmã do pai). No contexto, porém, sogra parece traduzir melhor a relação em questão.

[21] Isto é, os maridos de Shetá Veká.

[22] Por ficar copulando com seu amante.

	Matõ yora ranĩ	De vocês não gosta
190	*Ava avainiki*	Assim ela tem feito
	Oĩyoi venawẽ!"	Venham logo ver!"

	Awẽ iki amaĩnõ	Assim diz e
	Nĩkã raveyamai	Eles logo escutam
	Atõ wai txasha	Pegam cajados
195	*Atõ wanĩ vopayai*	De capinar roçado
	Poshôvãi owia	E saem todos
	A ereweiki	Ali chegam correndo
	A atõ oĩa	Olham para ele
	Yora isko ina	Com seu adorno
200	*Awẽ keo aoa*	De penas de japó
	Shavá shavá ioi	Brilhando brilhando
	Awẽ take rawivo	E dos rivais
	Ato ravĩshoiki	Ele se envergonha

	"Ẽ take rawivo	"Meus irmãos rivais
205	*Ea niko ichtapa*	Sou mesmo feioso
	Ẽ neno raká"	Mas só estou deitado!"

	Awẽ iki amaĩno	Assim mesmo diz
	Nĩkã raveyamaki	Eles logo escutam
	Atõ wanĩ vopapa	E cajados
210	*Wa ikotĩki*	Naquele terreiro
	Ori aokovaikĩ	Vão jogando
	Atõ wanĩ vopake	Seus cajados
	Vosha aki aíya	Assim mesmo jogam
	Mapo shatei	Racham a cabeça
215	*Yora Noĩ verõne*	Do jovem Yora Noĩ
	Aská akiavo	Assim mesmo fazem

	Awẽ vei imiki	E seu sangue-morte
	Imi okokãi	O sangue escorre
	Wa mai shaváki	Para aquela terra
220	*Shavá avainita*	Para a terra vai
	Newerama irisho	E de um lado
	Senã mai vema	Da terra-choque

A história de Shetã Veká

	Vema votopakei	Na terra espirra
	Newerama irisho	E de um lado
225	*Senã tama vema*	Da raiz-choque
	Vema votopakei	Na raiz espirra[23]
	Akatõ vikõi	Ali no meio
	Peavenãkãisho	Ali se espalha
	Rakái kaoi	E empoçado fica[24]
230	*Aská akiavo*	Assim mesmo fazem

	Awẽ yama vakáki	Seu duplo-morte[25]
	Rapakekãi	Vai se soltando
	Niro Kaso inĩki	Ali na maloca
	Niro Washmẽ akavo	De Niro Kaso
235	*Anõ vesokãia*	E de Niro Washmẽ[26]
	Isko osho peita	Nas penas de japó branco[27]
	Vototaná irinõ	Ali ao lado
	Rakái kaoi	Vai mesmo ficar
	Aská akiavo	Assim eles fazem

240	*Awẽ chinã natóki*	Seu duplo do peito[28]
	Natsekekãi	Vai então saindo
	Awẽ chinã nató	Seu duplo do peito
	Natsekekãi	Vai mesmo saindo
	Chai Yove Nawavo	E na morada

---

[23] "Choque" é um classificador que diferencia essa "terra" e essa "raiz" de outras tantas possíveis. *Vema*, aí traduzido por "raiz", é, mais especificamente, o termo utilizado para as placas ou sapopemas de árvores como a samaúma.

[24] Ao ficar empoçado, o sangue de Yora Noĩ acaba por dar origem a um certo "veneno de minhoca" (*noĩ pae*), que causa doenças.

[25] Trata-se de um dos componentes da pessoa, esse duplo ruim que não terá origem privilegiada no destino póstumo e que costuma ficar nas redondezas da maloca.

[26] A maloca dos maridos de Shetã Veká.

[27] Metáfora para as paredes de palha da maloca.

[28] Trata-se do *chinã nató*, o duplo principal da pessoa (duplo do coração ou do peito), que reside em sua maloca interior e costuma ter destino póstumo diferenciado. Vale lembrar que ele é o irmão mais velho da tríade de duplos internos, composta também pelo duplo do lado direto e pelo duplo do lado esquerdo.

245 Anõ vesokãia	Do Povo Espírito Pássaro
Yove shovo ikotĩ	No terreiro-espírito
Yove tama voroke	Na árvore-espírito[29]
Pakei kaoi	Ali mesmo chega
Pakei kashõki	E quando chega
250 Vanaina aoi	Ele vai falando[30]
"A matoinĩrao	"Eu com vocês
Ẽ vakeyanõnã!	Filhos quero fazer!
Ẽ vakeyarao	Sou mesmo garanhão
A ikivisi	Assim mesmo sou
255 Shovo rave ravea	Muitas e muitas malocas
Mã oĩarivi!"	Vocês aqui verão!"[31]
Awẽ iki amaĩnõ	É o que diz
Kenô yoãshoavo	Mas ameaças fazem

---

[29] Metáfora para a colina em que vivem os espíritos.

[30] "Ele", isto é, o duplo acima referido, e não o seu corpo/carcaça (*shaká*), que morreu.

[31] Yora Noĩ quer casar com uma mulher do Povo Pássaro, que, no entanto, o expulsará de sua casa, uma vez que o duplo do peito de Yora Noĩ é ruim, pois segue com os costumes lascivos que a pessoa mantinha em vida. Essa é uma característica da teoria da pessoa e da escatologia marubo: o comportamento em vida se repete no destino póstumo; aqueles que foram sabidos assim permanecerão, e o mesmo ocorrerá com os violentos, os insensatos, os lascivos etc. Interessante notar que, daqui em diante, o duplo do amante de Shetã Veká irá realizar um percurso similar ao de Pajé Samaúma descrito em "Raptada pelo Raio". Se a estrutura paralelística é bastante próxima, indicando através de fórmulas poéticas similares o percurso de uma determinada personagem pelos rincões do cosmos, o tema está no entanto transformado. Aqui, Yora Noĩ não encontra abrigo porque é sexualmente descomedido; lá, Pajé Samaúma não encontrava a resposta dos habitantes do cosmos e sua busca o fazia seguir em frente. Em um caso, o excesso de sexualidade leva ao movimento da personagem através das outras moradas; noutro, é o excesso de desejo (e a falta da esposa) que leva Pajé Samaúma a realizar sua trajetória. Aqui, como também em outros casos da mitologia marubo e ameríndia, tratamos de um contínuo tornado discreto pelas sucessivas paradas de um protagonista. Vale observar que, nessas passagens, o movimento do duplo de Yora Noĩ pelo cosmos também obedece uma lógica gradual: parte-se dos pássaros, que estão mais próximos do ponto de origem, até atingir as moradas mais remotas. O panorama apresentado por tal trajeto, assim como no de "Raptada pelo Raio", é bastante coerente com o descrito pelas exegeses e experiências xamanísticas.

A história de Shetã Veká

	Kenô tanavãi	E ameaças recebendo
260	Tama Yove Nawavo	Para a morada
	Anõ vesokãia	Do Povo Espírito das Árvores
	Yove shovo ikotai	No terreiro-espírito
	Yove tama voroke	Na árvore-espírito[32]
	Pakei kashõki	Ali mesmo vai
265	Vanaina aoi	E chega falando

	"A matoinirao	"Eu com vocês
	Ẽ vakeyanõna!"	Filhos quero fazer!"

	Awẽ iki amaĩnõ	É o que diz
	Kenô yoãshoavo	Mas ameaças recebe
270	Kenô tanávãi	E logo sobe
	Ioina aoi	Ele vai subindo
	Shono Yove Nawavo	Para a morada
	Anõ vesokãia	Do Povo Espírito Samaúma
	Yove shovo ikotĩ	No terreiro-espírito
275	Yove shono voroke	Na samaúma-espírito
	Pakei kashõki	Ali mesmo chega
	Vanaina aoi	E vai falando

	"Ẽ vakeyanõnã!"	"Filhos quero fazer!"

	Awẽ iki amaĩnõ	É o que diz
280	Kenô yoãshoavo	Mas ameaças fazem
	Kenô tanávãi	E ameaças recebendo
	Ioi ina aoi	Ele logo sobe
	Shai Yove Nawavo	Para a morada
	Anõ vesokãia	Do Povo Espírito Envireira
285	Yove shovo ikotĩ	No terreiro-espírito
	Yove shai voroke	Na envireira-espírito
	Pakei kashõki	Ali mesmo chega

---

[32] Metáfora para a colina em que vivem os espíritos, assim como nas linhas 275, 286, 299 e 311.

	Vanaina aoi	E vai falando
290	"A mato inirao Ẽ vakeyanonã!"	"Eu com vocês Filhos quero fazer!"
	Awẽ iki amaĩnõ Shai Yove Nawavo Kenô yoãshoaki Kenô tanávãi	É o que diz Mas Povo Espírito da Envireira Ameaças mesmo faz E ameaças percebendo
295	Ioi ina aoi Ni Shopa sheni Anõ vesokãia Yove ima wenene Yove tama voroke	Ele logo sobe No antepassado Ni Shopa[33] Em sua maloca No terreiro-espírito Na árvore-espírito
300	Pakei kashõki Vanaina aoi	Ali mesmo chega E vai falando
	"A mato inirao Ẽ vakeyanõnã!"	"Eu com vocês Filhos quero fazer!"
305	Awẽ iki amaĩnõ Kenô yoãshoavo Kenô tanavãi Wa naí shavaki Shavá avainiki Kapa Kasô sheni	É o que diz Mas ameaças fazem E ameaças recebendo À morada celeste À morada vai No antepassado Kapa Kasô
310	Anõ vesokãia Yove kapi voroke Pakei kashõki Vanaina aoi	Em sua morada Na colina dos mata-pastos[34] Ali mesmo chega E vai falando

---

[33] Ni Shopa é um espírito que costuma cantar através dos xamãs *romeya* e vive no último nível da Morada Arbórea (*Tama Shavá*). A partir daí, o viajante já segue para os mundos celestes.

[34] Mata-pasto (*Cassia alata*, *Senna alata*) é um arbusto que, segundo os Marubo, possui qualidades psicotrópicas.

315	"A mato inirao Ẽ vakeyanõnã!"	"Eu com vocês Filhos quero fazer!"
	Awẽ iki amaĩnõ Kenô yoãshoavo Kenô tanavãi Kapa Kasô sheni	É o que diz Mas ameaças fazem E ameaças recebe Antepassado Kapa Kasô
320	Vanaina irao	Assim mesmo fala
	"Otxi Kapa Rekẽne Otxi Mari Aná Ea tava akei Ari kai ariwẽ!"	"Irmão Kapa Rekẽ E irmão Mari Aná[35] Vivem depois de mim Parta para lá!"
325	Awẽ iki amaĩnõ Keno tanávãi Wa naí shaváki Shavá avaini Senã Noĩ shenitsĩ	É o que diz E ameaças recebe À morada celeste À morada vai E no antepassado Senã Noĩ[36]
330	Anõ vesokãia Senã shovo paroke Ave akatsipavo Shãto shenakãisho Rakái kaoi	Em sua morada Na maloca-choque Onde vivem os safados Ali mesmo fica Sentado fornicando[37]
335	Aská avaikĩki Awẽ aĩ kavai	E depois então Para onde mulher

---

[35] Kapa Kasô (Sirius) é irmão das estrelas Mari Aná (Lábio de Cotia) e de Kapa Rekẽ (Quatipuru Fulgurante), correspondentes a Betelgeuse (alfa de Órion) e Capella (alfa de Auriga). Acompanhadas de outras estrelas-pessoas não mencionadas neste canto, é provável que formem uma constelação. Meus interlocutores, no entanto, não souberam confirmar essa hipótese, pois o saber astronômico marubo está em processo de esquecimento. Na narrativa, Kapa Kasô sugere que Yora Noĩ vá viver junto com seus irmãos, que moram logo depois dele.

[36] Literalmente, "Minhoca Choque". Essas pessoas são parecidas com Yora Noĩ; são lascivos como ele, que ali, enfim, encontra abrigo.

[37] Fica copulando em posição de flor-de-lótus, explicaram.

	Kavai kiriki	Havia desviado
	A awẽ mapoki	A cabeça do amante
	Txĩtĩ korinisho	Num bastão espetam
340	*Nitxĩshoki aíya*	E no chão enfiam

	Aská avainiki	Assim fazem e
	Awẽ kavai	Para onde mulher
	Kavai kiriki	Havia desviado
	Atõ wanĩ vopayai	Com seus cajados
345	*Onekia aíya*	Todos juntos vão

	Awẽ aĩ oáki	De onde vinha
	Oakia tavai	Por onde passava
	Onekia aíya	Para ali vão
	Shane shono manichi	No cipó da samaúma-azulão[38]
350	*A nokovãisho*	Ali chegando
	Awẽ aĩ vanãki	Fala da mulher
	Vanã ishõ tachia	A fala imitam
	A aki aíya	Assim mesmo fazem

	"Kene Kene Vesho	"Ô Desenho Vesgo
355	*Mã ẽ oanã"*	Já estou aqui!"

	A iki amaĩnõ	Assim dizem e
	Shane shono txapake	Do galho da samaúma-azulão
		/De sua casa-azulão
	Shane vatxi keneno	Com sua saia-azulão
		/Pela escada-azulão
	Oyô rakápakei	Ele vem rastejando
		/Ele vem descendo
360	*Shane shono wichiki*	Pelos vincos da samaúma
		/Nos corrimãos
	Wichi lunápakei	Pelos vincos desce
		/Nos corrimãos segura

---

[38] Metáfora para a porta da casa de Shane Rono.

	Shane shono manichi	Pelos cipós-azulão
		/Pelos degraus-azulão
	Õpi pakevrãi	Desce se enroscando
		/Ele vem descendo
	Siã ipakarãi	E sobem assobiando
365	*Awẽ take rawivo*	Os seus rivais[39]
	A nokopakesho	Ali mesmo chegam
	Awẽ take rawivo	Os seus rivais
	A mera tachisho	Ele ali encontra
	A ravĩshoiki	Envergonhado fica
370	*Vetĩ ia iakei*	E cabeça encurva
	"Ẽ take rawivo	"Meus irmãos rivais
	A a matora?"	São mesmo vocês?"
	Awẽ iki amaĩnõ	Assim diz e
	Nĩkã raveyamaki	Eles tudo escutam
375	*Niro Kasô inĩsho*	O chamado Niro Kasô
	Niro Washmẽ akavõ	Mais Niro Washmẽ
	Awẽ wanĩ vopake	Com seus cajados
	Shane Rono verõne	Jovem Shane Rono
	Voshá aki aíya	O jovem decapitam
380	*Atõ aská a aki*	Assim mesmo fazem
	Awẽ vei imiki	Seu sangue-morte
	Imi okokãi	O sangue escorre
	Shane shono txĩshãne	E na samaúma-azulão
	Tsaoi kaoi	Nas raízes fica[40]

---

[39] A expressão *take rawĩ* poderia ser traduzida mais literalmente por algo como "o inimigo outro de mim", mais exata do que a literal "irmão inimigo": *take* é o mesmo-outro da pessoa, integra diversas expressões nas quais a ideia de paridade está envolvida (coisa que não acontece com o termo *otxi*, "irmão mais velho", empregado apenas para designar a germanidade). *Rawĩ*, por sua vez, é o termo por excelência para "inimigo". "Rival" parece de alguma maneira transportar para o português o tipo de inimizade em questão, referente às relações de aliança que se tecem ao longo das malhas fluviais (numa direção similar ao que diz o verbete do dicionário Houaiss para *riv(i)-*).

[40] Como é comum nas *performances* orais, falta aí a sequência de fórmulas refe-

385	*Txipo kaniaivõ*	Para que os jovens
	Chinãyai kanisho	Juntos criados sabidos
	Anõ chinã anõvo	Nisso mesmo pensem[41]
	Awẽ chinã nató	Seu duplo do peito
	Natsekekãi	De dentro sai
390	*Owa naí shavaki*	E à morada celeste
	Shavá avainita	À morada vai
	Naí taeirino	Ao pé do céu[42]
	Ronopake kawãi	Voando vai
	Noa taeirinõ	Ao pé do rio grande[43]
395	*Ronopake kawãi*	Voando vai
	Shane mĩwã tsakasho	No lamaçal-azulão
	Wa nipa kawã	Na raiz da samaúma-azulão
	Shane shono tapõ	Ali mesmo fincada
	Take ikikãisho	Ali vai encostando
400	*Shane miwã tsakasho*	No lamaçal-azulão
	Rakái kaoi	Ali mesmo fica
	Awẽ yama vakáki	Seu espectro-morte
	Rapakekãi	Vai se soltando
	Shane shono txapake	E no galho-azulão
405	*Rakái kaoi*	Ali mesmo fica
	Atõ aská amaĩnõ	Enquanto isso
	A awẽ aĩki	A mulher deles
	A tachikarãki	Vai ali chegando
	Txĩti kori inĩsho	O bastão espetado
410	*Atõ nitxĩshoaki*	Que eles haviam enfiado
	A mera tachi	Ela logo encontra

---

rentes ao resultado do evento em questão. No caso, o sangue que termina nas raízes dá origem a um certo "caldo de samaúma" (*shono ene*) que causa doenças nas pessoas.

[41] Ou seja, na conduta dos protagonistas e em seus desdobramentos.

[42] Leste.

[43] A jusante, na região do grande rio *Noa* (Solimões).

Awẽ aki amaĩnõ	Assim acontece e
Yora isko ina	Com seu adorno
Awẽ keo aoa	De penas de japó
415 *Shavá shavá yoi*	Brilhando brilhando...
"Aĩvo mã aĩvo	"Mulher, minha mulher
Ẽ take rawĩvõ	Meus irmãos rivais
Ea yamamainã!"	Eles me mataram!"
A iki aoi	Assim mesmo diz
420 *Atõ aská amaĩnõ*	E por isso tudo
Shetã Veká shavo	Mulher Shetã Veká
Naí notsi kawãi	Parte entristecida
"Neskárivi katái	"Assim mesmo será
Matõ yora takesho	Junto com vocês
425 *Ẽ vesokãia*	Não posso viver
Neskárivi katái	Assim mesmo será
Ẽ mato ama"	Com vocês não deitarei"
A ikianã	É o que diz
Naí notsi kawãi	E parte entristecida
430 *Shetã Veká shavo*	A mulher Shetã Veká
Noã kayã tanai	Rio vai seguindo[44]
A tanapakevãia	E enquanto segue
O ipakãi	Ooo — ela grita
"Noa kamã ewãne	"Grande Onça do Rio
435 *A awesakĩra*	Por que você
Mĩ txasho piara?	Veados devora?
Ea piriwẽ!"	Venha me devorar!"
Iki apakãi	Vai dizendo

---

[44] Está descendo o rio.

148   *Shetã Veká*

"Shetã võsi oni	"Onça-Homem Dentada[45]
440 *Ea piriwẽ!"*	Venha me devorar!"

Iki apakãi	Vai dizendo
Noã kayã tanai	Pelo rio seguindo
O ipakãi	Ooo — ela grita

"Shoma Wetsa akavo	"Famosa Shoma Wetsa
445 *A awesakĩra*	Por que você
Mĩ nawa piára?	Estrangeiros devora?
Ea piriwẽ!"	Venha me devorar!"[46]

Iki apakãi	Vai dizendo

"Kene Kene Vesho	"Ô Desenho Vesgo
450 *A awetora*	Onde é que
Mĩ anõ rakáa?"	Você foi viver?"

A ikianã	É o que diz
Noa shono manichi	Cipó da samaúma-rio
Taro apavãi	Ela vai puxando
455 *O ipakãi*	Ooo — assim grita
Noa shono manichi	Cipó da samaúma-rio
Taro apavãi	Ela vai puxando[47]
A kakĩ aoi	E então parte
Noa kayã tanai	O rio seguindo
460 *O ipakãi*	Ooo — ela grita
A kakĩ aoi	E assim parte

Awẽ aki amaĩnõ	Depois então
Txai Ranẽ Topãne	Meu primo Ranẽ Topãne[48]

---

[45] Uma certa pessoa-onça grande.

[46] Shoma Wetsa é uma mulher de ferro, canibal, como se verá adiante.

[47] Imagina assim poder reencontrar seu amante Shane Rono.

[48] Por ser um *Rovo Nawavo* (Povo Japó), o cantador chama a personagem de

	Noa mera vimi	Em um abrigo
465	*Awẽ tapo avai*	De cipó do rio
	A sotãi tsaosho	Sentado em tocaia[49]
	A awẽ nĩkã	Algo mesmo escuta
	O ipakãi	*Ooo* — alguém gritando
	Awẽ aki amaĩnõ	E logo diz

470	*"Waivo yõsha*	"Aquela velha
	Askā nĩkāravema"	Tudo pode escutar"[50]

	A ikianã	Assim avisa
	Siri ipai kawãsho	Vem descendo
	Awe anõ owia	E logo vê
475	*Tachikarã aoi*	Ali chegando
	A to postose	Aquela grávida
	Tachikarã aoi	Que vai chegando
	Awẽ askámaĩnõ	E ela pergunta
	Txai Ranẽ Topãne	Ao meu primo Topãne

480	*"Awesa yorasho*	"Que gente é
	Mĩ anõ iki?"	Você que fala?"

	Awẽ iki amaĩnõ	Ele responde

	"A anõ earo	"Eu, eu mesmo
	Ea Ranẽ Topãne"	Sou Ranẽ Topãne"

485	*Awẽ iki amaĩnõ*	Diz e então

	"Miarao katái?"	"E você, quem é?"

	Awẽ aki aoa	Ela responde

"primo cruzado" (*txai*), pois esta é a relação que tal povo estabelece com os *Rane Nawavo* (Povo Adorno), a quem pertence Topãne.

[49] Uma tocaia de caça.

[50] Trata-se de Shoma Wetsa, a mãe de Topãne.

150   *Shetã Veká*

"A anõ earao	"Eu, eu mesma
Ea Shetã Vekanã"	Sou Shetã Veká"
490	*"Awe aki kawãi*	"Você o que faz
Mĩ anõ iki?"	Por aqui passando?"
Awẽ iki amaĩnõ	Diz Topãne e então
"Nokẽ shovitãisho	"Em nosso início
Nõ anõ weníti	Onde surgimos
495	*Wenítivo pasotõ*	Ao lado também surgiram
Pakakaya apai	Os mais avantajados[51]
Shokomara ikia?"	Por lá ainda viverão?"
A ikianã	Ela pergunta e
"Ẽ anõ oĩnõ"	"Vou encontrá-los"
500	*Ikawãni kawãi*	Diz partindo
Kawãita iki	Partindo parece estar
Awẽ iki amaĩnõ	Mas então fala
"Topãne mã Topãne	"Topãne, meu Topãne
Mia ea viriwẽ!	Me leve contigo!
505	*Txai Ranẽ Topãne*	Cunhado Ranẽ Topãne[52]
Atĩ wenáshorao	Que tal se agora
Nõ itimaraki?"	Nós dois deitássemos?"
A ikianã	É o que diz
A rakãpakesho	E vai se deitando
510 | *Tsisto ave vakĩsho* | As pernas abre |

---

[51] Shetã Veká se refere a um certo povo de sexo avantajado que surgiu próximo a eles. Pensa em viver ali, mas logo muda de ideia.

[52] Topãne é um afim de Shetã Veká. Por isso, ela o chama de "primo cruzado", *txai*.

	Awẽ avainaki	E ele mete
	A awẽ shanĩsho...	Mas os pentelhos...
	"Ẽ teka akei!"	"Ai! fui ferrado!"
	Awẽ aki amaĩnõ	Ela logo então
515	A patá pakesho	Para baixo olha
	Awẽ anõ oĩa	E ali vê
	Awẽ anõ shaniki	Nos pentelhos saírem
	E pai paipa	As formigas-de-fogo
	Oĩkia aoi	Assim mesmo vê
520	Awẽ askámaĩnõ	E logo diz
	"Topãne mã Topãne	"Topãne, meu Topãne
	Ẽ chinã aionõ	Vá para lá
	A ono katãwẽ!"	Que eu vou pensar!"
	A iki avaikĩ	É o que diz e
525	Wa keshõm shãkoki[53]	Broto de folha
	Voshteroá inisho	Ela arranca
	Shãtekere ivai	Nas pernas abertas
	A tsisto vakĩsho	Ali vai passando
	Awẽ rakámaĩnõ	Deita-se e então
530	Wa e rasĩki	As formigas-de-fogo
	Txoi ivaivaini	Vão todas saindo
	A aki aoi	Assim mesmo acontece
	Awá osho poko	Nas tripas de anta[54]
	Nasotaná irinõ	Ali em cima
535	Tei voia	Agarradas ficam
	Rave oshke akei	E outras tantas

---

[53] Trata-se do broto de uma planta de folhas grossas, feito taioba do mato.

[54] Metáfora para o cipó *minoshe*, que tem um aspecto engruvinhado, ondulado. É aí que as formigas-de-fogo costumam se aglomerar.

	Moka tama yora	Na árvore-amargo[55]
	Kasotaná irinõ	Ali no tronco
	Tei voiya	Agarradas ficam
540	*Wa mĩposh rasĩki*	Outras formigas[56]
	Paraiovãi	Vão também saindo
	Machi ono povi	Nas banhas de caetitu[57]
	Nasotaná irinõ	Ali em cima
	Ko mai txĩshãne	Nos furos da terra-pus[58]
545	*Tei voiya*	Agarradas ficam
	Wa tsõtsoserasĩki	Aqueles formigões[59]
	Txoi iovãi	Vão todos saindo
	Moka tama yora	E na árvore-amargo
	Vototaná irinõ	Ali no tronco
550	*Moka mai txĩshãne*	Nos furos da terra-amargo
	Tei voiya	Agarrados ficam
	A vonarasĩki	As tocandeiras[60]
	Txoi iovãi	Vão todas saindo
	Moka tama yora	E na árvore-amargo
555	*Vototaná irinõ*	Ali no tronco
	Moka mai paroke	Num canto da terra-amargo
	Tei voiya	Agarradas ficam
	A askávaiki	E depois então
	Wa meshkaki	As efêmeras[61]

---

[55] "Amargo" (*moka*) é, mais uma vez, um classificador. Marca os nomes que se referem a coisas amargas, fortes ou picantes, tais como as formigas.

[56] Não identificadas.

[57] Metáfora para as folhas apodrecidas das praias de rio.

[58] "Pus" é um classificador empregado para esses buracos. Parece estar relacionado aos ferimentos causados pelas formigas.

[59] Formigas do tipo tocandeira, não identificadas com maior precisão.

[60] *Dinoponera gigantea.*

[61] *Ephemerida.*

A história de Shetã Veká

560	*Txoi iovãi*	Vão todas saindo
	"Ẽ aweyatõ	"Das minhas irmãs
	Mato aka tanai	Os ataques aviso
	Pãch pãch ikia	Fazendo *pãch pãch*
	Txaĩ aká tanai	Ao cunhado aviso
565	*Mesh mesh ikiya*	Fazendo *mech mech*
	Ikiyarivt eaki!"	É assim que faço!"[62]
	Iki aká iniki	Assim mesmo diz
	Rovo tama yora	E na árvore-japó
	Kasotaná irinõ	Ali no tronco
570	*Tei voiya*	Agarradas ficam
	Rave oshke akei	E outras delas
	Torê kamã txeshte	No traseiro de onça-diarreia[63]
	Nasotaná irinõ	Ali em cima
	Tei voiya	Agarradas ficam
575	*A askávaiki*	E depois então
	Wa Txikáki	Pequeno Pica-Pau[64]
	Awẽ shevi keshápa	Nos lábios da vagina
	Ne ake akei	Por ali perambula
	A vanairao	E vai falando
580	*"Txaĩ aká tanai*	"Ao cunhado aviso
	Txai kenô revõsho	Quando da flecha
	Imi toĩs toĩsri	Sangue pinga pinga[65]

---

[62] As efêmeras são irmãs das cobras: dizem aí que ajudam as pessoas ao avisarem quando aquelas estão próximas, evitando possíveis picadas. Seus ruídos são, assim, um mau agouro. "Cunhado", como vimos, é o termo por excelência para designar relações de afinidade.

[63] Metáfora para o cipó taracuá (*Pteridophytae*); em marubo cotidiano, *isisi paka*.

[64] *Dendrocolaptidae*.

[65] Um presságio de caça e guerra.

	Ẽ aweyatõ	Eu dos irmãos[66]
	Mato aká tanai	O ataque aviso
585	*Txi txi ikiya*	Fazendo *txi txi*
	Ikiyarivt eaki!”	É assim que faço!”
	Iki aká iniki	Assim mesmo diz
	Vari tama yoraki	E na árvore-sol
	Retãvinakãisho	No tronco pousando
590	*Nioi kaoi*	Ali vai viver
	Awẽ askámaĩnõ	E enquanto isso
	Wa Shao Posáki	Outro Pica-Pau
	Awẽ shevi keshapa	Nos lábios da vagina
	Ne ake akei	Por ali perambula
595	*“Txaĩ aká tanai*	“Ao cunhado aviso
	Isõ vake pois pois	*Zup zup* — macacos chegam
	Ikiyarivt eaki!”	É assim que faço!”[67]
	Iki aká iniki	Assim mesmo diz
	Vari tama yora	E na árvore-sol
600	*Retãvinakãisho*	No tronco pousando
	Nioi kaoi	Ali vai viver
	A askávaiki	E depois então
	Wa Mai Txichkaki	Alma-de-Gato[68]
	Pakekãi aoi	Vai logo saindo
605	*Vari tama txapake*	E na árvore-sol
	Tsaoi kaoi	No galho pousa

---

[66] As cobras são irmãs ou parentes desse pica-pau que, por conta disso, consegue antecipar os seus ataques.

[67] Avisa o caçador quando há macacos nas árvores.

[68] Os Marubo distinguem *txishka* (alma-de-gato com cauda de coloração uniforme, *Piaya cayana*) de *mai txishka*, que tem a cauda negra salpicada com rajadas brancas, semelhante às penas da harpia.

A história de Shetã Veká

	Awẽ askámaĩnõ	E enquanto isso
	Wa a Txichkaki	Outro Alma-de-Gato
	Pakekãi aoi	Vai então saindo
610	*Wa tama shaváki*	E à Morada Arbórea
	Shavá avainita	À morada vai
	"Txaĩ aká tanai	"Ao cunhado aviso
	Tsis tsis ikiya	*Tsis tsis* — digo
	Ikiyarivt eaki!"	É assim que faço!"[69]
615	*Iki aká iniki*	Assim mesmo diz
	Kõti kõti shovonõ	E na alta maloca[70]
	Nioi kaoi	Ali vai viver
	Awẽ askámaĩnõ	E enquanto isso
	Wa a koshoki	Aquele cujubim[71]
620	*Pakekãi aoi*	Vai então saindo
	"Ẽ aweyavo	"Quando meus irmãos
	A tachi ina	Estão para chegar
	A a merai	Eu os percebo
	Voĩch voĩch ikia	*Voĩch voĩch* — aviso[72]
625	*Ikiyarivt eaki!"*	É assim que faço!"
	Iki aka iniki	Assim mesmo diz
	Shai osho votxashe	E na envireira branca

---

[69] O pássaro alma-de-gato é também agourento e infalível. Se pia enquanto a pessoa está trabalhando, esta deve imediatamente largar o serviço. Se assim não o fizer, morrerá certamente dentro de dois anos. Alma-de-gato também indica quando há caças por perto. Poderes semelhantes são atribuídos ao mesmo pássaro pelos Ashaninka, que o chamam de *tsiya* (cf. Mauro Almeida e Manuela Carneiro da Cunha, 2002: 212, 327).

[70] *Kõti kõti* é uma expressão sem tradução para designar a maloca do pássaro alma-de-gato.

[71] *Pipile cujubi.*

[72] Os cujusins, assim como as galinhas, avisam quando vai amanhecer. Anunciam quando chegam a Estrela da Manhã (Nete Wani) e a Estrela da Tarde (Yame Wani).

	Tsaoi kaoi	Num galho pousa
	Awẽ askámaĩnõ	E enquanto isso
630	*Na ronorasĩki*	Cobras todas
	Paraiva ivaini	Escorregam escorregam
	Na ronorasĩki	As cobras todas[73]
	Txoi ivai inita	Vão logo saindo
	Mai ivã pei	Nas folhas da terra
635	*Votĩ iki irinõ*	Ali se amontoam
	Torê mai voroke	Na terra podre
	Mĩtxi ivoiya	Vão ali deitar
	Awẽ askámaĩnõ	E enquanto isso
	Na vẽcharasĩki	Sucuris todas
640	*Keyoakõ akõi*	Se espalham espalham
	A aki aoi	Assim mesmo acontece
	Na vẽcharasĩki	As sucuris todas
	Txoi ivai	Vão dali saindo
	Rave oshke akei	E uma parte
645	*Mai ivã peita*	Nas folhas da terra
	Votĩ iki irinõ	Ali se amontoa
	Vei mai paropa	Na terra-morte
	Mĩtxi ivoiya	Vai ali deitar
	Atõ askámaĩnõ	E assim então
650	*Txipo ake voãsho*	Saem logo depois
	Nete Wani inĩki	O chamado Nete Wani
	Yame Wani akavo	Mais Yame Wani
	Wa a ravese	Os dois juntos
	Shokopakei voãi	Juntos se levantam
655	*Shokopakei voãsho*	E tendo levantado
	Vanaina irao	Vão mesmo falando

---

[73] Saem daí todas as cobras peçonhentas, tais como as jararacas e surucucus, entre outras.

	Otxi ivevakĩsnõ	Irmãos juntos nascidos[74]
	"Otxi mã otxi	"Irmão, meu irmão
	A ato kirisho	De quais lugares
660	*Onãnãnãkatsai?"*	Nos defrontaremos?"[75]
	A iki avai	Assim diz e então
	"Ave anõ earo	"Eu mesmo[76]
	Naí taerisho	No pé do céu[77]
	Shavá mai matokesh	Na terra-claro
665	*Shavá awá retesho*	Anta-claro matarei
	Shavá awá shaká	De couro de anta-claro
	Ẽ vitxi aoa	Claro escudo farei
	Meweinitamaĩnõ	Para assim segurar
	Naí matô wetsãsho	E da colina do céu
670	*Nõ veyánãnãnõ"*	Dali te defrontar"
	Iki aka iniki	Assim mesmo diz
	Naí taeirinõ	Ao pé do céu
	Ikaini kaita	Para lá vai
	Shavá mai matoke	Na colina da terra-claro
675	*Nioi kaoi*	Ali vai viver
	Yame Wani akavo	E o chamado Yame Wani
	Ioi ina aoi	Assim vai dizendo
	"Otximã otxi	"Irmão, meu irmão
	A anõ earo	Eu mesmo
680	*Naí votĩ ikitõ*	Aonde o céu encurva[78]
	Shane ako voro	No tronco de maúba-azulão[79]

---

[74] Nete Wani é a Estrela da Manhã e Yame Wani, a Estrela da Tarde.

[75] Diz Nete Wani.

[76] Isto é, Nete Wani.

[77] Leste.

[78] Oeste.

[79] Metáfora para a colina do céu escuro, onde Yame Wani vai viver.

	Masotaná irinõ	Ali em cima
	A a nishõrao	Ali vou viver
	Vakíchi awá retesho	Anta-escuro matarei
685	*Vakíchi awá shaká*	De couro de anta-escuro
	Ẽ vitxi aoa	Escuro escudo farei
	Meweinitamaĩnõ	Para assim segurar
	Naí mato wetsãsho	E doutra colina do céu
	Nõ veyanãnãnõ"	Dali te defrontar"[80]

690	*Iki aka iniki*	Assim mesmo diz
	Naí votĩ ikitõ	E onde o céu encurva
	Ikaini kaita	Para lá vai
	Shane ako voro	Na colina do céu escuro
	Masotaná irinõ	Ali em cima
695	*Nioi kaoi*	Ali vai viver

	Toa Tae akavo	O chamado Toa Tae[81]
	Txipo ake kawãsho	Sai logo depois
	Pakekãi aoi	E escorregando fala

	"Neaivo maĩsho	"Aqui nesta terra
700	*Txipo kaniaivõ*	Os nascidos depois

---

[80] Quando Yame Wani (Estrela da Tarde) mostra seu escudo escuro, anoitece; quando Nete Ichi (Estrela da Manhã) mostra seu escudo claro, faz-se o dia. O brilho que vemos das estrelas é, portanto, causado por seus escudos. Ao meio-dia e à meia-noite, os irmãos se encontram em alguma montanha do céu.

[81] Literalmente, "Pé-de-Sapo", nome para um dos mestres dos animais, Kana Mĩshõ (Mĩshõ-Arara). Há vários desses espíritos Mĩshõ. No leste vivem Vari Mĩshõ (Mĩshõ-Sol) e Shane Mĩshõ (Mĩshõ-Azulão); no oeste vivem Ino Mĩshõ (Mĩshõ-Jaguar) e Kana Mĩshõ (Mĩshõ-Arara, este que nasce de Shetã Veká); ao norte está Koro Mĩshõ (Mĩshõ-Cinza) e, ao sul, vive Rovo Mĩshõ (Mĩshõ-Japó). Os mestres dos animais são espíritos *yovevo*, podem cantar através dos xamãs *romeya* e são frequentemente evocados para propiciar a caça, isto é, para que eles liberem os animais mantidos em seus domínios. Se o caçador desrespeita a ética de caça (não matar mais do que se pode comer, não comer da própria presa, não jogar as vísceras e os intestinos da caça no mato, não desperdiçar carne), os mestres dos animais acabam por "sovinar" (*wachia*) os animais, que desaparecem da floresta. Em certas narrativas, Mĩshõ surge também como uma espécie de *trickster*, aquele que se envolve em trapaças e conflitos com os antepassados.

A história de Shetã Veká

	Ẽnõ chinã amisi”	Em mim pensarão”[82]
	Iki aka iniki	Assim mesmo diz
	Kana kapi voroke	Na colina mata-pasto[83]
	Masotaná irinõ	Ali em cima
705	*Nioi kaoi*	Ali vai viver
	Toa Tae akavo	O chamado Toa Tae
	Atõ askámaĩnõ	E assim então
	A atõ shamaki	A placenta deles
	Txipo ake kawãsho	Sai logo depois
710	*Pakekãi aoi*	Vai ali caindo
	A mãchõ rakásho	No chão se estende
	Ato keyo keyoi	E os outros extermina[84]
	Awẽ aki amaĩnõ	E eles então
	Atõ paka isake	Com suas lanças
715	*Nako nakovaiki*	Espetam espetam
	Torê waka shakĩni	No meio do rio-podridão
	Ori aki aíya	Ali mesmo jogam
	Ene mai atxisho	E no fundo chegando
	Rakái kaoi	Ali mesmo fica
720	*Ave anõshorao*	Para assim deixar
	Iwi revo kawãno	A raia espalhar[85]
	Awẽ askámaĩnõ	Depois então
	Ranẽ Topãne akavo	O chamado Ranẽ Topãne
	A ewevarãi	A mulher leva
725	*A awẽ rakáti*	Para sua casa
	A nokokarãsho	E quando ali chega
	Vanaina aoi	Começa a falar

---

[82] Uma advertência para a audiência, que deve aprender a respeitá-lo.

[83] "Colina do mata-pasto" é um nome metafórico para sua casa.

[84] Mata as outras pessoas da terra que ali estavam.

[85] A raia se forma a partir da placenta de Shetã Veká.

	"Ewa mã ewa	"Mãe, minha mãe
	Ẽ aĩ vianã	Peguei esta mulher
730	*Anõ píti amasho*	Para comida fazer
	Ẽ aĩ viánã!"	Peguei esta mulher!"[86]
	Awẽ iki amaĩnõ	Assim diz e
	A awẽ ewaki	Sua mãe
	Vanaina irao	Começa a falar
735	*"Kape tewã Tapãne*	"Da grande Ponte-Jacaré
	Atõ vake keyoa	Dos filhos exterminados
	Westí pakeaketi	Uma apenas restou
	Pakã aká shavo	É esta mulher matadora
	Mĩ ninivarãi	Que você trouxe
740	*Askáivo shavo*	É desta mulher
	Shavo ninivarãsho	Que você trouxe
	Vevo kaniaivo	Que os antes nascidos
	Vana nikõ ikiya	Muito mal falavam
	Itaapa owia"	Assim diziam antigamente"
745	*Aská aki aoi*	Assim ela diz
	Shetã Veká shavo	Foi o que aconteceu
	Niro Kaso inisho	À mulher Shetã Veká
	Niro Washmẽ akavo	E também a Niro Kaso
	Aská aki aoi	E ao chamado Niro Washmẽ

---

[86] Nesse ponto, a narrativa se encontra com a história de Shoma Wetsa.

A história de Shetã Veká

5

Shoma Wetsa

O surgimento dos brancos bravos

Cantado por Armando Mariano Marubo

A história de Shoma Wetsa se inicia no *saiti Rane Nawavo pakaya* ("A guerra do Povo Adorno"), que descreve a batalha dessa quase invencível mulher de ferro, dotada de afiadas lâminas em seus dois braços, contra os inimigos do Povo Adorno. Finda a batalha, na qual Shoma Wetsa exterminara e devorara todos os seus oponentes, ela se amansa e vai viver com sua irmã Kẽcho e seu filho Ranẽ Topãne. Ranẽ Vo é o seu nome correto (Shoma Wetsa, seu apelido, significa literalmente Outro Seio, ou Seio Só), que não tinha pai nem mãe: "simplesmente surgiu do néctar da pedra-adorno" (*rane shasho nãkõsh weníri-vi*), explicavam-me. Trata-se de mais uma das figuras de formação peculiar que se espalham pelo cosmos marubo, surgidas do *nãko*, essa substância transformacional que, em certas circunstâncias, serve também como metáfora para o esperma.[1] Não é o caso da presente personagem, cujo surgimento não parece ter ocorrido a partir da união entre um homem e uma mulher, mas sim desse tal "néctar de pedra-adorno", algo referente aos estrangeiros e seus atributos característicos, o ferro e a pedra. Diz-se, ainda, que Shoma Wetsa é "o duplo do ferro", ou seja, a sua pessoa, o seu agente antropomorfo, o seu dono ou mestre (*awẽ ivo*) — o seu "espírito", diríamos nós, numa tradução aproximada da cisão entre duplos e corpos característica da cosmologia marubo.

Contam que ela era gigante, do tamanho de uma maloca. "Shoma Wetsa é para fazer tudo, para fazer lancha, para fazer ferro", explicava-me um xamã. "Shoma Wetsa é fábrica", contou também alguém a

---

[1] Para mais detalhes, ver o texto de apresentação a "A formação do Céu e da Terra".

Julio Cezar Melatti.[2] A gasolina é considerada como sendo a sua urina que, para outros Marubo, é o óleo de cozinha. Suas fezes, quando aquecidas, são a comida em conserva dos estrangeiros. Protagonista de narrativas, agente originadora de "elementos materiais" e, por fim, figura de pensamento através da qual a mitopoese se presta a retraduzir as coisas dos brancos: tudo isso está envolvido em sua figura potente. As cadeias férteis de transformação e associações que Shoma Wetsa estimula chegam até a região do sol poente e seus famosos habitantes, os Incas. Percorrê-las com afinco nos levaria muito longe, mas vale a pena indicar alguns caminhos possíveis.

A narrativa que segue é, a rigor, uma versão do mito pan-ameríndio sobre a origem dos brancos, estudado por Lévi-Strauss na *História de lince* e encontrado, por exemplo, nos mitos de povos jê sobre o personagem Auké.[3] O esquema de transformações comum aos mitos pode ser resumido da seguinte maneira: um personagem extraordinário não pode ser morto por seus parentes. Quando enfim conseguem matá-lo, o fazem apenas com fogo. Em seguida, ele retorna decepcionado, dando assim origem aos brancos e seus avatares, através do secionamento de alguma matéria a ele contígua (Shoma Wetsa: as partes de seu corpo que se distribuem na explosão; Aukê: as madeiras da casa onde vai viver, a partir das quais criam-se os negros, os cavalos e o gado). Em nosso caso, Shoma Wetsa e seus netos dão origem ao Inca-Machado (*Roe Inka*) e aos brasileiros bravos. Para os jê, Aukê é o imperador Dom Pedro II.

Os brancos a que Shoma Wetsa dá origem não são aqueles considerados sabidos pelos Marubo (os crentes e missionários, os médicos, os professores, antropólogos e membros de ONGs). Derivam da mulher de ferro apenas os mais bravos, tais como os policiais, soldados e outras figuras agressivas que vivem nas cidades próximas às aldeias. Surgem também de Shoma Wetsa os espíritos chamados de *matxõtxi*, de cabelo todo raspado à maneira dos militares e jovens das cidades que servem de inspiração para os Marubo. Esses espíritos costumam manipular os jovens indígenas, fazendo com que se tornem agressivos e lasci-

---

[2] Cf. Melatti (1985: 109-73).

[3] Ver, por exemplo, DaMatta (1977: 126 ss.) e Carneiro da Cunha (1986: 18 ss.). Melatti (*op. cit.*) dizia algo similar também a propósito do mito de Shoma Wetsa.

vos. São os donos do "calor-morte", causam febre ao se aproximarem da pessoa, que diz então ter sonhado com os estrangeiros enquanto adoece. Os *matxõtxi* se originaram do "duplo solitário" (*mão vaká*) de Shoma Wetsa, que ficou na terra no momento de sua morte. De seu duplo do peito (*chinã nató*), que partiu para o poente, é que surgiu o Inca-Machado (*Roe Inka*).

A distribuição (que ocorre no final do canto aqui traduzido) segue um esquema predeterminado, com o qual já nos deparamos no *saiti* de Shetã Veká. A partir da morte violenta de alguma personagem descomedida (os amantes de Shetã Veká, por seu descomedimento sexual; Shoma Wetsa, por seu excessivo apetite canibal), dois duplos se desprendem do corpo e se dirigem a dois destinos distintos (terrestre e celeste, em Shetã Veká; montante/poente e jusante/nascente, no caso de Shoma Wetsa). Esta é uma tendência comum: após a morte, o suporte corporal desprende duplos diversos que se distribuem, no mínimo, em duas posições passíveis de serem consideradas como "altas" (para o céu ou a montante, uma vez que as cabeceiras dos rios são altas com relação às suas bocas) e "baixas" (esta terra, as adjacências da maloca, as terras do grande rio a jusante).

De uma reflexão sobre a origem dos estrangeiros bravos, bem como das entidades, doenças e dos atributos materiais a eles vinculados, a narrativa se presta, agora, a pensar a morte e seus processos. Dessa forma, poderá ser colocada em relação com as histórias de Roka e de Rome Owa Romeya (Pajé Flor de Tabaco). Melatti (*op. cit.*) já havia identificado algumas inversões estruturais entre o mito de Shoma Wetsa e o antigo ritual funerário praticado pelos Marubo, baseado na cremação e ingestão dos ossos dos parentes falecidos. Shoma Wetsa devora inimigos e afins distantes; a cremação dos ossos, por sua vez, é realizada pela parentela próxima ao defunto (pelos afins reais do morto, isto é, aqueles com os quais ele se relacionava em vida). Shoma Wetsa é queimada viva em uma fogueira feita em um buraco dentro da maloca; no antigo ritual, o cadáver do defunto era cremado em um montículo levantado sobre o solo. Shoma Wetsa e seu filho preparam o fogo; no ritual, os afins do defunto é que consumiam suas cinzas, misturadas à sopa de carne de paca.

A mitologia marubo — ou, ao menos, a mitologia que estudamos e traduzimos neste momento — mostra-se assim empenhada em refletir sobre a antiga canibalização dos mortos. Os mitos pensam também a

O surgimento dos brancos bravos

origem dos ritos e suas conexões com a atualidade. Os mitos de Roka, de Rome Owa Romeya (Pajé Flor de Tabaco) e "Raptada pelo Raio" são todos reflexões sobre as consequências (nefastas ou extraordinárias) da cremação dos cadáveres. Na primeira das narrativas, desprende-se das carnes queimadas uma "febre-morte" que aterroriza o protagonista Roka. Na segunda, Pajé Flor de Tabaco quer escapar da cremação para atingir um outro estado póstumo. Na terceira, a cremação acaba por comprometer a vida póstuma (ou antes, o retorno para a vida) do duplo de Maya, a esposa de Pajé Samaúma (Shono Romeya). Aqui, as consequências são também ameaçadoras, pois o incêndio da mãe canibal leva, por um lado, ao surgimento dos atributos tecnológicos dos brancos (todos eles capazes de desprender o temido "calor--morte", *vei shana*) e, por outro, ao surgimento dos próprios brancos bravos.

1	*Ranẽ Topãne akavo*	O chamado Ranẽ Topãne
	Noa mera vimi	Em tocaia sentado
	Awẽ tapo avai	Num abrigo
	Sotãi tsaosho	De cipó do rio[4]
5	*Awe anõ nĩkã*	Ali mesmo escuta
	Shetã Veka shavo	A mulher Shetã Veká
	Noa kayã tanai	Pelo rio passar
	O ipakãi	Ooo — ela grita
	Awẽ iki amaĩnõ	E diz então

10	*"Waivo yõsha*	"Aquela velha
	Oská nĩkã ravema"	Tudo pode escutar"[5]

	A ikianã	É o que diz
	Siri ipa kawãi	E vem descendo
	Ipai kawãsho	E tendo descido
15	*Awe anõ oĩya*	Ele logo vê
	A mera tachisho	Mulher ali chegar
	Vanaina irao	E ela pergunta

	"Awesa yorasho	"Que gente é
	Mĩ anõ iki?"	Você que fala?"

20	*Awẽ iki amaĩnõ*	Ele responde

	"Ea Ranẽ Topãne"	"Sou Ranẽ Topãne"

	Awẽ iki amaĩnõ	E então responde

	"Miaro katái?"	"E você quem é?"

	Awẽ aki aoa	Ela responde

---

[4] Um esconderijo ou tocaia de caça, feito com um determinado cipó do rio grande.

[5] Isto é, a sua mãe, Shoma Wetsa.

O surgimento dos brancos bravos

25	"A anõ earo	"Eu, eu mesma
	Ea Shetã Vekánã"	Sou Shetã Veká"

	A iki aoi	E ela de novo
	"Topãne mã Topãne	"Topãne, meu Topãne
	Mia ea viriwẽ!"	Me leve contigo!"
30	Awẽ iki amaĩnõ	Diz e então
	A ewevarãi	Ele a leva
	Awẽ rakáti	À sua casa
	A nokovarãsho	E quando chega
	"Ewa mã ewa	"Mãe, minha mãe
35	Anõ píti amasho	Para fazer comida
	Ea aĩ meranã!"	Esta mulher encontrei!"
	Awẽ iki amaĩnõ	Assim diz e
	A awẽ ewaki	Sua mãe
	Vanaina irao	Começa a falar
40	"Kape tewã tapãne	"Da grande Ponte-Jacaré
	Atõ vake naoa	De seus filhos afundados[6]
	Westí pakeaketi	Um apenas restou
	Pakã aka shavo	É esta mulher matadora
	Mĩ ninivarãi	Que você trouxe
45	Askáivo shavo	É desta mulher
	Shavo ninivarãsho	Que você trouxe
	Vevo kaniaivo	Que os antes nascidos[7]
	Vana nikõ ikia	Muito mal falavam
	Itaapa owia	Assim diziam antigamente
50	Askáivo shavo	Com esta mulher

---

[6] Shoma Wetsa faz referência ao episódio do *Wenía* em que os antigos insensatos caem de uma ponte-jacaré e morrem afogados.

[7] Metáfora para os mais velhos, os antigos.

	Shavo ninivarãsho	Que você trouxe
	Mĩ papã anevo	Os nomes de seu pai
	Atõ ane yoãi	Aos meus netos
	Mĩ akatĩpa!"	Você não passará!"[8]
55	*A aki aoi*	Assim ela diz
	Awẽ aká aki	Assim mesmo faz
	Wa a tavasho	Mas ele desobedece
	Vake toĩ okõi	Mulher engravida
	Awẽ aki amaĩnõ	E assim então
60	*A anekirao*	Batiza o bebê
	Noĩ Koa aki	De Noĩ Koa[9]
	A aki anei	Assim mesmo chama
	Awẽ askámaĩnõ	E diz então
	"Ewa mã ewa	"Mãe, minha mãe
65	*Ẽ nishõ oĩno*	Estou indo caçar
	A vavarao	Para mim cuide
	A ea vesosho"	De seu neto"
	Awẽ iki amaĩnõ	Assim diz e
	"Ẽ nishõ oĩnõ"	"Vou caçar!"
70	*Iki aka iniki*	Ele diz e vai
	Awẽ kaki amaĩnõ	Enquanto caça
	Txipo raká akesho	Ali a mãe fica
	A nachimavaikĩ	Dizendo ao banhar
	"Kẽcho mã Kẽcho	"Kẽcho, minha Kẽcho[10]

---

[8] Shoma Wetsa se refere ao pai de Topãne, cujo nome seria transmitido ao seu neto.

[9] Literalmente, "Minhoca Queimada".

[10] Kẽcho é o nome da irmã de Shoma Wetsa. Shoma Wetsa, no caso, não apenas reprova o casamento de seu filho, como convive ainda com seus netos afins. "Neto" aí traduz o termo *vava*, o neto outro, aquele que é filho/a de minha filha (de um ponto de

75	*A vava nachima"*	Lave este neto"
	Awẽ aki aoa	Assim fazendo
	Nachimavai akĩki	O banho terminado
	Awẽ pashotinĩki	Com seus braços-faca[11]
	A potepakesho	Ela o retalha
80	*A naíashõki*	O neto prepara
	A piki aoi	Para devorá-lo
	Awẽ askámaĩnõ	E enquanto caça
	Awẽ kaki nĩkã	No caminho escuta
	A awẽ takevo	Os seus irmãos
85	*Awẽ take tanai*	Que o avisam
	Pãchki aoi	Besouro conta[12]
	Awẽ take tanai	Ao irmão avisa
	Txitxi iki	Pica-pau conta
	Awẽ aki amaĩnõ	E Topãne então
90	*Vesoaketaniki*	Vem logo voltando
	A tachikarãsho	Ao chegar
	Awe anõ oĩya	Ele algo vê
	Awe anõ ewaki	Em sua mãe
	A matsoti	Daquela vassoura
95	*A tovavaiki*	Um fiapo quebrado
	A awẽ mapoki	Ali nos cabelos
	Osõake akesho	Está enfiado

---

vista masculino) ou filho/a de meu filho (de um ponto de vista feminino). O termo para neto em linha direta de transmissão é *shokó*: meu *shokó* (filho de meu filho, ponto de vista masculino) herdará meu nome, minha seção (*nawa*) e alguns pertences: é dito ter o mesmo sangue (*imi*) do avô ou avó (em linha direta), assim repetindo a segunda geração ascendente. O *vava*, em contrapartida, tem outro sangue, sendo assim uma pessoa distinta de seu avô ou avó (*imi wetsa, yora wetsa*). Shoma Wetsa, no caso, não apenas reprova o casamento de seu filho, como convive ainda com seus netos afins.

[11] Shoma Wetsa (e, segundo me disseram, também sua irmã Kẽcho) tem lâminas afiadas nos cotovelos, como se fossem dois facões.

[12] *Pãchka* é um pequeno besouro que avisa (*taná*) quando uma cobra vai picar a pessoa. Na narrativa, aparece como irmão ou auxiliar de Topãne.

	Tsaokia aoi	Na mãe sentada
	"Ewa mã ewa	"Mãe, minha mãe
100	*Vavarao katái?"*	Onde está o neto?"
	Awẽ aki aoa	Ela responde
	"Ea tekõvairao	"Ele me flechou[13]
	A ono kaina	E por aí saiu
	Kẽcho mã Kẽcho	Kẽcho, minha Kẽcho
105	*Vava ewevarãwẽ!"*	Traga cá o neto!"
	Awẽ iki amaĩnõ	Kẽcho então
	A kenavatãi	O neto chama
	A aki avaiki	E assim diz
	"Aweto kaiki?"	"Mas cadê o neto?"
110	*A iki aoi*	Assim pergunta e
	"Ẽ nachinõ"	"Vou banhar"
	A ikianã	Diz então Topãne
	A ã vakeki	E do filho
	Awe anõ oĩya	Ele algo encontra
115	*Awẽ anõ taeki*	O seu pé
	Merakia aoi	Ele ali encontra
	A awẽ taeki	O seu pé
	A wa wakãki	Naquele rio
	Awe anõ potá	Ali mesmo jogado
120	*Merakia aoi*	Ele encontra
	Awẽ askámaĩnõ	E assim entao
	A awẽ yomeki	O filho da velha

---

[13] Shoma Wetsa quer enganar Topãne: enfia um fiapo de vassoura na cabeça para que se pareça com uma flecha, supostamente atirada por seu neto.

O surgimento dos brancos bravos

	Tanakia aoi	Tudo entende
	A aská askásho	Com mulher dorme
125	*Wetsa toĩ okõi*	E outro neto nasce
	Awẽ aki amaĩnõ	E ele então
	A anekirao	A criança chama
	Noĩ Nameskoa	De Noĩ Nameskoa[14]
	A akĩ anei	Chama mesmo assim
130	*Aská aki ashõki*	Assim ele faz
	"Ewa mã ewa	"Mãe, minha mãe
	Ẽ nishõ oĩno	Estou indo caçar
	A vava vesotso!"	Cuide do neto!"
	Iki aka iniki	Ele diz e vai
135	*Awẽ kaki amaĩnõ*	Enquanto caça
	Txipo raká akesho	Ali a mãe fica
	"Kẽcho mã Kẽcho	"Kẽcho, minha Kẽcho
	A vava nachima"	Banhe nosso neto"
	Awẽ iki amaĩnõ	E ela então
140	*Nachimavaikĩki*	Enquanto vai banhando
	Awẽ pashotinĩki	Com braços-faca
	A awẽ vavaki	O seu neto
	Potepakevaiki	Ela logo retalha
	A naí ashõki	O neto prepara
145	*A piki avakĩ*	Devora e diz
	"Kẽcho mã Kẽcho	"Kẽcho, minha Kẽcho
	A yome omisi	Filho pode voltar
	A onosho	Vá por aí
	Shao matash atãwẽ!"	Roer os ossos!"
150	*Awẽ aki aoa*	E assim então

---

[14] *Nameskoa* é um termo da língua especial para "fome" (*shopĩa*). "Minhoca Faminta" poderia ser uma alternativa de tradução.

	A kakĩ aoi	Vai ela fazer
	Awẽ askámaĩnõ	Mas enquanto isso
	Awẽ kakĩ nĩkã	Topãne longe escuta
	A awẽ takevo	Seus irmãos avisam
155	Pãchiki aoi	Besouro conta
	Txitxi iki	Pica-pau conta
	Awẽ take yoãi	O irmão avisam
	Awẽ askámaĩnõ	E Topãne então
	Vesoaketaniki	Vem logo voltando
160	A tachikarãki	E ao chegar
	Mánoki aoi	Nada encontra

"Kẽcho mã Kẽcho
Ori vivaĩsho
Shao matash atãwẽ!"

"Kẽcho, minha Kẽcho
Vá por aí
Roer os ossos!"

165 Awẽ aki aoa É o que diz

"Ewa mã ewa
Vavarao katái?"

"Mãe, minha mãe
Onde está o neto?"

Awẽ iki amaĩnõ E ela responde

"A ono kainã
170 Kẽcho ewevãia
Kẽcho mã Kẽcho
Vava ewevarãwẽ!"

"Por aí saiu
Kẽcho levou
Kẽcho, minha Kẽcho
Traga logo o neto!"

Awẽ iki amaĩnõ Assim diz e

"A awẽ shaorao
175 A matash aionã!"

"Ainda estou
Roendo os ossos!"

A iki aoi Ela exclama
Awẽ askámaĩnõ E logo então
A awẽ yomeki O filho dela
Tanakia aoi Tudo entende
180 Tanakia avaikĩ Entende e pensa

O surgimento dos brancos bravos

	"Ave awenerai	"De que maneira
	Ewa kopikatsai?"	Da mãe me vingarei?"
	A ikianã	É o que diz
	Kãti ninivarãvai	Um arco traz
185	*Richki ake akea*	E bate bate
	Wa kãtiki	Mas aquele arco
	Awẽ keyo keyomãi	Ela corta corta
	Awẽ pashotinĩki	Com braços-faca
	A awẽ yomeki	E seu filho
190	*Kanevãs aoi*	Ela quase acerta
	Awẽ askámaĩnõ	E ele pensa
	"A awenerai	"De que maneira
	Ẽ kopikatsai?"	Me vingarei?"
	A ikianã	É o que diz
195	*Txi ninivarãvai*	Uma tocha traz
	Awẽ sino ashõa	Dela se aproxima
	Rakekia amaĩnõ	E a mãe assusta
	"Ewa mã ewa	"Mãe, minha mãe
	Vavã sẽpa koanõ	Um buraco faça
200	*A kaya nakirao*	No meio da maloca
	Ea rõke ashõ"	Para resinas queimar"[15]
	Awẽ iki amaĩnõ	E assim então
	A tsaopakesho	Ali ela senta
	Txichkeake akei	Vai girando girando[16]

---

[15] A referência é aos potes de resina (*sẽpa*) dos netos de Shoma Wetsa. Muitos possuem tais potes de resina perfumada que, uma vez cantada por um pajé rezador, é usada como remédio em pinturas corporais. Ranẽ Topãne diz portanto que vai queimar esses pertences de seus filhos. Com isso, ele quer enganar a sua mãe.

[16] Girando no meio do pátio central da maloca, Shoma Wetsa cava um buraco com as lâminas dos seus braços.

205	*"Awẽ txichkeikiki*	"Filho, meu filho
	A awetishõra	Quantas voltas
	Yome mã yome?"	Eu devo dar?"

Awẽ iki amaĩnõ   Ele responde

"Westí westí ariwẽ!"   "Uma vez mais!"

210   *A iki aoi*   E diz de novo

"Txichkeake akei   "Vá girando girando
A okepakemãi   Até fundo ficar
Ave atishõsnõ   E então pare
Ewa mã ewa"   Mãe, minha mãe"

215   *A aki avaikĩ*   Assim ela faz

"Vavã sẽpa koanõ   "Vou por aqui
Neri amakirinõ   Pegar pau de envireira
Noa shai karo   Para o pote queimar
Ẽ anõ reranõ   Venha você comigo
220   *Manai kawãwẽ!"*   Venha me esperar!"

Akĩ ewevãisho   A mãe traz
Awẽ kati vevoki   No lugar da queda
Awẽ ewa tsaõsho   A mãe coloca
Noa shai karo   E bem ali
225   *Awẽ anõ reraa*   A árvore cortada
A poshôkãiki   Vai mesmo caindo
A anõshose   Para matá-la

"Aste astekãimãi   "Rachei rachei
Ẽ ewa tenãi"   Matei minha mãe"

230   *A ikianã*   É o que diz
A erekãiki   E vai correndo
Awẽ anõ oĩya   Para então encontrar
Pacha ake akevãi   Ela nova nova

O surgimento dos brancos bravos

	A tsaoinai	Ali levantada
235	Awẽ aki amaĩnõ	E diz então

"Neri amakirinõ | "Vou por aqui
Noa rorĩ karo | Achar outra árvore[17]
Ẽ anõ reranõ | Para rachar
Manai kawãwẽ!" | Venha me esperar!"

240 Akĩ ewevãisho | A mãe traz
Awẽ kati vevoki | No lugar da queda
A tsaõvaiki | A mãe coloca
Noa rorĩ karo | E outra árvore
Awẽ anõ reraa | A árvore cortada
245 A poshôkãiki | Vai mesmo caindo
Wa anoshose | Para mãe matar

"Aste astekãiki | "Rachei rachei
Ẽ ewa tenãi" | Matei minha mãe"

A ikianã | É o que diz
250 A erekãiki | E vai correndo
Awe anõ oĩya | Para então encontrar
Pacha ake akevãi | Ela nova nova
A tsaoinai | Ali levantada

Awẽ aki amaĩnõ | E assim então
255 Noa shai karo | A lenha de envireira
Kawivarãvarãi | Ele vem trazendo
Noa rorĩ karo | A outra lenha
Kawivarãvarãi | Ele vem trazendo

A aki avaikĩ | Assim faz e
260 Rekẽ aki aoi | Na grande fogueira
Sẽpa maporasĩki | As resinas todas

---

[17] Árvore não identificada.

	Pota pota avaikῖ	Ele joga joga
	Vanaina irao	E vai falando
	Txai Ranẽ Topãne	Meu cunhado Topãne
265	*"Ewa mã ewa*	"Mãe, minha mãe
	Vavã sẽpa txichkomisi	A resina vai queimar
	Westívakῖ vakῖsho"	Dance rodando rodando"
	Awẽ aki aoa	E ela dança
	Kẽcho mepa tanasho	Toma irmã pela mão
270	*Shoma ikoinisho*	Seu seio só segura[18]
	Monokãῖ kawãi	E sai dançando
	"Waῖ ewã pemãne	"Rodeando o roçado
	Shete westí peã	Mãe — urubu solitário
	Peãnavi ionã"	O roçado rodeando"
275	*Iki akãkawãi*	Ela canta dançando
	"Taoporo potxini	"Colibri zoando
	Pino vῖ itã"	No meio do paxiubão"
	Iki akãkawãi	Ela canta dançando
	Awẽ aki amaῖnõ	E ele então
280	*Txipá wekõvoãki*	Erra um golpe
	Awẽ kanevãsa	Com seu cajado
	A tananãki	Ela tudo percebe
	A ni kawãi	Fica ali parada
	Awẽ aki amaῖnõ	E Topãne diz

---

[18] Alusão a uma coreografia da dança feminina *monoa*, em que as mulheres, em geral lideradas por alguma anciã, dançam saltitando em círculos pelo pátio central da maloca, "gritocantando" (*saiki*, eh! eh! eh! eh!) e suspendendo os mamilos com os dedos. Shoma Wetsa dança cantando a própria melodia desse (seu) canto *saiti* — é assim que a imitam, quando me explicam a dança. Ela canta os versos que seguem, que são metáforas para si mesma, em provocação a seu filho (ela diz por imagens saber o que ele pretende, e qual será o seu futuro).

285	*"Ewa mã ewa*	"Mãe, minha mãe
	Txipá roa akĩrao	Estava mesmo só
	Mia akarivinã	O cajado ajeitando
	Vavã sẽpa txichkomisi	A resina vai queimar
	Westí vakĩ vakĩsho"	Dance rodando rodando"
290	*Awẽ aki aoa*	E dança de novo
	Kẽcho mepa tanasho	Toma irmã pela mão
	Ikãkãi kawãi	Seu seio só segura
	Monokãi kawãi	E sai dançando
	Awẽ aki amaĩnõ	Mas Topãne então
295	*Txipá wekõvoãki*	Acerta o cajado
	Awẽ tapis a aki	Ela agora escorrega
	Noa mai rõkene	No buraco da terra
	Pakei kaoi	E ali cai
	Awẽ askámaĩnõ	E assim então
300	*Kẽcho erekawãi*	Kẽcho sai correndo
	Wa parokãĩki	Naquele canto
	Awẽ osõ kaimãi	Vai se esconder
	"A ave ravesho	"Você mais ela
	Mia ave raveya"	Juntas fazem par"
305	*A ikianã*	É o que diz
	Kẽcho ninivarãi	Kẽcho vem trazendo
	Wa txi nakiki	E no buraco
	Shotõkia aoa	No fogo empurra
	Paraiki voshõki	Ali ela cai
310	*Vanaina irao*	E as duas dizem
	"Chẽwã mevi sekere	"O galho esturricado
	Sekere mã sekere"	Esturricado esturricado"
	Iki akãkawãi	A mãe canta
	Shoma ikonisho	O seio só segura

178   *Shoma Wetsa*

315	*"Yome mã yome*	"Filho, meu filho
	Eve nokerasĩ	Nós não somos
	Iki atõ ikirao	Outras mulheres
	Shoma ravetapashos	Com dois seios
	Mia kanimama"	Não te criamos"
320	*A ikiaoi*	E diz novamente
	"Mĩ ea neská!	"Você me queimou!
	Kẽcho mã Kẽcho	Kẽcho, minha Kẽcho
	Nõ yome kopinõ	Do filho vinguemo-nos
	Isõ isõ iriwẽ!"	Vamos! Mije mije!"
325	*Awẽ aki aoa*	Assim fazem
	Isõ isõ ikiki	Elas mijam mijam
	Txi oni akemãi	Fogo forte levantam[19]
	Sẽpa maporasĩki	As resinas jogadas
	Pota pota aoi	Elas queimam queimam
330	*Vanaina irao*	E mãe diz
	"Yome mã yome	"Filho, meu filho
	Ea mĩ neská	Você me queimou
	Ẽ vavavõ	Dos netos agora
	Vaká oniatãi	Duplos vou buscar
335	*Ẽ tachi inanõ*	Quando eu voltar
	Neri amakirirao	Nessa direção
	Txõtxõ tama narõtash	Da árvore-passarinho
	Wa shokopakea	Ali no emaranhado
	Txõtxõ oni tapõ	Aquele cipó-passarinho
340	*Tapõ ashká inisho*	O cipó arranque
	Yaniaki rakásho	Do caldo beba
	A ea manatso	E me aguarde
	Neri amakirirao	Nessa direção
	Noa tama narõtash	Da árvore-rio grande

---

[19] A urina de Kẽcho e de Shoma Wetsa é gasolina (*gasori*).

345	*Wa shokopakea*	Ali no emaranhado
	Nawã oni tapõ	Aquele cipó-estrangeiro
	Tapõ ashká inisho	Cipó arranque
	Ẽ yani anõnã	Para que eu beba
	Mĩ kamẽ iamai"	Mas não você"
350	*A iki aoi*	Assim mesmo diz
	A askávaiki	E logo então
	Vanaina aoi	Segue falando
	"Yome mã yome	"Filho, meu filho
	Nõ oĩshõ txishkõno	Não nos veja queimar
355	*Ẽ mia roamis*	Podemos te estragar
	Shashõewa shakapá	Cubra-se debaixo
	Marakemea pakesho	Do cocho vazio
	A noke nĩkãtso!"	E nos escute!"[20]
	Awẽ iki amaĩnõ	E então Topãne
360	*Shashõ ewa shakapá*	Com cocho vazio
	Verakeme pakesho	O rosto cobre
	A awe nĩkã	E logo escuta
	Nẽ irairawi	Barulho soando
	A aki avai	Da mãe em chamas
365	*Awẽ mapo reso*	Seu miolo
	Toa iokãi	Vai explodindo
	Noa kovĩntinõ	E no redemoinho do rio
	Txoiki voya	Cai afundando
	Awẽ vero kẽpe	Sua sobrancelha
370	*Noa kovĩntinõ*	No redemoinho do rio
	Txo iki voya	Ali mesmo cai
	Ave anõshorao	Para assim fazer

---

[20] Apesar de estar sendo morta por seu filho, Shoma Wetsa o aconselha a proteger-se debaixo de um cocho vazio (usado para ralar mandioca, milho e outros alimentos). Do contrário, ela poderia estragar/enfeitiçar (*roá*) seu filho.

	Ipõ kini meranõ	Buraco de bodó aparecer[21]
	A awẽ takaki	Seu fígado
375	*Toa iokãi*	Vai explodindo
	Yapa tao niáki	Voa rasgando
	Tero avãi	A folha de paxiúba
	Noa kovĩntinõ	E no redemoinho do rio
	Txo iki voya	Ali mesmo cai
380	*Ave anõshorao*	Para assim fazer
	Roe mera kawãno	Machado aparecer
	A awẽ shaoki	Seus ossos
	Toa iovãi	Vão explodindo
	Yapa tao niáki	Voam rasgando
385	*Tero avãi*	A folha de paxiúba
	Txoiki voiya	Noutro canto caem
	Ave anõ shorao	Para assim fazer
	Mane mera kawãnõ	Ferro aparecer
	A askávaiki	Depois então
390	*Matsí matsí atãi*	Tudo aquieta
	A aki avai	E em seguida
	Yãtá kai kawãmãi	Quando noite vem
	Awẽ anõ nĩkã	Algo se escuta
	"Ẽ ewanã	"Minha mãezinha
395	*Ẽ aweasãi"*	Falta dela sinto"
	A iki aoi	Assim mesmo lamenta
	Txai Ranẽ Topãne	Meu cunhado Topãne
	Yãtá kawãmaĩnõ	Quando noite vem
	A awe nĩkã	Ele algo escuta
400	*Wa kamãrasĩki*	Aquelas onças
	Wai ikovãi	Do roçado vêm

---

[21] Buracos circulares e profundos nas paredes rochosas dos rios, visíveis na seca, onde se abrigam os bodós, peixes de casco (*Liposarcus pardalis*, provavelmente).

	Wa shãto matxisho	Na beira do buraco
	A matsí tachi	Quietas vêm chegando
	Wa nirorasĩki	Aqueles macacos-da-noite
405	*Wai ikovrãi*	Do roçado vêm
	Wa shãtonamãsho	Naquele buraco
	A matsí tachi	Quietos vêm chegando
	Wa chĩchĩrasĩki	Os falcões-de-coleira
	Wai ikovrãi	Do roçado vêm
410	*Wa shãtonamãsho*	Naquele buraco
	A matsí tachi	Quietos vêm chegando[22]
	A aki avai	E logo que
	Shavá mashte kawãmãi	O dia amanhece
	Awe anõ oĩya	Topãne vai olhar
415	*Awẽ shaorasĩki*	Os ossos todos
	Awẽ roavai	E os ajeita
	A shãtoki	Naquele buraco
	Awẽ michporasĩki	As cinzas todas
	Awẽ roavai	Ele ali ajeita
420	*A shãtoki*	Naquele buraco
	Na cheres sawea	Na abertura vazia
	A aki amaĩnõ	Assim mesmo faz
	Awẽ ewã vanaki	Mas fala de mãe
	Vana anõ akĩrao	A fala certa
425	*Nĩkã ichnárao*	Ele errado escutou
	"Txõtxõ tama narõtash	"Na árvore-passarinho
	Wa shokopakea	Ali emaranhado
	Txõtxõ oni tapõ	Cipó-passarinho
	Tapõ ashkánisho	Cipó arranque
430	*Yaniaki rakásho*	Do caldo beba
	A ea manatso"	E me aguarde"

---

[22] Onça, macaco-da-noite e falcão-de-coleira são todos parentes de Shoma Wetsa, que chegam para chorá-la.

	Awẽ iki amẽkĩ	Assim dizia
	Nĩkã ichná irao	Mas errado escutou
	Nawã tama narõtash	Na árvore-estrangeiro
435	*Wa shokopakea*	Ali emaranhado
	Nawã oni tapõ	Cipó-estrangeiro
	Tapõ ashkanisho	Cipó arranca
	Yaniaki rakásho	Bebe e deita
	Vari isĩ potxini	Ao meio-dia
440	*Yaniaki rakásho*	Ele bebe e deita[23]
	Awe anõ nĩkã	Então escuta
	A tachi inai	Ela chegando
	A saikiki	*Eh eh* — gritocantando[24]
	Awẽ tachiakemãi	Quando chega
445	*Kenã matxi panĩki*	Em cima do banco
	A rakáinasho	Na rede deita-se[25]
	Awẽ anõ nĩkã	Dali escuta
	Wa txipãtavaki	Naquele terreiro
	A shokovarãsho	Muita gente chegando
450	*Awẽ anõ nĩkã*	Assim se escuta
	Wa kaya shanẽne	No meio da maloca
	A a rakásho	Sua mulher deitada
	Shetã Veká shavo	Mulher Shetã Veká
	A wení inai	Logo se levanta
455	*A erekãiki*	E sai correndo

[23] Ranẽ Topãne entende errado o que sua mãe antes havia recomendado e bebe a *ayahuasca* do estrangeiro, que deveria ter sido reservada a ela.

[24] Os duplos dos netos de Shoma Wetsa é que retornam, tendo agora se transformado nos estrangeiros (*nawa*), aí identificados aos brancos (brasileiros, peruanos, americanos, entre outros).

[25] Veja-se o *saiti* "Pajé Samaúma" para uma passagem similar, referente à configuração típica de uma sessão xamanística, na qual a rede do *romeya* é pendurada sobre os bancos masculinos da maloca. Ainda assim, os duplos dos netos chegam em pessoa ali fora, no terreiro da maloca de Ranẽ Topãne. Na época do surgimento, parece que os duplos não entravam dentro do corpo/maloca dos xamãs, como ocorre agora.

O surgimento dos brancos bravos

	"Topãne mã Topãne	"Topãne, meu Topãne
	Noke nawã akanã!"	Estrangeiros nos matarão!"
	Awẽ iki amaĩnõ	E essa fala
	Vana enevarãsho	Eles todos escutam
460	*A nĩkãvaiki*	Ficam quietos[26]
	Vanaini irao	E Shoma Wetsa diz
	"Noke mã nawã tanai	"Como estranhos nos entendem
	Noke mã akarao	De estranhos nos chamam
	Txipo shavá otapa	Mas é noutra época
465	*Noke nawã akanã*	Que neles viraremos
	A itsomaroa!"	Não nos ofendam!"[27]
	Iki avainiki	Assim ela diz
	Wa arimẽse	E vai embora
	Sai iii	Gritocantando
470	*Atõ reshni weimãi*	E enquanto canta
	"Ẽ atxinõ"	"Vou alcançá-los!"
	A ikianã	Diz Topãne
	A voshtẽniki	Pelo outro lado
	Awe anõ owia	Ele vai então
475	*A txipoakese*	Atrás do caçula

---

[26] Os duplos dos netos, que retornavam naquele instante para a maloca fazendo algazarra e cantando, silenciam.

[27] Shetã Veká, pensando que os estrangeiros chegam para matá-los, acaba por ofender Shoma Wetsa, que resolve então ir embora para longe com os netos. A partir daí, Shoma Wetsa e os netos vão virar brancos ou estrangeiros bravos (*nawa onikavo*), por conta de um erro de seus parentes (filho e nora). Note-se, mais uma vez, que uma cisão ou decepção em um núcleo familiar leva uma personagem a partir para outras terras, desencadeando determinadas consequências. A mesma estrutura estava presente no mito de Shetã Veká. Reaparecerá também nas narrativas que seguem. Shoma Wetsa, por conta do erro de seu filho ou nora, acaba por enfeitiçá-los ou por jogar sobre eles uma espécie de "maldição" (*vei roá*): a transformação em branco e seu futuro retorno violento.

	Atxiki aoi	Para pegá-lo
	Noĩ Nameskoa	Noĩ Nameskoa
	Awẽ aki anea	O assim chamado
	Atxikia aoi	Ele então pega
480	*Txai Ranẽ Topãne*	Meu cunhado Topãne
	Atõ aská aki	Assim mesmo faz[28]
	Sai reshni owia	Mas gritocantando
	Noa tae irinõ	Ao pé do rio grande
	Ivaini voita	Os outros todos vão
485	*Rane shasho voro*	Na colina de pedra-adorno[29]
	Masotaná irinõ	Ali em cima
	Shokoi voiya	Lá vão viver
	Rane vawã vake	E seus xerimbabos
	Atõ ináatõ	Filhotes de papagaio-adorno
490	*Kayõ iki vanaki*	Língua de pássaro[30]
	Atõ vana yosĩnõ	Língua ensinam
	Shokoi voiya	Para juntos viverem
	Shoma Wetsa akavo	Chamada Shoma Wetsa
	Rane shasho voro	Na colina de pedra-adorno
495	*Shokoi voiya*	Lá vai viver
	Txichkeake ikĩrao	Inteira transformada
	Nawa iki vanaki	Língua de estrangeiro

---

[28] Ranẽ Topãne escuta os duplos de seus filhos irem embora gritocantando (*saiki*), junto com Shoma Wetsa. Acaba por conseguir agarrar apenas o filho mais novo. Os outros vão se transformar em brancos a jusante, em alguma terra do Rio Grande. Novamente, a divisão de um núcleo familiar (o grupo de irmãos) repercute na divisão entre as "pessoas de verdade" e os estrangeiros.

[29] Metáfora para a terra do estrangeiro, entendida como uma cidade de pedra.

[30] *Kayõ* é um nome geral para araras, tucanos, maracanãs e papagaios, todos pássaros admirados por sua loquacidade — uma característica também comum aos brancos. São esses pássaros criados por Shoma Wetsa que a ensinam a falar como os estrangeiros pois, antes, ela conhecia apenas a língua do Povo Adorno (*Rane Nawavo*). Disseram-me que os papagaios são todos duplos de Shoma Wetsa (*shoma wetsa vakárasĩ*).

O surgimento dos brancos bravos

Ato vanã yosĩ	Seus parentes ensina
Tsaoi kaoi	E ali mesmo fica[31]

500
Shoma Wetsa akavo	À chamada Shoma Wetsa
Txai Ranẽ Topãne	E ao cunhado Ranẽ Topãne
Aská aki aoi	Assim mesmo aconteceu

---

[31] Segundo o cantador, uma vez ali, Shoma Wetsa fica falando e virando de um lado para o outro.

6

Rane Nawavo pakaya

A guerra do Povo Adorno

Cantado por Robson Dionísio Doles Marubo

As narrativas sobre Shoma Wetsa começam um pouco antes dos dois últimos episódios. Alguns dos feitos anteriores da futura sogra de Shetã Veká são relatados aqui, em "A guerra do Povo Adorno", uma típica narrativa de guerra que Robson certa vez me ditou. A tradução abaixo é a única desta edição que não parte, portanto, de um canto original gravado em *performance*, ainda que com eles partilhe das mesmas características formais. Tratamos aqui do tempo em que Shoma Wetsa andava aterrorizando os antepassados com suas lâminas de ferro. Nesta época, a velha teria exterminado uma multidão do Povo Azulão (*Shane Nawavo*), da qual restou apenas Oni Westí, "Homem Só". Oni Westí ensinaria então aos Marubo o cultivo de alimentos diversos, depois de ter sido encontrado morando sozinho por outros membros do Povo Azulão, que surgiram após os ataques de Shoma Wetsa. Não satisfeita com o massacre, Shoma Wetsa continuava a matar os antepassados através de um artifício bastante singular, como se verá abaixo. Foi só depois disso que ela acalmou, e os antigos chefes então se decidiram pela paz. Este e outros *saiti* são testemunhos de um distanciamento crítico dos Marubo com relação ao seu próprio legado narrativo, referente ao tempo dos surgimentos (os versos 109 a 113 são um exemplo disso, na medida em que representam o ponto de vista interpretativo do narrador sobre a trama contada). Como dizíamos, não se trata aqui de uma relação passiva com o passado, já que o que chamamos de "mito" é, antes de mais nada, uma forma de reflexão sobre processos de transformação.

1	*Panã Paka aiya*	O chamado Panã Paka
	Shasho Váka Tama	E Shasho Váka Tama[1]
	Ave atiki	Há tempos
	Rane Waka revo	Ao Rio-Adorno
5	*Revo voso kawãtõ*	À sua nascente vão
	Rane isõ teã	Traseiro de macaco-adorno
	Nitxĩ ini otivo	Ali fora colocado[2]
	Rane panã shokoa	Para que de palmeiras
	Rane panã tashorao	De açaí-adorno
10	*Anõ paka anõnã*	Lanças fabricassem
	Atõ iki amaĩnõ	Assim faziam e
	Shavo kakataya	Mulher chefe
	Ranẽ Choi aĩvo	Irmã Ranẽ Choi[3]
	A mato inĩsho	Com eles vai
15	*Rane waka revo*	Ao Rio-Adorno
	Revo voso kawãtõ	À sua nascente vai
	"Rane makõ teã	"Bunda de bacurau
	Nitxĩ ini otivo	Há tempos colocada
	Rane makõ pokorao	Tripa de bacurau
20	*A ẽ tsekanõ"*	A tripa vou pegar!"[4]
	Iki avainiki	Assim ela diz
	Avoki aíya	E juntos vão

---

[1] Nome dos dois chefes guerreiros do Povo Adorno (*Rane Nawavo*).

[2] Trata-se da matéria-prima através da qual os espíritos demiurgos formaram ou montaram a palmeira de açaí, utilizada para fabricar lanças.

[3] Isto é, aqueles que fecham o caminho. Ranẽ Choi, a mulher-chefe, é a mãe de Ranẽ Vo (Shoma Wetsa), de Panã Paka e de Shasho Váka Tama.

[4] O traseiro do pássaro bacurau (*Caprimulgidae sp.*) foi há tempos disposto pelos demiurgos Kanã Mari para formar o algodão. É a isso que se refere a fórmula metafórica, ou seja, aos fios de algodão. Aqui como em outros momentos das artes verbais marubo, ao invés de se referir diretamente ao elemento em questão, o pensamento mítico prefere se utilizar das fórmulas que descrevem seu processo de surgimento. Na narrativa, a mulher se utiliza de algodão para fazer redes.

	Atõ vokĩ oĩa	E indo encontram
	Yora kai wetsa	Gente estranha[5]
25	*Kepoyavo Txama*	Kepoyavo Txama
	Kepoyavo Mene	Kepoyavo Meni
	Ave atisho	São os que
	Vai roá akaki	O caminho fecham[6]
	A shoko tachĩsho	Quando eles chegam
30	*Ranẽ Choi aĩvo*	Mas mulher Ranẽ Choi
	Vanaina aoi	Começa a falar
	"Vevo kaniaivõ	"Os antes nascidos
	Ari chinãshose	Há tempos conheciam
	Aská akama ipawa"	Esses perigos"[7]
35	*A ikianã*	Assim diz
	"A nõ vonõnã!"	"Vamos embora!"
	A ikianã	Ela mesmo diz
	Vesoketaniki	E retornam
	Avoki aíya	Eles todos voltam
40	*Atõ rakátĩki*	Em suas malocas
	A nokovarãsho	Eles vêm chegando
	Chinãki aíya	E então pensam
	"Yora aská aíya	"Essa gente aí
	Noke parise amisi	Antes nos matará
45	*A ipawavo*	Assim outrora alertavam
	A nõ oĩnõ"	Vamos espionar!"
	Atõ iki amaĩnõ	Assim dizem e

---

[5] Pessoas bravas e desconhecidas, outros povos.

[6] Fecham o caminho com obstáculos: sinal de que há inimigos por perto.

[7] Tradução literal das fórmulas: "Os antes nascidos/ Pensando sozinhos/ Não ficavam mesmo", uma referência indireta à ideia de que os antepassados conheciam os perigos e não ficavam, portanto, pensando por conta própria em outras coisas.

	Ranẽ Vo aĩvo	Mulher Ranẽ Vo[8]
	Vanaina irao	Começa a falar
50	*"Awetima yorasho*	"Sou eu mesmo
	A eãs koĩro	A pessoa imortal
	Mato oĩshonõnã"	Vocês todos verão!"
	A iki aoi	É o que diz
	A vokĩki	E todos vão
55	*Atõ vai shaváki*	Ao caminho deles
	A nokovãisho	Ali chegando
	Shoma Wetsa akavo	Chamada Shoma Wetsa
	Vevokevaiki	Na frente vai
	Atõ manã vaiki	No caminho deles
60	*Shoma iko inisho*	Seio só segura
	Awẽ monoinamãi	Ela vai dançando
	A a tawaki	E as flechas
	A a pakevaiki	Inimigos pegam
	A atõ tekõa	Para nela atirar
65	*A anoshose*	Mas ali mesmo
	A a tawaki	Aquelas flechas
	Txichki itã isi	Vão todas caindo[9]
	A akĩki	Em seguida
	Awẽ pashotinĩki	Com braços-faca
70	*Ato keyo keyoi*	A todos extermina
	Awẽ aki amaĩnõ	E eles insistem
	A a kãtiki	Com seus arcos
	A atõ rishkia	Nela batem
	A a kãtise	Mas os arcos
75	*A tosha toshai*	Ela quebra quebra

---

[8] O verdadeiro nome de Shoma Wetsa.

[9] Por ser de ferro, as flechas atiradas pelos inimigos não furam Shoma Wetsa e vão caindo ao seu redor. Em seguida, ela mata todos com as lâminas afiadas que traz nos braços.

	A aki aoi	Eles então
	A a txipapa	Com seus cajados
	A atõ rishkia	Nela batem
	A a txipase	Mas cajados
80	*A tosha toshai*[10]	Ela quebra quebra
	Awẽ aki amaĩnõ	E logo depois
	Ãtsamake vãsnã	Os poucos restantes
	Poshô poshôvãi	Vão fugindo fugindo
	A aki aíya	Assim acontece
85	*Atõ askámaĩnõ*	E em seguida
	Yora kakataya	A gente chefe
	Shasho Váka Tama	Shasho Váka Tama
	Panã Paka aíya	Mais Panã Paka
	Ave atisho	São os que
90	*Rane shasho vema*	Na sapopema-adorno
	Vototaná irinõ	Ali ao lado
	Shoko akei voãsho	Vão se ajuntar
	Oĩkia aíya	Para espionar
	Poshô poshôvãi	Inimigos fugirem
95	*Atõ aki amaĩnõ*	E enquanto isso
	Wa wai pemãne	No fim do roçado
	Tsipisikãi kawãi	Ela passa peidando
	Wa manã vaiki	Na trilha da terra
	Tsipisikãikãi	Ela vai peidando
100	*Awẽ aki amaĩnõ*	E assim então
	A a wetsaki	Aqueles outros todos
	Oko oko imaĩnõ	Tossem tossem
	A chinãvãisho	E ela encontra

---

[10] A repetição exaustiva de *a* no original deste e de outros cantos nem sempre tem uma função gramatical. Em alguns versos, serve como recurso para "marcar o ritmo e a métrica do canto" (*anõ tsĩtsõ akarvi, anõsh mane tsĩtsõ akarvi*).

A guerra do Povo Adorno

	A a rishki	E os mata[11]
105	*Yora kakataya*	A gente chefe
	Shasho Váka Tama	Shasho Váka Tama
	Panã Paka aíya	Mais Panã Paka
	Ave atisho	Assim fizeram
	Vevo kaniyavo	Os antes nascidos
110	*Rawetima namãsho*	Quando bravos eram
	Pakã rawenãnãsi	Entre si deixaram
	Apawaivorivi	De guerrear
	Atipasnõ	E isso bastou
	A a ikīki	Assim aconteceu
115	*Ato enemaya*	E se amansaram[12]

---

[11] Shoma Wetsa identifica os inimigos escondidos através de tal estratégia. Eles tossem com o cheiro de seus flatos, ela os encontra e os mata.

[12] Hoje em dia, os Marubo se consideram pacíficos, por contraposição aos hábitos e guerras de seus antepassados.

7

Rome Owa Romeya

Pajé Flor de Tabaco

Cantado por Armando Mariano Marubo

Somando-se às narrativas "Origem da vida breve" e "Raptada pelo Raio", "Pajé Flor de Tabaco" completa o conjunto de reflexões dedicadas à morte e ao canibalismo funerário. Enfeitiçado por seus vizinhos, Flor de Tabaco recusa o tratamento ritual que se costumava aplicar aos mortos. A cremação do cadáver, especula o pensamento mítico, parece colocar em risco um estado favorável ao duplo quando de sua separação do corpo. Ao que tudo indica, é por conta disso que Flor de Tabaco prefere apodrecer no interior da maloca, devidamente acompanhado de duas substâncias xamanísticas, o rapé e a *ayahuasca*. Nada que não possua também suas consequências, pois Pajé-Urubu e seus asseclas, atraídos pelo repasto fúnebre, vêm à terra dos humanos degustar a carne apodrecida. Humanos, a rigor, são aqueles que assim se entendem a partir de seus pontos de vista, de modo que a descrição dos urubus descendo dos céus para vasculhar a maloca do pajé morto não deve enganar o leitor/ouvinte. Trata-se de fato de pessoas, e não dos pássaros, muito embora a narrativa construa suas imagens a partir dos aspectos físicos dessas aves carniceiras. Donde a possibilidade de uma identificação entre colegas: o xamã celeste cura seu par enfeitiça-do, troca de olhos com ele e, por fim, parte de volta aos céus.

Este é um *saiti* que trata da relação entre xamãs de distintas posições ou coletividades do cosmos. Após a visita, o embate e a cura entre um xamã celeste e outro terrestre, Flor de Tabaco sai à procura de seus filhos. Rejeitado por conta de seus olhos trocados, ele se decepciona e decide partir para o mundo subaquático, onde viverá com outro colega seu, Vari Mãpe, o poderoso Pajé-Sucuri. É bastante fértil a expressão que, no canto, designa a relação entre os dois xamãs: *chinã ãtinãnãi*, algo como "trocar pensamento", permanecer em sintonia ou em conexão com alguém. Como dissemos, esta é a expressão empregada para descrever, por exemplo, uma relação que se estabelece entre este antropólogo e os seus interlocutores ao longo do trabalho de tradução. É esse um dos objetivos principais do xamanismo, ligar pensamento, estabelecer uma comunidade de reflexão entre pessoas "faladoras", "loquazes" ou "cantadoras", *vanaya*. E a analogia com o processo de tradução não é gratuita, uma vez que o xamanismo marubo pode ser compreendido como uma rede de dialogicidade tecida ao longo de um cosmos babélico, multilíngue e multi-humano. Os pajés estão sempre às voltas com os males desta terra, caracterizados pela feitiçaria, pela doença e morte, mas também pela desagregação, dispersão e esquecimento. Nos dias de hoje, pensam em abandonar as aldeias em que vivem e se estabelecer nas remotas cabeceiras dos rios, à maneira dos antigos. Pensam, muitos deles, que esta terra está prestes a acabar. Na narrativa, Flor de Tabaco é uma dessas figuras que, partindo para um lugar melhor, termina por abandonar este mundo desolado desde os tempos mais antigos.

1	*Rome Owa Romeya*	Pajé Flor de Tabaco
	Yove kaya apai	Espírito mais forte
	Awẽ nimẽaitõ	Vivia mesmo ali
	Nea Pei inisho	Mas Nea Pei
5	*Vakõ Pei akavo*	E Vakõ Pei
	Chini Paka yochĩki	Ao feiticeiro Chini Paka[1]
	Rao kawã yokasho	Vão pedir veneno
	Yama akiavo	E matam o pajé
	Yamakãiasmẽ	Enquanto morre
10	*Vana vana kawãi*	Ele segue falando
	A akiaoi	Assim mesmo fala
	A awẽ veroki	Com seu olho
	Torepakeyasmẽ	Redondo caído
	Vana vana kawãi	Ele segue falando
15	*A akiaoi*	Assim mesmo fala
	"Ẽ mera mĩtxivo	"Meus filhos homens
	Ẽ mera shavovo	Minhas filhas moças
	Ẽ mato eneai	Estou deixando vocês
	Neno setepakesho	Sentem-se aqui
20	*Ea oĩ venáwẽ!"*	Venham me ver!"
	Ii kawãi	*Aaai* — vai dizendo
	"A nokẽ papãrao	"Nosso pai está
	A noke eneai"	Está nos deixando"
	A ikianã	Os filhos lamentam
25	*A setepakesho*	E sentam-se juntos
	Waishõ owia	Para chorá-lo
	"A nokẽ papãrao	"Nosso pai está

---

[1] Trata-se de um pajé de quem os vizinhos invejosos pegam o veneno utilizado no feitiço. A referência a *yochĩ* ("espectro" ou "espírito") serve para indicar que esse pajé está na posição de agressor, ao colaborar para o envenenamento do protagonista.

A noke eneai"	Nos deixando está"
A ikianã	É o que dizem
30	*Vei kaya shotxĩsho*	No amplo peito-morte
Vei txasho tosha	No tronco de veado-morte
Nasotaná irisho	Ali em cima
Vei shawã txapasho	Nas penas de arara-morte
Aki oriavo	Cadáver colocam
35	*Vei shawã rekẽki*	Mas fulgurante arara-morte[2]
Machitaai	Ele pula por cima
A akiaoi	Assim mesmo faz
Awẽ askámaĩno	E vai então
Vanaina aoi	Novamente falando
40	*"Nõ aská anõnã"*	"Façamos o seguinte"
A ikianã	Diz o pajé
"Ẽ anõ yovea	"Para me espiritizar[3]
Yove oni yoaki	Pote de cipó
A ea terose	Embaixo de mim
45	*A tsaõsho*	Aí deixem
Ẽ anõ yovea	Para me espiritizar

---

[2] "Amplo peito-morte" é uma metáfora para o pátio da maloca; "tronco de veado-morte" é uma metáfora para um montículo de argila feito dentro das malocas, onde se acendia a fogueira de cremação; "penas de arara-morte", para a chama da fogueira; e "fulgurante arara-morte", para as brasas. Note-se que "morte", mais uma vez, funciona aí como um classificador que marca os elementos vinculados ao mundo ou referência "morte". O trecho dos versos 30 a 35 poderia então ser lido da seguinte maneira: "No pátio da maloca/ No monte de argila/ Na chama da fogueira/ Cadáver colocam/ Mas as brasas...".

[3] "Espiritizar" pretende traduzir *yove-a* (espírito + verbalizador), isto é, o processo de tornar-se outro, de adquirir características "hiper" ou "extra" humanas que implicam na transformação do corpo (e do duplo, *vaká*) e na progressiva entrada nas redes do parentesco sociocósmico. Não se trata, portanto, de "espiritualização", isto é, de alguma espécie de evolução espiritual em direção a um princípio divino unívoco, de elevação do material ao imaterial característica de diversas tradições religiosas.

	Yove rewe keneya	Caniço desenhado
	A ea matxise	Em cima de mim
	A rakãsho	Aí coloquem
50	*Yove rome poto*	Pó de rapé-espírito
	A ea matxise	Em cima de mim
	A ea rakãsho	Aí coloquem
	Kepoinivakĩsho	Portas fechem
	Ea eneakõnã	E deixem-me
55	*Nõ aská anõnã"*	Façamos assim"
	A ikianã	É o que diz
	"Ori wai repitõ	"No fim do roçado
	Wa nipa kawãa	Onde se ergue
	Yove shono yora	Samaúma-espírito
60	*Vototanáirise*	Ali ao lado
	A ea rakãsho	Ponham-me deitado
	Ea eneakõnã"	E deixem-me"[4]
	A ikiaoi	Assim diz também
	"Ea neskáaivo	"Com aqueles que
65	*Yora takevãishos*	Juntos me mataram
	Nõ anõ shokonõ	Não podemos viver
	Mã kamẽ iamai!	Não fiquem aqui![5]
	Newere amairisho	Subam na direção
	Yove Waka revo	Do alto Rio-Espírito

---

[4] O protagonista dá duas opções a seus filhos: deixá-lo dentro da maloca ou no pé da samaúma, pois quer evitar o tratamento funerário dedicado aos antigos (cremação do corpo e ingestão dos ossos). O cantador não desenvolve a conexão entre essas duas opções, muito embora fique claro que a narrativa opta pela primeira.

[5] Flor de Tabaco diz que seus filhos não devem morar junto com aqueles que o mataram (os vizinhos invejosos do começo da narrativa).

70	*Revo vosoinai*	Onde rios se cruzam
	Newere amairisho	Subam na direção
	Waka Sanĩakoya	Do alto Rio-Cumaru
	Revo vosoinai	Onde rios se cruzam
	Newere amairisho	Subam na direção
75	*Mashe Waka revo*	Do alto Rio-Urucum
	Revo vosoinai	Onde rios se cruzam
	Akatõ vekõi	Entre três rios[6]
	A shokosho	Ali vivam
	Ea nĩkãtatsoma!"	Atentos a mim!"
80	*A iki aoi*	Assim mesmo diz
	Awẽ askámaĩnõ	E logo então
	Kepoinivakĩsho	As portas fecham
	Eneakõ owia	E o pai deixam
	Atõ askámaĩnõ	Em seguida
85	*Nichpĩ Tae Romeya*	Pajé Nichpĩ Tae[7]
	Rome Owa namiki	De Flor de Tabaco
	Teshainivãi	Nacos de carne arranca
	Wa naí shaváki	E à casa do céu
	Shavá avainita	À casa vai
90	*Shetẽ Tae Romeya*	Pajé Shetẽ Tae[8]
	Shete Vero Kene	Pajé Shete Vero Kene[9]
	Áve atiki	Dali são donos

---

[6] Os três rios dessa cartografia mítica configuram um local protegido de possíveis ataques.

[7] Literalmente, Pajé Perna de Vespa. Trata-se de pequenas vespas amarelas, carnívoras, aí referidas através de seus espíritos, que são também pajés ou xamãs. Elas vão devorar os olhos de Flor de Tabaco.

[8] Literalmente, Pajé Pé de Urubu.

[9] Literalmente, Pajé Urubu do Olho Desenhado.

	Anõ vesokãia	Em sua maloca
	Shetẽ koikotĩnõ	Na porta dos urubus
95	Tavi ikoi kaoi	Vespa chega
	Awẽ askámaĩnõ	E Urubus comentam

	"A nokẽ txainã	"Esse nosso cunhado[10]
	Ari chinãshose	À toa não costuma
	Neská misraotsõ"	Vir nos visitar"[11]

100	A ikianã	É o que dizem
	Atõ anã kãpopá	Veneno de sapo
	Atõ kãpo aki	Para o cunhado preparam
	Rome Owã namise	Aquela carne
	Anã okõ okõi	Ele vomita vomita
105	Awẽ aki amaĩnõ	E diz Urubu

	"Seka txakaniko	"Meu filho feioso
	A mia parirao	Vá você primeiro
	Txatxa weoi kao	Carne vá beliscar[12]
	Kosomisi weoi kao!"	Tapurus vá pegar!"[13]

| 110 | A aki aíya | Assim ele diz |

| | "A anõ earao | "Para ir visitar |

---

[10] Os espíritos-urubu se referem aos recém-chegados espíritos-vespa pelo termo de parentesco *txai*, cunhado ou primo cruzado, a designação utilizada para marcar vínculos de afinidade e aliança.

[11] Pajé Urubu brinca com seu cunhado. Diz que ele não deve ter vindo sem propósito em sua casa, pois não costuma visitá-los. Deve então trazer algo em sua barriga. Para descobrir do que se trata, o Pajé Urubu aplicará nos visitantes a secreção da rã *kãpô* (*Phyllomedusa bicolor*), um poderoso emético utilizado pelos Marubo e outros povos da região como purificador e fortalecedor.

[12] Pajé Urubu manda seu subordinado preparar pimenta para comer com os tapurus (vermes) do morto. Os vermes serão assados em um embrulhado de folhas, similar àqueles utilizados pelos Marubo para assar as larvas que crescem nos troncos apodrecidos de certas árvores.

[13] "Vá ver os tapurus" é uma metáfora empregada pelos espíritos-urubu para designar o cadáver apodrecido de Flor de Tabaco.

Pajé Flor de Tabaco

	Mai oke yomevo	Os filhos da terra[14]
	Voshkakiri rania	Penugens da cabeça
	A aya yashõrao	Arrumo bem bonito
115	*Pata kawãshonosho*	Vou vaidoso viajar
	Naí shatxi kewãne	Com afiada faca-céu
	Masekere ionõ	Penugens aparo
	Naí mashe kamĩtãi	Com urucum-céu
	Kamĩ kawã iononã	Os olhos realço
120	*Vari Nomã Nawa*	Qual bico de juriti[15]
	Nami rechpi ayãta	É meu adorno
	Ẽ sawe ionõnã"	Que vou vestindo"
	A ikiaoi	Diz novamente
	Awẽ askámaĩnõ	E logo então
125	*Awẽ ichnárasĩki*	As coisas ruins[16]
	Keyopakepakei	Vêm esvoaçando
	Awẽ shovo matashe	A cumeeira da maloca
	A keyovakĩ	Vão todas lotando
	Awẽ aki amaĩnõ	E o chefe
130	*Txipo ake kawãsho*	Chega depois
	Tseke kawã aoi	Vem mesmo voando
	Võko osho peiki	Feito folha de embaúba
	Tseke tikavairao	Caindo planando[17]

---

[14] Os urubus falam sua própria língua, coisa que é expressa pelo discurso poético ritual através de metáforas. Na sequência, o vaidoso Chefe-Urubu se prepara para visitar a maloca de Flor de Tabaco. "Os filhos da terra" é uma metáfora para os antepassados dos Marubo, que viviam aqui embaixo.

[15] Para si mesmo, Urubu considera a crista vermelha de seu bico um adorno facial: o que vemos como uma crista de pele ou carne, Urubu entende como seu adorno. Na narrativa, isso é dito de um modo indireto, com uma referência a um episódio ocorrido com o Povo Juriti-Sol (*Vari Nomã Nawa*) que, ao que parece, teria colocado essa crista no bico do urubu-rei (*Sarcoramphus papa*).

[16] Metáfora para os urubus mais feios que acompanham Pajé Urubu.

[17] Outro cantador introduziu neste momento os seguintes versos, que Armando havia omitido: "E os macacos-prego/ Ficam assustados/ Os passarinhos todos/ Ficam assustados" (*Vore chino ativo/ Mera mapa aoi/ Tama tikõ ativo/ Mera mapa aoi*).

	Awẽ shovo matashe	Na cumeeira da maloca
135	*Awẽ anõ nipa*	Ali mesmo pousa
	Tseke ikekwãi	E vai balançando
	A aki aoi	Assim mesmo faz
	Awẽ ichnárasĩki	As coisas ruins
	A keyopakei	Vêm todas descendo
140	*Awẽ txipã tavaki*	Maloca rodeiam
	Tani ivevakĩ	Terreiro todo enchem
	Awẽ aki amãinõ	E assim então
	Awẽ shovo matashe	Na cumeeira da maloca
	Nipai oshõki	Em pé ficam
145	*Kochivakĩ ivai*	Por ali perambulam
	"A wená akĩrao	"Não toquem a carne
	Apatsoma aroa!	Não façam assim!
	A eãskõirao	Eu é que direi
	Mato amapakenõ"	Quando podem comer"
150	*A iki avai*	O chefe diz
	Awẽ imawenẽne	E no terreiro
	Nio pakei kawãi	Vai pousando
	Awẽ aki amãino	E enquanto isso
	Awẽ ichnárasĩki	As coisas ruins
155	*A keyowei*	Vêm todas chegando
	Wa kenãne	Aquele banco
	A keyovakĩ	Elas vão lotando
	Awẽ tesekenẽki	Naquele esteio
	A keyovakĩ	Vão todas pousando
160	*Awẽ aki amãinõ*	Enquanto isso
	Awẽ imawenẽne	Ali no terreiro
	Kochivakĩ ivai	Ele perambula
	Txipoake kawãsho	E ali chega
	Techke rewe tõiya	Segurando seu caniço

Pajé Flor de Tabaco

165	*Ikokarã aoi*	Ele logo entra
	Wa kaya shanẽne	Enquanto o morto
	Awẽ rakámaĩnõ	Continua deitado
	Techke rewe toĩya	Urubu perambula
	A kochivakĩ ivai	Segurando seu caniço
170	*Taka peritiki*	O peito do morto
	Titi aoi	*Toc toc* — cutuca
	"Nenokia apana!"	"Come-se por aqui!"
	A ikianã	Ele ensina
	"Nenokia apana!"	"Come-se por aqui!"
175	*Wea akesenãki*	Mas o morto
	Awẽ techke reweki	O caniço agarra
	A ninikãi	E se levanta
	Awẽ aki amaĩnõ	E assustado então
	A ere kawãi	Urubu corre
180	*Wa kenãne*	Naquele banco
	Pai inai kawãsho	Ali mesmo sobe
	Awẽ oĩmaĩnõ	E fica espiando
	Awẽ ichnárasĩki	As coisas ruins
	A poshôini	Todas fogem[18]
185	*Wa shovo matashe*	No teto da maloca
	Tsaka tsakastaniki	*Flap flap* — revoam
	Wa shovo paroke	No canto da maloca
	Tsaka tsakastaniki	*Flap flap* — revoam
	Wa shovo paroke	Noutro canto da maloca
190	*Tsaka tsakastaniki*	*Flap flap* — revoam
	Poshôkõ owia	Fogem voando
	Wa naí shavaki	Aquele claro céu
	A vesto vestoi	Elas cobrem cobrem

---

[18] Assustados, os urubus mais feios fogem da maloca.

195	*Atõ aki amaĩnõ*	Enquanto voam
	Pai inai kawãsho	De cima do banco
	Awẽ anõ nĩkã	Pajé Urubu diz
	"Ẽ techke rewerao	"O caniço de rapé
	A ea inãwẽ!"	Para mim devolva!"
	"Ẽ mia inãno	"Seu caniço devolvo
200	*Awe yochĩnirai*	Mas qual espírito
	Ea neskáaiki?	Assim me deixou?
	Ea roa ariwẽ!"	Vamos, me cure!"
	Awẽ iki amaĩnõ	Assim diz e
	Kochikãisnãki	Urubu se aproxima
205	*A romeki*	Pó de rapé
	Mokoakevãivai	O pó engole
	Tsekainivaiki	E então arranca
	A awẽ veroki	Olho doente[19]
	Ari tsekevakĩvai	De Flor de Tabaco
210	*Osõnavakĩ*	E nele encaixa
	A awẽ veroki	Seu olho bom
	A osõvakĩ	Ele ali encaixa
	A aki avaiki	E depois então
	Yamat shaorasĩki	Ossos-veneno
215	*Tsekaini ini*	Ele suga suga
	Yamat peirasĩki	Folhas-veneno
	A aki avaiki	Assim mesmo suga
	Awẽ kochoaki	*Cochh cochh* — assopra[20]
	A tsaoinai	O doente sentado
220	*Awẽ aki amaĩno*	E depois então
	Vanaina irao	Flor de Tabaco fala

---

[19] A extração de objetos patogênicos por sucção é um procedimento comum nas curas xamanísticas (entre os Marubo e outros povos da Amazônia).

[20] Referência ao canto de cura ou "soprocanto" (*koshoka*).

"Ẽ mera mĩtxivo
Aweto shokoa?"

"Meus filhos todos
Onde agora estarão?"

Awẽ iki amaĩnõ

Assim diz e então

225 *"Ea oĩamaro*
A yoãavoro
Yove waka ketsasho
A shokoavonã
Atõ akĩ yoã
230 *Nĩkãvãivãia"*

"Eu não os vi
Ouvi dizer que
Vivem na beira
Do rio-espírito
Foi isso que
Andei escutando"

A ikiaoi
Awẽ techke reweki
Awe anõ inã
Txipo ake kawãsho
235 *Wenĩina aoi*

Responde Urubu
E caniço de rapé
Ele então devolve
Pajé Urubu
Vai subindo voando

Wa naí shaváki
Shavá avainiki
Võko osho peiki
Tseke tekavairao
240 *Awẽ aská aki*

Para casa do céu
À casa vai
Feito folha de embaúba
Voando planando
Assim mesmo faz

Awẽ mera mĩtxivo
Atõ chinãvãi
Awẽ mera mĩtxivo
Atõ yapa akaki
245 *A vai votoa*
A nokovãisho
Waka matxi tapãne
A tsaoinasho
Awẽ oĩmaĩnõ
250 *Awẽ mera mĩtxivo*

Flor de Tabaco
Filhos vai buscar
E seus filhos
Encontra pescando
No fim do caminho
Ele vai chegando
Num tronco do rio
Ali mesmo senta
E então encontra
Seus filhos

"Nõ yapa anõnã!"

"Vamos pescar!"

204   *Rome Owa Romeya*

	A ikianã	É o que dizem
	Atõ vekĩ oĩa	E ali encontram
	Waka matxi tapãne	O pai sentado
255	*Awẽ tsaomaĩnõ*	Na ponte do rio
	A atõ oĩa	E vão olhando
	A yosivarãki	O pai examinam
	A atõ oĩa	E vão olhando
	"Awẽ papã yorarao	"Corpo é de pai
260	*Yorarao yorasmẽ*	Corpo é de gente
	A awẽ verõsho	Mas o olho
	Wetsakaĩkaĩsa"	É olho de outro"
	Oĩkia aíya	Assim mesmo veem
	A askávaiki	E depois então
265	*Rome Owa Romeya*	Flor de Tabaco diz
	"Neskárivi katái	"Estou mesmo assim
	Matõ yora takesho	Com vocês não viverei
	Ẽ vesokaĩa"	Vou-me embora"
	Iki aka iniki	Assim diz e faz
270	*Yove waka shakĩni*	Pelo rio-espírito
	Veva inakaĩ	Vai viajando
	Avenĩ vanaya	E seu igual encontra
	Vari Mãpe vanaya	Vari Mãpe, o cantador
	Ãtinãnãkãisho	Os saberes sintonizam
275	*Nioi kaoi*	E ali vai viver
	Rome Owa Romeya	Assim mesmo aconteceu
	Askákia aoi	Ao Pajé Flor de Tabaco

8

Roka

Origem da vida breve

Cantado por Antonio Brasil Marubo

A história de Roka marca o pensamento marubo por questões diversas. Ela é uma narrativa sobre a origem da vida breve, que aqui está relacionada à perda da possibilidade da "troca de pele" (*shokoa*), ou seja, do rejuvenescimento. Como de costume nas mitologias ameríndias, isso se dá por conta de alguma besteira cometida pelos antepassados (desse tempo em que, como dizia Lévi-Strauss, os homens e os animais ainda não se distinguiam), que então têm o seu corpo marcado por determinadas características. A narrativa é, também, uma reflexão sobre o estado desolador deste mundo, a Morada da Terra-Morte, que Roka decide abandonar por temer as doenças, os envenenamentos e as intrigas. Ao partir para um outro mundo, acaba por levar consigo não apenas as melhores pupunhas que por aqui havia, mas também a própria capacidade de rejuvenescimento. Passa a viver em um novo mundo, o patamar celeste Morada do Céu-Descamar, onde receberá os duplos dos mortos para, apenas ali, trocar as suas peles ou carcaças velhas por outras novas.

Não por acaso, Roka costuma ser mobilizado (junto com Kana Voã, o espírito demiurgo fazedor da primeira Terra) para as comparações com o deus cristão: "é como o deus de vocês" (*matõ deos keská*), dizem. Roka vive ali em seu patamar celeste, logo acima da Morada do Céu-Morte, depois do final do Caminho-Morte (*Vei Vai*), com sua mulher e uma criação de queixadas-descamar (*shokô yawa*). É para esses porcos que ele entrega a pele velha dos mortos, que Roka racha ou quebra com seu cajado tão logo o finado aponte naqueles domínios celestes. De dentro do corpo do morto (cuja carcaça quebra como uma vasilha de barro), sai a pessoa como uma criança pequena, a ser pintada de urucum por seus parentes que vivem ali. A criança rápido crescerá entre os seus antepassados, assim se transformando em uma pessoa

Origem da vida breve

melhor. Roka, porém, vive separado da maloca dos antepassados (os duplos do olho que conseguiram atravessar o Caminho-Morte), pois não suporta as suas catingas-morte (*vei itsa*). Perto de sua casa, há um lugar em que apenas os pajés mais fortes podem viver, a Maloca do Cercado de Pupunheiras (*Wanĩ Kene Shovo*).[1]

O xamanismo marubo busca reproduzir esse mesmo percurso realizado por Roka na narrativa que segue. Trata-se de fazer com que os duplos internos da pessoa se alterem a ponto de tornarem-se familiares aos magníficos espíritos *yovevo*. Assim, em vida ou na morte, eles poderão partir para uma morada melhor, ao invés de viverem aqui. De certa forma, é sobre isso que a história de Roka fala: sobre os problemas de um mundo marcado pela putrefação e pela corrupção, bem como pelas desavenças que os viventes costumam criar entre si. Assustado com isso tudo, ele decide partir. Exorta os seus parentes a acompanhá-lo; oferece os seus elixires de rejuvenescimento, mas eles não entendem e preferem ficar por aqui. Donde a atual condição humana, o estado de abandono e a desolação generalizada para os quais só resta o esforço ininterrupto de transformação a que se dedica o xamanismo.

---

[1] Os duplos do olho (*verõ yochĩvo*) são outros componentes importantes da pessoa que, junto com os duplos do lado esquerdo, direito e do coração, terão destinos específicos depois da morte do corpo. Para um estudo detalhado da escatologia marubo, ver Cesarino (2011a).

1	*Karo Mese Yochĩni*	Espírito Karo Mese
	Shevõtxa yochĩki	Mais espírito Shevõtxa[2]
	Rao kawã yõkasho	Encontram veneno
	Nawa Mesho kãiaki	E antepassado Nawa Mesho
5	*Yama akiavo*	Com veneno matam
	Yama kaimaĩnõ	Uma vez morto
	Vei kayã shotxĩsho	Na maloca-morte
	Vei shawã txapasho	Nas penas de arara-morte[3]
	Aki ori avo	O morto jogam
10	*Vei shawã rekẽne*	Na fulgurante arara-morte[4]
	Awẽ vei namiki	Sua carne-morte
	Menoshomaĩnõ	Inteira se consome[5]
	Awe vei shanaki	E calor-morte[6]
	Rawẽnakãi	Vai saindo
15	*Txaitivo shakĩni*	Pelo grande gavião[7]
	Navirinãkãisho	Calor se espalha
	Tei kaoi	E ali assenta
	Ave anõshorao	Para assim fazer
	Vei shana merano	Febre-morte aparecer

---

[2] Karo Mese e Shevõtxa, membros do Povo Jaguar (*Ino Nawavo*), são espectros agressivos que querem envenenar Nawa Mesho (neste caso, *nawa*, termo frequentemente traduzido por "povo" ou "estrangeiro", é usado como nome pessoal). Roka, seu irmão, teme as consequências derivadas do processo de cremação do cadáver do irmão e decide fugir.

[3] Metáfora para brasas.

[4] Metáfora para as chamas da fogueira.

[5] O trecho se refere ao antigo ritual de cremação dos mortos, no qual, após a incineração do cadáver, os ossos eram triturados e misturados a uma sopa para serem ingeridos pelos parentes afins do morto.

[6] A sequência dos versos apresenta a formação de uma doença (ou "febre", *shana*) decorrente da incineração do cadáver.

[7] Por dentro da maloca.

Origem da vida breve

20	*Awẽ vei koĩki*	Fumaça-morte[8]
	Rawenakãi	Vai dali saindo
	Wa Tama Shavaya	E na Casa das Copas
	Shavá avainĩta	Às copas vai
	Vei tama peiki	Na folha da árvore-morte
25	*Pesotanairinõ*	Ali em cima
	Tsaoi kaoi	Ali mesmo assenta
	Ave anõshorao	Para assim fazer
	Tama koĩ merano	Névoa de árvore aparecer
	Askáki aoi	Assim acontece
30	*Awẽ askámaĩnõ*	Roka, o antepassado
	Shokô Roka sheni	Irmão de Nawa Mesho
	Rake kawãkawãi	Muito medo sente
	Wa parokãiki	E naquele canto
	A osõkãi	Vai se esconder
35	*Wa yoa teroki*	Numa panela de barro
	Awẽ ere ikoa	Ele rápido entra
	Shana atxõ ikose	Mas febre vem atrás
	Awẽ aki amaĩnõ	Roka então
	Wa waka nẽmĩni	No remanso do rio
40	*Awẽ tsaopakea*	No fundo senta
	Yapashorasĩni	Mas muitas piabas
	Yeshterasĩrasĩsa	Mordem mordem
	Kayaina aoi	E ele foge
	Wa panõ kinĩki	No buraco de tatu
45	*Ereiko aoi*	Vai correndo entrar
	Wa panõ kinĩki	No buraco de tatu
	A tsao ikosho	Ali mesmo senta
	A awe nĩkã	Mas ali escuta

---

[8] A fumaça desprendida do cadáver vai para as copas das árvores e dá origem a uma névoa que costuma cobri-las.

	Panõ shanorasĩki	Multidão de mosquitos[9]
50	*Arã iko isa*	Que chega zumbindo
	Nĩkãkianã	Ele mesmo escuta
	Kayakãi aoi	E foge de novo
	"Nea mai shavaya	"Na morada desta terra
	Noke askámisi	Todos morreremos
55	*Shokô Naí Shavaya*	No Céu-Descamar[10]
	Nõ chinãininõ"	Melhor viveremos"
	A ikianã	É o que diz
	Awẽ aĩ Tomeki	Tome, sua mulher
	Teã inivãi	Nos ombros coloca
60	*Wa Tama Shavaya*	E na Casa das Copas
	Nioake kawãsho	Lá vai viver[11]
	"Nõ vonõ voanã!"	"Vamos logo embora!"
	A ikianã	É o que diz
	Awẽ ato kenáa	Por todos chamando
65	*Avishõ yamai*	Mas concórdia não há
	Atõ aki amaĩnõ	E assim respondem
	"Nea mai shavaya	"À morada desta terra
	A nõ noinõ"	Apegados estamos"
	"Mã taise iki	"Parecem mesmo gostar
70	*Mã anõ iki*	Verdade deve ser
	Mari shokoneshõnã	Para que aí fiquem

---

[9] Literalmente, "mosquitos-de-tatu". Grandes mosquitos que, dizem, parecem rodear os tatus.

[10] O termo "descamar" (*shokô*) será empregado como classificador para todos os elementos associados a Roka, à capacidade de troca de pele ou de rejuvenescimento e, mais adiante, ao patamar celeste Morada do Céu-Descamar (*Shokô Naí Shavaya*).

[11] Roka vai viver na Morada do Céu-Descamar, que se situa na Morada das Copas das Árvores (ou Casa das Copas), o primeiro estrato da cosmografia marubo logo acima desta Morada da Terra-Morte.

Origem da vida breve

	Ẽ shokô txiro	Meu fogo-descamar
	Yavi venáwẽ!"	Venham então pegar!"
	Awẽ iki amẽki	Mas sua palavra
75	*Kape Topa aĩvo*	Topa, Mulher-Jacaré
	Nĩkã ichnátaniki	Escuta mesmo mal
	Ere kawã aoi	E chega correndo
	"'A nerishõro	"'Quando deste lado
	Ẽri ashtemãi	Eu me cortar
80	*A arishõro*	Aí deste lado
	Mari ashtepakena'	Cortem-se vocês'
	Itá Roka iki"	Assim Roka falou"
	A ikianã	É o que diz
	Wa paka kashkeki	Tiras de taquara
85	*Ninivarãvaiki*	Todos juntos trazem
	Awẽ aná revoki	Uns dos outros
	Te avarãvai	As línguas puxam
	Shateki aoi	E vão cortando
	Ave anõshorao	Jacaré então
90	*Kape aná voro*	Com um toco
	Aná voro merano	· Toco de língua ficou[12]
	Askáki aoi	Assim aconteceu
	Ovẽ Rami Aĩvo	E para Rami, a cutiara
	"Shokô nane sheporao	"De jenipapo-descamar
95	*Yavi venáwẽ!"*	A massa venham pegar!"
	Awẽ iki amẽki	Assim Roka diz
	Txipo kaniaivo	Mas os depois nascidos
	Nĩkã ichnárao	Escutam mesmo mal

---

[12] Mulher-Jacaré não escuta direito a fala de Roka e, por isso, acaba tendo o seu corpo marcado. O mesmo acontecerá na sequência com os antepassados cutiaras, que aí recebem tais marcas em seus corpos.

100	*"'Askáneshõ anõvo*	"'Assim mesmo faremos
	A nerishõro	Quando deste lado
	Shokô nane shepopa	Com jenipapo-descamar
	Ẽ tsimiskomãi	Eu vier me besuntar
	A arishõro	Aí deste lado
	Shokô nane shepopa	Com jenipapo-descamar
105	*Tsimisko pakena'*	Besuntem-se vocês'
	Itá Roka iki"	Assim Roka falou"[13]
	A ikianã	É o que diz
	Shokô nane shepopa	Na massa de jenipapo
	Tsimisko vatãi	Mulher cutiara
110	*A aki aoi*	Vai se besuntar
	Ave anõshorao	Para seu traseiro
	Tsãka txitxesh merano	Bem escuro deixar[14]
	Askákia aoi	Assim acontece
	Shokô Roka sheni	E Roka, o antepassado
115	*Nea mai shavaya*	A morada desta terra
	Vesopake aosho	Para terra olha
	Awẽ oikãia	E vai gritando
	Awẽ yama oiki	Seu grito mortal
	Oi reshnikãi	O grito ecoa
120	*Mai kõpe paroke*	E num canto da terra
	Shãtsoroakãisho	Ele se acocora
	Tsaoi kaoi	E sentado fica
	Wa ene shavaya	A Morada Aquática
	Veso pake aosho	Para a água olha
125	*Awẽ oikãia*	E vai gritando
	Awẽ yama oiki	Seu grito mortal
	Oi reshnikãi	O grito ecoa
	Ene kõpe paroke	Num canto d'água

---

[13] A cutiara cita uma fala supostamente proferida por Roka.

[14] É por isso que as cutiaras ficaram com uma mancha negra nos traseiros.

Origem da vida breve

	Shãtsoroakãisho	Ele se acocora
130	*Tsaoi kaoi*	E sentado fica
	Wa tama shavaya	A Casa das Copas
	Veso pake aosho	Para as copas olha
	Awẽ oikãya	E vai gritando
	Awẽ yama oiki	Seu grito mortal
135	*Oi reshnikãi*	O grito ecoa
	Pae tama põshãne	No oco da árvore
	Shãtsoroakãisho	Ele se acocora
	Tsaoi kaoi	E sentado fica
	Ave anõshorao	Para então deixar
140	*Ẽtxek revo kawãnõ*	Sapo se espalhar[15]
	Askákia aoi	Assim mesmo acontece
	Awẽ askámaĩnõ	Mas enquanto aqueles
	Nĩkã ichnárao	Tudo errado escutaram
	Atõ askámaĩnõ	Estas outras todas
145	*A mãparasĩni*	As multidões de baratas
	Vana amaneshõ	Caladas paradas
	Shokô nĩkã aoi	Juntas ouvem bem[16]
	A ronorasĩni	Multidões de cobras
	Vana ama mĩtxisho	Caladas enroladas
150	*Shokô nĩkã aoi*	Juntas ouvem bem
	A vẽcharasĩni	Sucuris todas
	Vana ama mĩtxisho	Caladas enroladas
	Nĩkã koĩ aoi	Ouvem mesmo bem
	A ashorasĩni	Mulateiros todos

---

[15] Os gritos de Roka entram em três cantos — canto da terra (linha 120), canto da água (linha 128) e oco da árvore (linha 136) —, ali ficam e dão origem a determinados batráquios.

[16] Baratas, cobras, sucuris e árvore mulateiro são aqueles que escutaram bem as palavras de Roka e que, portanto, aprenderam a trocar de pele.

155	*Vana ama shokosho*	Juntos calados
	Nĩkã koĩ aoi	Ouvem mesmo bem
	Askáki avai	E diz Roka então
	"Nõ vonõ voanã!	"Vamos embora!
	Ẽ mato atimai"	Fiz o que pude"
160	*A ikianã*	É o que diz
	Oshõ tosha wanĩki	Pupunha branca
	Vivivãi	A pupunha pega
	A kakĩ aoi	E vai embora
	Sere sere wanĩki	Pupunha riscada
165	*Vivivãi*	A pupunha pega
	A kakĩ aoi	E vai embora
	Poki tosha wanĩki	Pupunha carnuda
	Vivivãi	A pupunha pega
	A kakĩ aoi	E vai embora
170	*Shokô Roka sheni*	Roka, o antepassado
	Isokõti wanĩki	Pupunha comprida[17]
	Vivivãi	Pupunha pega
	Isko sheta wanĩki	Pupunha dente-de-japó
	Vivivãi	Pupunha pega
175	*A kakĩ aoi*	E vai embora
	Sere sere wanĩki	Pupunha riscada
	Vivivãi	Pupunha pega
	A kakĩ aoi	E vai embora
	Isokõti wanĩki	Pupunha comprida
180	*Vivivãi*	Pupunha pega

---

[17] *Isokõti* é um fruto não identificado, que forma um nome composto com "pupunha" por conta de sua característica alongada.

Origem da vida breve

	A kakĩ aoi	E vai embora
	Popo mapo wanĩki	Pupunha cabeça-de-coruja
	Vivivãi	Pupunha pega
	A kakĩ aoi	E vai embora
185	*Nesa peshash wanĩki*	Pupunha casco-de-tartaruga
	Vivivãi	Pupunha pega
	A tao wanĩki	Pupunha barriguda
	Vivivãi	Pupunha pega
	A kakĩ aoi	E vai embora
190	*Awẽ aĩ Tomeki*	Tome, sua mulher
	Teãinivãi	Nos ombros coloca
	Vivivãi	E consigo leva
	Nea mai shavaya	Na morada desta terra
	Naivo shavaya	Nestas moradas todas
195	*A chini wanĩki*	Pupunha-maracujá
	Txipokiri avaini	Apenas ele deixa

A kakĩ aoi — E vai embora

Popo mapo wanĩki — Pupunha cabeça-de-coruja
Vivivãi — Pupunha pega
A kakĩ aoi — E vai embora

185 Nesa peshash wanĩki — Pupunha casco-de-tartaruga
Vivivãi — Pupunha pega

A tao wanĩki — Pupunha barriguda
Vivivãi — Pupunha pega
A kakĩ aoi — E vai embora

190 Awẽ aĩ Tomeki — Tome, sua mulher
Teãinivãi — Nos ombros coloca
Vivivãi — E consigo leva

Nea mai shavaya — Na morada desta terra
Naivo shavaya — Nestas moradas todas
195 A chini wanĩki — Pupunha-maracujá
Txipokiri avaini — Apenas ele deixa

A wanĩ isake — Na pupunha-lança
Naivo wanĩki — Nestas pupunhas mesmo
Terishkavãi — Com cajado bate[18]
200 Vivivãi — E pupunha pega
Shokô Roka sheni — Roka, o antepassado
A askátase — Assim mesmo faz

"Ẽ vimi viminõ — "Fruto, meu fruto
Mĩ kamẽ iamai — Não brote fora
205 Mĩ iti shavá — De seu tempo
Shavá nokokarãtõ — Quando tempo vier
Mã kamẽ vimi" — Você deve brotar"

---

[18] Roka bate com um cajado nessas pupunheiras que aqui ficaram para "ensiná-las" (*ese vana*), como se vê na sequência do canto.

	A ikianã	É o que diz
	Neaivo wanĩki	Essas pupunhas todas
210	*Ese esevaĩ*	Ele aconselha
	Awẽ aĩ Tomeki	E Tome, sua mulher
	Teãinivãi	Nos ombros coloca

	Shokô Roka sheni	Roka, o antepassado
	Shokô Naí Shavaya	Na Morada do Céu-Descamar
215	*Shavá chinãini*	Na morada vai viver
	A kakĩ aoi	E vai embora

	Shokô awá shaono	Pelo osso de anta-descamar[19]
	Teki inakãi	Pelo osso sobe
	Awẽ wanĩ txipáki	Bastão de pupunheira
220	*Naí kẽko vemãno*	Na sapopema do céu
	Keyãinitashõta	Ali ele apoia
	Naí kẽko vemãno	Na sapopema do céu
	Txichkeakekãi	Por ela escorrega[20]

	Naí Koa inisho	Naí Koa e o chamado
225	*Witxã Pei shenitsi*	Witxã Pei ajudam[21]
	Naí vema reraa	A sapopema rachar
	Tĩ iwã iwã	*Tom tom* — batem
	Nĩkãinivãi	Ele assim escuta
	A kakĩ aoi	E embora vai

230	*Shokô shawã ina*	Com seu diadema
	Awẽ tene aoa	De arara-descamar[22]
	Shavá ikokãi	Brilhando brilhando

---

[19] Metáfora para caminho.

[20] Subindo aos céus, Roka encontra uma grande sapopema. Apoia sobre ela o seu bastão de pupunha para poder atravessar. Sentado na ponta do bastão, ele escorrega para o outro lado e segue seu caminho.

[21] Dois antepassados que o ajudam a serrar a sapopema celeste.

[22] Diadema de penas de arara.

Origem da vida breve

	Shokô shawã ina	Com sua saia
	Awẽ txipãnitia	De arara-descamar
235	*Shavá ikokãi*	Brilhando brilhando
	Shokô shawã ina	Com seu colar
	Awẽ papiti aoa	De arara-descamar
	Shavá chinãini	À morada vai
	Shokô Roka sheni	Roka, o antepassado
240	*Shokô awá shaono*	No osso de anta-descamar
	Teki inakãi	No osso sobe
	A kakĩ aoi	A terra deixa
	Neri veso oanimai	Para trás não olha
	Shokô Naí Shavaya	À Morada do Céu-Descamar
245	*Shavá chinãini*	À morada vai
	Awetima shavaya	À morada imortal
	Shokô Naí Shavaya	Na Morada do Céu-Descamar
	Nioi kaoi	Lá vai viver
	Shokô Roka sheni	Roka, o antepassado[23]

---

[23] Roka foi viver nessa morada melhor com sua mulher, com espírito japinim--descamar (*shokô txana*), sabiá-descamar (*shokô mawa*), mais os espíritos-pássaro não identificados *shokô mãpo* e *shokô txõtxõ*.

9

Isko metaska

O desaninhador de japós

Cantado por Lauro Brasil Marubo

O *Isko metaska saiti* é a versão marubo do famoso mito pan-ame-ríndio do desaninhador de pássaros, tomado por Lévi-Strauss como eixo de construção das *Mitológicas*. Na presente narrativa (conhecida também por outros povos pano), Võ Nea, o protagonista, realiza um périplo por duas regiões do cosmos depois de se ver isolado no alto de uma árvore. Ele é deixado ali por seus meios-irmãos que, então, roubam sua esposa. A história se desenvolve em torno de uma disputa entre pares, pois irmãos são potenciais rivais para o casamento, lá onde as parceiras afins (primas cruzadas) são escassas. Nos mitos jê com os quais Lévi-Strauss inaugurava as *Mitológicas*, a relação conflituosa se dava entre o herói e seu pai (considerado como afim no sistema de parentesco jê) ou entre a pessoa e seus cunhados.[1] Aqui, essa mesma estrutura de competição entre dois polos masculinos se mantém, mas com outras posições. "A intriga do mito do desaninhador", escreve Lévi-Strauss a propósito de narrativas similares presentes também da América do Norte, "repousa sobre o antagonismo entre aliados e, mais particularmente, entre doador e tomador de mulher, eventualmente se enfraquecendo até um vago laço de amizade [...]".[2] Não deixa de ser curiosa a seguinte observação sobre os Baniwa (do noroeste amazôni-co) encontrada também nas *Mitológicas*: "entre os ensinamentos que os Baniwa passam aos jovens está o de 'não seguir as mulheres de seus irmãos'. Uma visada teórica sobre a sociedade mostra de fato que todo homem, para que possa com segurança obter uma esposa, deve poder

---

[1] Cf. Lévi-Strauss (1964: 49 ss.) e (1971: 457).

[2] *Idem ibidem.*

dispor de uma irmã. Mas nada exige que ele tenha um irmão. Como explicam os mitos, isso pode inclusive se tornar incômodo".[3]

Não por acaso, Võ Nea pode também ser compreendido como uma figura da solidão. Ele é duas vezes meio-irmão: na terra e entre os urubus, com os quais o protagonista se encontra em um determinado momento da história. Sempre na posição da liminaridade ou do abandono, acaba por ter também um destino solitário. Transforma-se em uma grande capivara que caminha sozinha na mata, raramente avistada pelos Marubo. Võ Nea expressa, além disso, uma singular potência de vingança, através da qual elimina todos os seus vínculos de parentesco (os mesmos vínculos que, antes, se mostravam ambivalentes, parciais). Tal potência assume novamente uma dimensão etiológica e cosmológica: ela é uma forma utilizada pelo pensamento marubo para fazer surgir um novo estado de coisas, tal como no caso da transformação dos antepassados em animais. Uma violência concebida, portanto, como modo de transformação do mundo antigo.

"O desaninhador de japós" traz ainda algumas passagens exemplares do que tem sido chamado de "perspectivismo ameríndio",[4] isto é, uma disposição específica das cosmologias xamanísticas para as quais a distinção entre humanos e animais não se dá por uma cisão ontológica irreversível (humanos possuem a cultura, animais estão restritos à natureza, tal como na metafísica moderna), mas sim por uma questão de *posição* (de seus pontos de vista, animais se concebem como humanos e possuem cultura similar à dos humanos). As narrativas falam justamente daquele momento em que tal estado de comunicabilidade mútua, marcado pela partilha de uma forma humanoide genérica, ainda não havia se esgotado. Foi apenas depois, por decorrência das diversas ações (mais ou menos desastradas) realizadas pelos antepassados, que os pontos de vista e as posições se demarcaram. Deu-se então essa separação, essa incomunicabilidade que caracteriza o mundo atual. Se agora apenas os xamãs são capazes de mudar de posição, antes o cruzamento de estados era algo como a condição geral de um cosmos

---

[3] Lévi-Strauss (1966: 258) — tradução minha.

[4] A noção foi formulada pelos antropólogos Eduardo Viveiros de Castro e Tânia Stolze Lima a partir do estudo de diversas etnografias ameríndias. Ver Eduardo Viveiros de Castro (2002) e Tânia Stolze Lima (1996: 21-49).

que ainda estava por se formar. A despeito dos limites impostos pela experiência ordinária, nada impede, porém, que as perspectivas se cruzem em momentos tais como a doença, a alucinação, o sonho e o xamanismo. Mas antes tudo era diferente. É o que veremos adiante, no momento em que Võ Nea, preso no topo da árvore, encontra o povo dos japós.

1	"Isko onã Nawavo	"Povo Japó, vamos
	Kõ vake vinõsho!"	Pegar pequenos pássaros!"
	A ikianã	Assim decidem[5]
	Katso shata akavo	E leve vara fazem
5	Iki nĩkã anãki	Enquanto Võ Nea
	Võ Nea sheni	Isso tudo escuta
	"Ẽ evemeravo	"Meus meios-irmãos
	Kõ vake viavo	Japós foram apanhar
	Ato wetsa viánõ!"	Também quero buscar!"
10	A iki aoi	É o que diz
	Wa atokiriki	E de seus irmãos
	Nĩkãai nishõki	A partida ouve
	A awẽ nĩkã	E os escuta
	"Isko onã Nawavo	"'Vamos pegar pássaros!'
15	'Kõ vake vinõnã'	Disse o Povo Japó
	Ivaini voavo"	E então partiu"
	Iki nĩkãvãi	Assim ele diz
	Wanĩ Rave aĩvo	Wanĩ Rave, sua mulher
	Vevo ayakevai	Segue na frente
20	A kakĩ aoi	E ele vai atrás
	A kakĩ oĩa	Para então encontrar
	A ã rakáti	A casa dos irmãos
	A nokokãiki	Na casa chegando
	A awẽ oĩa	Ele ali vê
25	Atõ ewa yõshaki	A mãe dos irmãos

---

[5] A narrativa começa com o que dizem entre si os meios-irmãos (por parte de pai) do protagonista, Võ Nea. Dizem que vão pegar filhotes de japó no alto do matamata-zeiro (*Eschweilera coriacea*, uma das mais altas árvores amazônicas) para fazer adornos com suas penas. Nessa narrativa, elementos diversos são marcados pelo classificador "japó" (*isko*), uma vez que se trata de uma história relativa aos membros do Povo Japó.

	Wa ikot veyoki	Diante do terreiro
	Washmẽ teris akĩki	A fiar algodão
	A awẽ tsaomãi	E dali mesmo
	A tachikãiki	Ele se aproxima
30	*"Yõsha mã yõsha*	"Velha, minha velha
	Evemeravorora?	Cadê os irmãos?
	Awe aki voiya	O que foram
	A awẽ akaki?"	Fazer para lá?"
	"A mĩvemeravo	"Seus meios-irmãos
35	*Kõ vake vinõnã*	'Vamos pegar pássaros'
	Ivaini voavo"	Assim disseram e foram"
	Iki nĩkãvãi	Assim escuta
	Atõ voa atxõki	E segue os irmãos
	Wanĩ Rave aĩvo	Wanĩ Rave, sua mulher
40	*Vevoya akevai*	Dispara na frente
	Wa ato atxõki	Os irmãos segue
	Ere ere aoi	Correndo correndo
	Võ Nea sheni	Võ Nea, o antepassado
	Isko waka poketi	Ali no Rio-Japó
45	*A votokãiki*	Na beira chega
	A awẽ oĩa	E ali vê
	Mã potakaya	O rio enlameado
	A oĩvãi	Assim mesmo vê
	A kakĩ aoi	Segue atrás de
50	*Shapo chinãivoya*	Shapo, mais sabido[6]
	Wa ato atxõki	Ele mesmo segue
	Ere ere aoi	Correndo correndo

---

[6] Trata-se de um dos irmãos de Võ Nea, o chefe e mais sabido. O protagonista vê que os irmãos já passaram pelo rio, que está enlameado.

	Võ Nea sheni	Võ Nea, antepassado
	A nokovãisho	Ao ali chegar
55	*Isko awá retesho*	Da anta-japó que
	A atõ piáki	Para comer mataram
	Isko awá shaoki	Ossos da anta-japó[7]
	Nĩwã teãne	Num galho do matamatá
	Tekor aintãsho	Apoiados encontra
60	*Isko awá pichi*	Costelas de anta-japó
	Paitai nakĩki	Feito degraus de escada
	A mashteinisho	Que eles ajeitaram

	A ato oĩa	Os irmãos vê
	Ere tachi aoi	Ao chegar apressado
65	*Võ Nea sheni*	De Võ Nea
	Avis yoãsho	Piadas fazem
	Osã mẽ aivã	Dele dão risadas
	Tachikãi aoi	Quando vem chegando
	Wanĩ Rave aĩvo	Com Wanĩ Rave, a mulher
70	*A vevo ashõki*	Na sua frente
	Atõ osã imaĩnõ	Todos riem
	Ato nokovãisho	Ao verem o irmão

	"Ã evemeravo	"Meus meios-irmãos
	Awerkia yoãsho	De qual história
75	*A osãirai*	É que vocês
	Mã anõ iki?"	Tanto dão risadas?"

	Awẽ aki aoa	E respondem

	"Kõ vake pimaa	"Rimos dos japós
	Osãirivi ikinã"	Alimentando filhotes"

80	*A aki aíya*	É o que dizem

---

[7] Uma anta da classe "japó", pois as personagens pertencem ao Povo Japó (*Isko Nawavo*).

"Nõ aská anõnã"	"Agora assim faremos"
Iki vanavaiki	Eles combinam
"Tsoa vi kakatsi?"	"Quem filhotes pegará?"
Awẽ aki aoa	Perguntam-se e então

85	"A a miarao	"Vá você, irmão
	A apa apata"	Vá pegar pássaros!"
	A ikinãnãi	Dizem entre si
	Atõ askámaĩnõ	E responde
	Võ Nea sheni	Võ Nea, o antepassado
90	"Ẽ evemeravo	"Os meios-irmãos
	A eãs koĩrao	Querem que eu vá
	A apa apatanõnã"	Pegar pássaros"
	A iki aoi	Assim mesmo diz
	"A apa apata!"	"Vá pegar pássaros!"
95	Atõ aki aoa	Ordenam os irmãos
	Isko paitinĩki	E na escada-japó
	Ereina kawãi	Ele sobe correndo
	Nĩwã teãne	Em um galho
	Tsaoakei kashõki	Ali mesmo senta
100	Wetsa wetavarãki	Um ninho puxa
	A awẽ oĩa	E quando encontra
	Kõ vake nanemãi	Entre filhotes
	Roã vake nanea	Filhote mais belo
	Oĩ anãki	Para ele olha
105	A ronõakei	E pendurado deixa
	Wetsa wetavarãsho	Outro ninho puxa
	A awẽ oĩa	E dentro encontra
	Sheã vake nanemãi	Filhote mais feio
	Nasavã aoi	Que então retira

O desaninhador de japós

110	*"A kai arina*	"Aí vai o filhote
	Ẽ evemeravo!"	Meus meios-irmãos!"
	A iki aoi	Assim mesmo diz
	Wetsa wetavarãsho	Outro ninho puxa
	A awẽ oĩa	E dentro encontra
115	*Roã vake nanemãi*	Filhote mais belo
	A ronõ akesi	E pendurado deixa
	Wetsa wetavarãsho	Outro ninho puxa
	A awẽ oĩa	E ali encontra
	Sheã vake nanemãi	Filhote mais feio
120	*A nasavã aoi*	Que então retira
	"A kai arina	"Aí vai o filhote
	Ẽ evemeravo!"	Meus meios-irmãos!"
	Awẽ iki amaĩnõ	E eles reclamam[8]
	"Nõ oĩsh vinõnã	"Escolheremos aqui
125	*A apa apase!"*	Jogue logo todos!"
	A aki aíya	Assim mesmo dizem
	Awẽ aská akaki	Mas ele insiste
	Wetsa wetavarãsho	Outro ninho puxa
	A awẽ oĩa	E dentro encontra
130	*Roã vake nanemãi*	Filhote mais belo
	A rono akesi	E pendurado deixa
	Wetsa wetavarãsho	Outro ninho puxa
	A awẽ oĩa	E ali encontra
	Sheã vake nanemãi	Filhote mais feio
135	*A nasa voãi*	Que ele retira

---

[8] Os japós, admirados por sua loquacidade e vida coletiva, constroem ninhos com formato de grandes bolsas que ficam pendentes dos altos galhos dos matamatazeiros. Na narrativa, Võ Nea puxa essas bolsas para procurar os pássaros, mas não arranca aquelas em que encontra os filhotes mais belos, que ele quer pegar para si mesmo.

"A kai arina!"	"Aí vai o filhote!"
Awẽ iki amaĩno	E então reclamam
"A apa apase	"Ele não está
A atimavaiki"	Jogando todos!"

140	*Isko awá pichi*	Na escada feita
	Atõ paiti atõ	De costelas de anta
	Ereina kawãi	Correndo sobem
	Isko awá pichiki	E escada feita
	Atõ paiti aoa	De costelas de anta
145	*Shatepake owia*	Escada cortam
	Isko awá shao	E osso de anta
	Nĩwã teãne	No galho da árvore
	Atõ tekoratã	No galho colocado
	Pakevã owia	Eles derrubam

150	*Atõ aská amaĩnõ*	E logo então
	Võ Nea sheni	Võ Nea, o antepassado
	Roã vake ronoa	Um belo filhote
	Awẽ ronõ akea	No ninho pendurado
	Nasavãvãi	Logo vai tirando

155	*"A roã vakero*	"Filhote mais belo
	A kai arina	Aí vai o filhote
	Ẽ evemeravo!"	Irmãos, meus irmãos!"

	Awẽ iki amaĩno	Mas o que diz
	Ari nĩkãtakima	Eles não escutam
160	*Wanĩ Rave aĩvo*	E Wanĩ Rave, a mulher
	Mepa akevaiki	Levam pela mão
	Sai ii	Vão gritocantando[9]

---

[9] Os irmãos vão embora soltando gritos ritmados, gritocantos, *saiki*.

	Atõ reshnivãimãi	O canto soa
	Kenákãikãi	E chama os irmãos
165	*Páa ikaikaini*	Berrando berrando
	"Ẽ evemeravo	"Meus meios-irmãos
	Ea ewei venáwẽ!"	Venham me buscar!"
	A iki aoi	Assim mesmo diz
	Võ Nea sheni	Võ Nea, o antepassado
170	*Sai ii*	Mas o gritocanto
	Atõ reshnivãimãi	Já longe soa
	Kenatima avai	E Võ Nea se cala
	Nĩwã teãne	Ali no galho
	A tsaoakesho	Fica sentado
175	*Yene vari isĩni*	Forte sol-cigarra[10]
	Masáka tsaoi	Seus cabelos queima
	Võ Nea sheni	Võ Nea, o antepassado
	Yene vari isĩki	Sob o sol-cigarra
	Piskovãivãi	Ali descoberto
180	*Nĩwã teãne*	No galho do matamatá
	Tsaokia aoi	Fica mesmo sentado
	Võ Nea sheni	Võ Nea, o antepassado
	Varĩ aka tananã	No sol exposto
	Tãtá ene merasho	Água de sapo
185	*A aki aoi*	Na árvore encontra
	Wakapasha vetsãki	E forte sede
	Awẽ isõ kãtxisho	Com sua urina
	A aki aoi	Sede satisfaz[11]
	Võ Nea sheni	Võ Nea, o antepassado

---

[10] A expressão original se refere a um dos sóis que marcam as estações do calendário marubo, o "sol-cigarra" (*yene vari*), correspondente ao sol seco e forte do inverno, entre julho e agosto.

[11] Võ Nea encontra a secreção de um certo batráquio (*tãtá*) em um buraco da árvore. Beberá disso e de sua própria urina para matar a sede.

190	*Awẽ askámaĩnõ*	E depois então
	Awẽ avemeravõ	Dizem os irmãos
	"Võ Nea sheni	"Velho Võ Nea
	Nõ enechnaro	Que lá deixamos
	Awesarai iki?	Como agora estará?
195	*A nõ oĩnõ"*	Vamos olhar"
	A ikianã	É o que dizem
	Atõ vekĩ oĩa	E indo encontram
	Nĩwã teãne	No galho do matamatá
	A awẽ tsaoa	Irmão sentado
200	*Yene vari isĩni*	No forte sol-cigarra
	Ma masa akaya	Já quase careca
	Oĩki aíya	Eles encontram
	Võ Nea sheni	Võ Nea, o antepassado
	A askai tsaosho	Ali mesmo sentado
205	*A awẽ oĩa*	E Võ Nea vê[12]
	A iná ashõki	Xerimbabo seu
	A awẽ kamati	Há tempos fugido
	Isko yochĩrasĩki	E espíritos japó
	Vana vana voã	Vão e vão falando
210	*Nĩkãkia aoi*	E ele escuta
	Isko yochĩrasĩki	Espíritos japó
	A a vanai	Na árvore falando
	"Nõ mapoakenõ!"	"Vamos todos caçar!"
	A iki avai	Assim dizem e
215	*Shavá omakemãi*	No meio da madrugada
	Wei varãvarãi	Eles vêm voltando
	Vana vana voãi	Começam a falar

---

[12] O cantador parece pular aqui alguns versos e passar diretamente ao episódio seguinte.

"A a eãro
A ako matxise

220 Yosiake tanai"

"Eu ali mesmo
Na copa da árvore
/Naquela colina[13]
Casa vou fazer"

A iki aoi
wetsa ikokarãi
a vanainai

Assim diz
E outro chega
E vai falando

"A a eãro
225 Ẽ naĩ atãi"

"Eu lá mesmo
Preguiça caçei"[14]

A iki aoi
Wetsa io tachi

Assim mesmo diz
E outro chega

"A a eãro
Sanĩ ako matxise

230 Yosiake tanãnã"

"Eu então
Na copa do cumaru
/Naquela colina
Casa vou fazer"

Io tachi aoi

Diz chegando

"Isko Tsai Namãpa
A a miaro
Mĩ awe atãi?"

"Japó Tsai Namãpa
E você então
O que caçou?"[15]

---

[13] Toda essa passagem envolve um jogo de perspectivas que se dá a partir do ponto de vista de Võ Nea e das pessoas-japó. O que estes últimos veem como uma colina, onde planejam construir suas casas, Võ Nea vê como um galho de árvore, e assim por diante.

[14] Võ Nea vê como um grilo o que os espíritos chamam de bicho-preguiça. Ele ainda está fora da maloca dos espíritos-pássaro, escutando dali o que dizem. Seu olhar, no entanto, já está alterado; ele pode ver o mundo dos espíritos, muito embora sofra com o entrecruzamento de perspectivas.

[15] Tsai Namãpa é um nome comum entre os Marubo e, pelo visto, partilhado também pela sociedade desse povo de pássaros.

235	*Ato aki aoa*
	Eles perguntam
	"A a earo
	A a naĩse
	Ẽ atãi"
	"Eu mesmo cacei
	Só uma preguiça
	Foi o que cacei"[16]
	Io tachi aoi
	Diz ao chegar
240	*"Miarao katái*
	Mĩ awe atãi
	Isko Tae Txivãpa?"
	"E você então
	O que caçou
	Japó Tae Txivãpa?"
	Atõ aki aoa
	Assim perguntam
	"A a earo
245	*Ẽ kape atãi"*
	"Eu mesmo
	Jacaré cacei"
	"A txanã shovõsho
	Kape toko arina!"
	"Eh! Cozinhe jacaré
	Na casa dos japins!"[17]
	A iki aoi
	Roã vake vishõki
250	*Awẽ kanimatiki*
	A awẽ katisho
	Onã tachi aoi
	É o que dizem
	E Japó mais belo
	Seu xerimbabo
	Que havia fugido
	O tio reconhece
	"Epa mã epa
	"Tio, meu tio

---

[16] Até pouco tempo atrás, os antigos Marubo costumavam comer bicho-preguiça. Deixaram o costume recentemente.

[17] Trata-se de um pequeno jacaré de aproximadamente cinco centímetros que fica nas praias (*machĩ kape*), mas que os espíritos veem como se fosse um grande jacaré. Pedem para que o caçador vá cozinhar sua presa na maloca do povo vizinho, os espíritos dos pássaros japins (*Cacicus cela*), a fim de não desagradar o xamã (*romeya*) dos japós (o jacaré é um animal interdito aos *romeya*). Os japinins são vizinhos dos japós: as aves nidificam umas próximas das outras, isto é, seus duplos/espíritos vivem em aldeias próximas.

O desaninhador de japós

	Mĩ awe akara?"	Que faz aqui?"[18]
255	*Awe aki aoa*	Assim pergunta
	"Atõ na shavosho *Ea rawíaivo"*	"Por roubarem mulher Meus rivais viraram"
	Awẽ iki amaĩnõ	Assim diz e então
260	*"Epa mã epa* *A ẽ shovõro* *A kawãwẽ!"*	"Tio, meu tio Venha se abrigar Na minha maloca!"
	Awẽ aki aoa	E responde
	"Ea tese kawãmisi"	"Mas vou arrebentá-la"
	Awẽ iki amaĩnõ	E Japó então
265	*"Mĩ oĩarivi* *Tesekawã tevesonã* *A a kawãwẽ* *Epa mã epa"*	"Pelo seu olhar Parece arrebentar Mas venha comigo Tio, meu tio"
270	*A aki aoi* *A iná ashõki* *A awẽ kanimatisho* *Onã tachivaiki* *Ewevãi aoi*	Assim mesmo diz Este xerimbabo Que havia fugido Seu tio reconhece E para dentro leva
275	*Ikoi kashõki* *A awẽ oĩa* *Wa meã ipatõ*	E ali na maloca Võ Nea olha Para um galho /Um canto da terra

---

[18] O espírito-japó se refere a Võ Nea como "irmão do pai" (*epa*), já que ele o havia criado como bicho de estimação (xerimbabo).

	Awẽ oĩvãia	Vê ali a roça
	Atsa kôros tapia	Farta em macaxeira
	Oĩkia aoi	Assim mesmo vê
280	*Wa meã wetsãki*	Para outro galho
		/Outro canto da terra
	Awẽ oĩpakea	Ele logo olha
	Atsa koros tapia	E farta roça
	Oĩkia aoi	Ali mesmo vê
	"Epa mã epa	"Tio, meu tio
285	*Na repãkãise*	Aqui neste canto
	Mĩ kamẽ isõi	Você deve urinar
	Na repãkãise	Aqui neste canto
	Mĩ kamẽ poi	Você deve defecar
	A aĩ vakevõ	Que aquelas meninas
290	*A roa anõnã"*	Vão logo arrumar"
	A iki aoi	Assim mesmo ensina
	Aská nĩkãsmenã	E ele escuta
	A kayakãisho	Mas dali sai[19]
	"Ẽ poinõ"	"Vou defecar!"
295	*Awẽ ikismẽsh*	Mas assim então
	Nĩwã meãnes	Ao ali sentar
	A a tsaoa	Um tronco mesmo
	Merái kaoi	É o que encontra[20]
	Võ Nea sheni	Võ Nea, o antepassado
300	*Yene vari isĩni*	No forte sol-cigarra
	Matásh aka tsaoi	Careca todo fica
	A aki aoi	Assim mesmo está

---

[19] Võ Nea não quer defecar dentro da maloca e desobedece seu anfitrião.

[20] Ao sair para defecar, ele se percebe sentado novamente em um galho e se assusta com a altura.

O desaninhador de japós

	Võ Nea sheni	Võ Nea, o antepassado
	A a tsaosho	Na árvore sentado
305	*A awẽ nĩkãa*	Algo longe escuta
	Naí taeirisho	Do pé do céu[21]
	Shetsĩ ii	*Shetsinnn* — Onça soa[22]
	Tachi ina aoi	Vem chegando
	Vari Nomã Nawa	Com sua flauta
310	*Shao rewe ãyata*	Do Povo Anão[23]
	A mane manei	Ela vem tocando
	Tachiake aoi	E ali chega
	A aská nĩkãki	Assim ele escuta
	A awẽ oĩa	E ali vê
315	*Nĩwã teãne*	Num galho da árvore
	Awẽ teki ina	Onça Celeste andar
	Txẽke ira irawi	E tudo balançar
	Awẽ aki amaĩnõ	Enquanto isso
	Võ Nea sheni	Võ Nea, o antepassado
320	*Rakekia aoi*	Muito medo sente
	A mera tachisho	Ao encontrá-la

---

[21] Leste, a jusante.

[22] Sabe-se que, por ter vindo da região de onde nasce o sol, essa Onça Celeste (*Shetsĩako*, seu nome, é derivado de seu assobio, *shetsinnn...*) só poderá ser uma Onça--Sol (*Vari Shetsĩ*), pois tal é a região da cosmografia marubo associada aos *Vari Nawa-vo* (Povo Sol). Tudo o que dali virá será, portanto, marcado com o classificador "sol", e assim por diante para cada um dos cantos do mundo e suas respectivas classes (*shane* [azulão] para o leste, *ino* [jaguar] e *kana* [arara] para o oeste, *koro* [cinza] para o norte e *rovo* [japó] para o sul). Robson Dionísio me disse que está começando a conhecer melhor estas Onças Celestes, bravas, comedoras de gente. Elas não são exatamente espíritos *yovevo*, mas costumam mudar de forma com frequência. Entram em todos os cantos e domínios do cosmos, no rio, na terra, nos céus. Sabe-se que tais onças "surgiram a partir do néctar" de uma determinada árvore (*vari ako nãko osõtõshki*).

[23] Referência a um episódio do *saiti Vari Nomã Nawa*, que conta a história do Povo Anão, responsável, ao que tudo indica, pela confecção da flauta utilizada por Onça Celeste.

"*Txai mã txai*	"Cunhado, ô cunhado
Mãchokia mastaki	Essa cabeça careca
Mia nachatimai!"	Vou mesmo morder!"

325	*Awẽ aki aoa*	E ele então

"*Ea aská asma*	"Não faça isso
Ea onis ariwẽ!"	Vamos, ajude-me!"

Awẽ aki aoa	Ele continua

	"*Atõna shavõsho*	"Por roubarem mulher
330	*Ea rawiavo*	E rivais virarem
	Awekima tsakai	É que sofro
	Ẽta neskái"	Assim mesmo estou"

A aki aoi	Ele lamenta

	"*Mĩ kemo paketa*	"Então cuspa aqui
335	*A ẽ oĩnõ*	Para eu examinar
	Txai mã txai"	Cunhado, meu cunhado"

	Awẽ aki aoa	Assim faz
	Awẽ kemo pakea	Ali mesmo cospe
	Awẽ vo nonoa	E um fio na saliva
340	*Oĩkia aoi*	Onça Celeste procura[24]

---

[24] A passagem suscita discussões entre os próprios Marubo, que oscilam nas interpretações. Lauro, o cantador dessa versão, diz que Onça Celeste vê o que ele chama de *rane sai* do protagonista, isto é, o seu duplo (*vaká*). Ela quer ver se Võ Nea morreu há muito tempo. Quando ali encontra os seus duplos, percebe que ele é gente viva e não o mata. "Acho que é isso", dizia Lauro, em uma explicação que tem a sua coerência, pois Võ Nea está em uma posição, perspectiva ou lugar de liminaridade. Robson, entretanto, me explicou a passagem de outra forma. Võ Nea cospe primeiro e, em sua saliva, Onça encontra apenas bolhas (*rane sai*). Em seguida, Onça Celeste cospe uma saliva cheia de fios de cabelo, pois ela devora pessoas. Ao comparar as salivas, Onça percebe que é outro tipo de gente que Võ Nea (o que se come determina quem é a pessoa) e se recusa a levá-lo para baixo. O episódio mostra bem como as interpretações

"A ea txiporo	"Para a pessoa
A oaya	Que vem depois
A a nĩkãta	Ajuda mesmo peça
Txai mã txai!"	Cunhado, meu cunhado!"

345	*Awẽ iki amaĩnõ*	Assim diz
	A a tsaosho	Na árvore sentado
	A awẽ oĩa	Ele vê partir
	Naí votĩ ikitõ	Para onde céu encurva
	Shetsĩ ii	*Shetsinnn* — Onça soa
350	*Reshniko aoi*	Soa e parte[25]

	Shavá mashtevakĩmãi	Quando amanhece
	A a tsaosho	Sentado ainda está
	A awẽ oĩa	E logo vê
	Vari tachi inamãi	Enquanto sol chega
355	*Tokor io tachi*	*Trrtrr* — zoando
	Vari komã meviki	Da árvore-sol
	Ako ao tachi	*Tom tom* — bicando
	A aki avai	Dali ele vem

	Nĩwã potxini	No matamatá
360	*Ne tachi oshõki*[26]	Pica-Pau pousa
	Nĩwã potxini	No meio do matamatá
	Ronoake akei	No tronco pousa
	A aki aoi	Assim mesmo faz
	A nokoinisho	E ali chega

---

de uma mesma história podem mudar à revelia do cantador, que nem sempre tem a melhor chave de compreensão (e, consequentemente, de tradução) para sua própria versão.

[25] *Shetsĩako* veio do leste e foi embora para o oeste. Chegou de noite e partiu de madrugada, no começo do dia.

[26] No original, o cantador não nomeia a personagem em questão ao longo da narrativa, algo comum ao estilo alusivo das artes verbais marubo. Na tradução, porém, o nome da personagem está explicitado.

Isko metaska

365	"Txai mã txai	"Cunhado, ô cunhado
	Mãchokia mastaki	Essa cabeça careca
	Mia reratimai!"	Vou mesmo cortar!"
	Awẽ aki aoa	É o que diz
	"Txai mã txai	"Cunhado, ô cunhado
370	Ea aská asma	Não faça isso
	Ea onis ariwẽ	Venha me ajudar
	Txai mã txai!"	Cunhado, meu cunhado!"
	A aki aoi	E ele então
	"Atõ na shavõsho	"Por tomarem mulher
375	Ea rawiavo	E rivais virarem
	Ẽta neskai"	É que assim estou"
	Awẽ iki amaĩnõ	Ele lamenta
	"Mĩ kemo paketa	"Então cuspa aqui
	Txai mã txai"	Cunhado, meu cunhado"
380	A aki aoa	Pica-Pau ordena
	Awẽ kemo pakea	Ele cospe
	Rane sai nonoa	E bolhas de saliva
	Merakia avaiki	Pica-Pau encontra
	"Ẽ mia enenõ"	"Levarei você!"[27]
385	A aki avaiki	E segue ensinando
	"Txai mã txai	"Cunhado, meu cunhado
	A vetsopaketso	Seus olhos feche

---

[27] Dá-se o oposto do episódio anterior, com Onça Celeste. Pica-Pau encontra bolhas na saliva de Võ Nea e vê que são o mesmo tipo de gente. Pode, portanto, levar o protagonista de volta para a terra.

O desaninhador de japós

	A mia enenõ	Vou te levar
	Ẽ shawã tenero	Mas meu cocar de arara
390	*Ea txokãkãroa*	Você não confunda
	Ea iti ashõtso!"	Deixe-o ajeitado!"
	A aki aoi	E segue dizendo
	"Vetso pakesh kamẽi	"Os olhos feche
	A mĩ tsaoi"	E sente aqui!"
395	*A aki aoi*	Assim diz
	Teã inivãiniki	E no ombro agarrado
	Nĩwa potxini	Circulando o tronco
	Pokeake akei	Descem rodando
	Ne pakekarãi	No tronco escorregam
400	*Wa a mãiki*	E ali na terra
	Nitxĩkia aoi	Ficam de pé
	"Ewainĩ paparao	"Quando mãe e pai
	Merayoitanosho	Você for procurar
	Mĩ kai vevosho	Em seu caminho
405	*Shawã pano yochĩni*	Espírito Tatu-Arara
	A tano viarao	Vai mesmo encontrar
	Tõ iwã iwã	*Tõ tõ* — colhendo larvas
	Meramavã ĩroa!	Com Tatu não fale!
	Tea kavãikemẽ	Rápido desvie
410	*Mĩ kamẽ kai!"*	E vá embora!"[28]
	A aki aoi	Pica-Pau diz
	A okĩ nĩkã	E chegando escuta
	Vai potxini karãki	No meio do caminho

---

[28] Não se trata de um tatu em forma de arara ou algo do gênero, mas do duplo ou gente tatu, que pertence ao Povo Arara (*Shawã Nawavo*) e, portanto, assim é classificado. Antepassado Tatu aí está colhendo as larvas que crescem em troncos podres — uma iguaria para a culinária marubo deste e de outros tempos. Ele deve furar a madeira para retirar as larvas: daí a razão da onomatopeia. O trecho se refere a mais uma das recomendações desta personagem mediadora, Pica-Pau.

Isko metaska

	A awe nĩkã	Võ Nea algo escuta
415	*Shawã pano yochĩki*	Espírito Tatu-Arara
	A tano viki	Ele mesmo escuta
	Tõ iwã iwã	*Tõ tõ* — colhendo larvas
	A tachĩvãĩsho	E vai chegando
	"Teakemekãĩtso"	"De tatu desvie!"
420	*A awẽ akamẽki*	Pica-Pau avisara
	A tachi karãki	Mas vai chegando
	Meramavarãi	E Tatu encontra
	A aki aoi	Assim mesmo faz
	Võ Nea sheni	Antepassado Võ Nea
425	*"Txai mã txai*	"Cunhado, ô cunhado
	Mĩ tano viara?"	Está pegando larvas?"
	Awẽ aki aoa	E Tatu então
	"A tavakawãsta!"	"Vá embora!"
	Awẽ aki aoa	E ele responde
430	*"Ewa inĩ paparo*	"Para meus pais
	A a ayasho	Se lá estiverem
	Ẽ meramatãno	E eu encontrar
	Mĩ tano viarao	Das suas larvas
	Mia rave viãno	Parte quero levar
435	*Txai mã txai*	Cunhado, meu cunhado
	Eã mia vishõno"	Deixe-me pegar!"
	Awẽ aki aoa	E Tatu então
	"A a kawãsta!"	"Vá embora!"
	A atimavaikĩ	Mas ele insiste
440	*Awẽ shawã tenenõ*	E cocar de Tatu
	Wa kichi sheshapa	Entre as coxas

O desaninhador de japós

	Osõvãivãiki	Cocar coloca
	Owa naí shavaya	E para aquele céu
	Ori aki aoi	Cocar o joga[29]
445	*Awẽ ori akáki*	Para lá voando
	Owa naí shavaya	Na morada do céu
	Shavá avainiki	Na morada chega
	Võ Nea sheni	Võ Nea, o antepassado
	Shete Vero Kene	No lugar de despertar[30]
450	*Anõ vesokãia*	De Urubu Vero Kene[31]
	Shetẽ karo peshatĩsh	Aonde lenhas racham
	Pakei kaoi	Ali mesmo cai
	Võ Nea sheni	Võ Nea, o antepassado
	Atõ papa sheniki	Urubu, velho pai[32]
455	*Tawa roa akĩki*	Suas flechas ajeita
	Awẽ nishõ oĩya	Assim ele vê
	A tachikãia	Ao ali chegar
	Merakia aoi	Urubu encontra
	A mera anãki	E seus filhos chama
460	*Kenaina aoi*	Para irmão conhecerem[33]

---

[29] Võ Nea insiste em conversar com Tatu e decide brincar com seu cocar. Coloca-o entre suas coxas, mas o cocar o arremessa misteriosamente para o céu. O protagonista chega então na casa de Urubu, na Morada do Céu-Morte (*Vei Naí Shavaya*), o primeiro estrato celeste da cosmografia marubo.

[30] Metáfora para aldeia.

[31] Urubu do Olho Desenhado, mesmo personagem que já havia aparecido em "Pajé Flor de Tabaco".

[32] Urubu também é pai de Võ Nea. Quando estava na barriga de sua mãe, o protagonista foi encantado ou enfeitiçado (*roá*) por Urubu. Noutras palavras, o duplo de Urubu passa a estabelecer relações com a sua mãe, assim fazendo com que a criança seja também seu filho. Trata-se de procedimento comum e bastante importante nos tempos míticos e atuais: quando a mulher está grávida de um mês e seu marido encontra alguma espécie de animal, o duplo do bicho poderá gestar o (duplo do) filho em paralelo com seu pai vivente, que é o responsável pela fecundação e crescimento de seu corpo/carcaça (*shaká*).

[33] Võ Nea chega bem no lugar em que Urubu costuma trabalhar. Encontra-o ali fazendo flechas, hábito de alguns homens marubo mais velhos.

"Ẽ mera mĩtxivo	"Meus filhos todos
Matoini merarao	Esse de quem falo
A na yoitsẽ	De vocês irmão é
Matoini mera	É meio-irmão
465 A mera meraka	Irmão mesmo é
Ẽ mato akánã!"	Verdade digo!"
Ato aki aoi	Assim conta
Atõ poshôvarãmai	E todos vêm
"A naivoro	"Essa pessoa aí
470 Matoini mera	É meio-irmão
A mera meraka	Irmão mesmo é
Ẽ mato akanã!"	Verdade digo!"
Ato aki aoi	A eles explica
"Mato ini merarao	"Ao seu irmão
475 A a pimanã!"	Comida ofereçam!"
A aki aoi	Assim ordena
"Osho kari meshkãia	"Batata branca
Pãivãivaiki	Vamos cozinhar
Noke nĩ merarao	Para comer
480 A nõ pimanõ"	Com nosso irmão"
A ikianã	É o que dizem
Osho kari meshkãia	E batatas brancas
Atõ naí akaki	Eles preparam
Setẽvarãvarãi	Nos bancos sentam
485 A aki avai	E logo dizem
"Ẽ evemerapa	"Para meu irmão
Wa vẽcha sheniki	Gordura de sucuri
A oshkevarãi	Um pouco sirvo
Tsaõvarãoi	E aqui coloco

O desaninhador de japós   241

490	*A evemerapa*	Meu meio-irmão
	A vẽcha sheninã	Gordura de sucuri
	A mĩ akara?"	Você comerá?"[34]
	A iki aoi	Assim perguntam
	"A aivoro	"Dessa gordura
495	*Ẽ akamataki"*	Eu não como"
	A iki aoi	Assim diz
	Wetsa oshkevarãi	Outra gordura servem
	A tsaõvarãi	E ali colocam
	"A kamã sheninã	"Da gordura de onça
500	*A mĩ akara*	Você comerá
	Ẽ evemerapa?"	Meu meio-irmão?"[35]
	A iki aoi	Assim perguntam
	Wetsa oshkevarãi	Outra gordura servem
	Wetsa tsaõvarãi	E ali colocam
505	*"A shae sheninã*	"Da gordura de tamanduá
	A mĩ akara	Você comerá
	Ẽ evemerapa?"	Meu meio-irmão?"
	A iki aoi	Assim perguntam
	Wetsa oshkevarãi	Outra gordura servem
510	*A tsaõvarãi*	E ali colocam
	"A naivoro	"E dessa será
	A mĩ akara	Que você comerá
	A awá sheninã?"	Da gordura de anta?"

---

[34] A gordura é um alimento bastante apreciado na culinária marubo.

[35] O cantador pula a resposta, mas parece que Võ Nea não gosta dessa gordura de onça. Idem para as perguntas seguintes.

Isko metaska

	Awe iki amaĩnõ	E ele então
515	*"A aivoro*	"Dessa gordura
	A ẽ akanã"	Dessa eu como"
	A iki aoi	Assim mesmo diz
	Wetsa oskevarãi	Outra gordura servem
	A tsaõvarãi	E ali colocam
520	*"Mĩ anõ akara*	"Dessa gordura comerá
	A iso sheninã	Da gordura de macaco[36]
	A ẽvemerapa?"	Meu meio-irmão?
	A iki aoi	E ele então
	"A aivoro	"Dessa gordura
525	*A ẽ akanã"*	Dessa eu como"
	A iki aoi	Assim mesmo diz
	Wetsa oshkevarãi	Outra gordura servem
	Wetsa tsaõvarãi	Ali mesmo colocam
	Vanaina aoi	E vão falando
530	*"A vi sheninã*	"De tamanduá-mirim
	A mĩ akara	Dessa gordura comerá
	A ẽvemerapa?"	Meu meio-irmão?"
	A iki aoi	Assim perguntam
	"A aivoro	"Dessa gordura
535	*Ẽ akamataki"*	Eu não como"
	A iki aoi	Assim mesmo diz
	Võ Nea sheni	Võ Nea, o antepassado
	Wetsa oshkevarãi	Outra gordura servem

---

[36] Macaco-aranha.

	A tsaõvarãi	E ali colocam
540	*"A yapa sheninã*	"Da gordura de peixe
	A mĩ akara?"	Você comerá?"[37]
	Wetsa oshkevarãi	E outra servem
	"A txona sheninã	"Da gordura de barrigudo[38]
	A mĩ akara	Você comerá
545	*Ẽ evemerapa?"*	Meu meio-irmão?"
	A iki aoi	Assim mesmo dizem
	Wetsa oshkevarãi	E outra servem
	"A yawa sheninã	"Da gordura de queixada
	A mĩ akanã	Você comerá
550	*Ẽ evemerapa?"*	Meu meio-irmão?"
	A iki aoi	Assim perguntam
	"A aivorao	"Dessa gordura
	A ẽ akanã"	Dessa eu como"[39]
	A iki aoi	Assim mesmo diz
555	*Võ Nea sheni*	Võ Nea, o antepassado
	"Matoni meranĩsh	"Com seu irmão
	A a pirina!"	Com ele comam!"
	Atõ aki aoi	Assim mesmo ordena
	Atõ papa sheniki	Seu velho pai

---

[37] O original omite a informação, mas subentende-se que ele come.

[38] Macaco barrigudo. Dessa gordura ele come.

[39] Urubus comem toda espécie de comida, mas não Võ Nea, que é outro tipo de gente. Donde a razão das questões de seus irmãos.

Isko metaska

560	A sheniakiki	Da gordura come
	Tetávãivãi	Hã hã, pigarreia
	A aki aoi	Com a garganta
	Pikĩ mashtevãi	Refeição termina
	Vanaina aoi	E vai falando
565	"Matonĩ mera	"O irmão de vocês
	Awesakarãi	Por que veio?
	A awẽ oara	Que faz aqui?
	A yoãmashõro	Ainda nada contou
	A nĩkãna!"	Escutem-no!"[40]
570	Atõ aki aoi	Assim ordena
	Atõ papa sheniki	O velho pai
	"Nokeni merapa	"Nosso meio-irmão
	Awesakarãi	Por que mesmo
	Mĩ anõ oara?"	Veio para cá?"
575	Atõ aki aoa	Assim perguntam
	"Eri chinãshose	"Por coisa alguma
	Neskámat eaki	É que não vim
	Atona shavõsho	Por roubarem mulher
	Ea rawiavo	E rivais virarem
580	Ẽta neskai"	É que assim fiquei"
	A ikianã	Assim mesmo diz
	A awẽ yoã	A sua história
	Nĩkãki avaiki	Eles escutam e
	"Nokeni merapa	"Nosso meio-irmão
585	A nãtõro	Vai com isso
	A ato kopíta"	Deles se vingar"

---

[40] O Povo Urubu tem uma etiqueta similar à dos Marubo atuais: pergunta-se sobre os propósitos de um visitante apenas depois que ele terminou a sua refeição.

	A ikianã	Assim dizem
	Shetẽ Tae inĩsho	Pajé Shetẽ Tae
	Shete Vero Kene	E Shete Vero Kene
590	*Awẽ parã yotxiki*	Sua pimenta-truque[41]
	A a inãki	A ele entregam
	Yosĩkia aíya	E assim ensinam
	Atõ shara mõtiki	Vespas vorazes[42]
	A a inãki	A ele entregam
595	*Yosĩkia aíya*	E assim ensinam
	"A nãtõ akĩrao	"Com isso aqui
	Mĩ kamẽ askáki"	Faça assim assim"
	Ikĩ yosĩ owia	É o que ensinam
	Yosĩkia avaiki	Ensinam e então
600	*Atõ shara mõtiki*	Vespas vorazes
	Inãkia aíya	Eles entregam
	"Papani ewa	"Aos seus pais
	Mĩ kamẽ yosĩ	Isso também ensine
	'Metsomaroa!'	'Nisso não toquem!'
605	*Mĩ kamẽ aki"*	Assim mesmo diga"
	Akĩ yosĩ owia	É o que ensinam
	Askáki avaiki	E depois então
	"Seka txaka niko	"Ô seu feioso
	Nokeni merarao	Nosso meio-irmão

---

[41] *Parã*: engano, mentira, truque. Trata-se de uma pimenta especial preparada pela gente-urubu.

[42] Trata-se, a rigor, de um estojo (*mõti*) feito de uma seção de taboca, cheio de vespas pretas perigosas, como se verá. Na tradução, tomo a liberdade de empregar uma recriação poética.

610	*A a eneta!"*	Leve-o embora!"[43]
	A aki aíya	É o que diz
	Atõ aki aoi	E logo manda
	Atõ aki aoa	E tendo mandado
	Seka txaka niko	O mais feioso
615	*Atoni meraki*	Seu meio-irmão
	Teãinivaiki	No ombro coloca
	Vei Naí Shavayash	Da Morada do Céu-Morte
	Ronopakekarãi	Vai descendo planando
	Peã akeakei	Girando girando
620	*Aki apakarãi*	E logo chegam
	Awẽ ewa iniki	No lugar de despertar[44]
	A awẽ papa	De sua mãe
	Anõ vesokãia	De seu pai
	Wa wai repiki	No fim do roçado
625	*A nitxĩ pakei*	Ali mesmo pousam
	A aki awãi	E irmão deixando
	Awẽ kamaĩnõ	O feioso logo volta
	Ewani papaki	Mãe e pai
	Meramavãi	Võ Nea vai encontrar
630	*Yene vari isĩni*	Todo sem cabelo
	Awẽ vo keyõti	Pelo sol queimado
	Ewani papaki	E seus pais
	Onãtima aoi	Não o reconhecem
	A tachikãisho	E ao chegar
635	*A ewanisho*	À mãe e pai
	A awẽ papãki	Ele assim pergunta
	"Evemeravorora	"Meus irmãos
	Awesavãia	Que fazem agora

---

[43] Chefe Urubu (urubu-rei) manda seus filhos (os urubus pretos mais feios) levarem o protagonista de volta para a terra.

[44] Metáfora para aldeia (no original, linha 623).

O desaninhador de japós

	Isko Onã Nawavo"	Os filhos do Povo Japó?"
640	*Io tachi aoi*	Pergunta ao chegar
	"Awesa amai	"Lá foram eles
	A minõ aneki	No lago batizado
	A atõ anea	Com seu nome
	Mãkõ iã ashãnõ	No Lago do Careca
645	*Ivai ini voavo"*	Timbó foram jogar"[45]
	Iki nĩkã anãki	Assim mesmo escuta
	"Ẽ ato oĩno"	"Vou procurá-los"
	A iki aoi	Assim diz
	A a askáki	E quando vai
650	*A awẽ oĩa*	Ele antes encontra
	Shapo chinãivoya	Shapo, mais sabido
	A awẽ aĩki	Com sua mulher
	Atõ viãchnaki	Que havia roubado
	Wanĩ Rave aĩvo	Com mulher Wanĩ Rave
655	*A vevo ashõki*	Vindo na frente
	Tachikarã aoi	Ele vem chegando
	Awẽ tachikarãmãi	E enquanto isso
	A awẽ ewaki	À sua mãe
	Yosĩkia aoi	Ele assim ensina
660	*"Ewa mã ewa*	"Mãe, minha mãe
	Ẽ ato pimanõ	Pimenta oferecerei
	Wakapashakemẽi	Água de beber
	A a keyoki	Com a água acabe
	Oka okõ okõi	Água entorne
665	*Mĩ kamẽ akĩ"*	Faça mesmo assim"

---

[45] Os irmãos batizaram de "Lago do Careca" o tal lugar, assim fazendo piada com Võ Nea. Lá estão jogando folhas espremidas de timbó, que entorpece os peixes com seu veneno e assim facilita a pesca.

	A iki aoi	Assim diz
	A awẽ yosĩash	E tendo ensinado
	A awẽ ewãki	A sua mãe
	A wakapashaki	Água de beber
670	*Oka okõ okõi*	Entorna entorna
	Awe aki avaiki	Assim faz e
	Awẽ tachikarãmai	Vem chegando
	Shapo chinãivoya	Shapo, mais sabido
	"A a ikori	"Entre aqui irmão
675	*Ẽ mia pimanõ"*	Comida te darei!"
	A aki aoi	Assim diz
	"Ã anõ pimanõ	"Para o irmão
	A a yotxiro	Aquela pimenta
	A shana ariwẽ	Esquente logo
680	*Ewa mã ewa!"*	Mãe, minha mãe!"
	Awẽ aki aoa	E assim então
	A a yotxiki	Aquela pimenta
	Shana aki avaiki	Ela esquenta
	"A ẽ pinõnã	"Para mim mesmo
685	*Mĩ kamẽ yamai"*	Pimenta não sirva"
	A akĩ yosĩ	Ele havia ensinado
	A a yotxiki	Daquela pimenta
	A teshavaiki	Um pouco pega
	Ã tsãovãimãi	Para irmão coloca
690	*A yotxi piki*	E pimenta come
	"Yotxi roaparaki!"	"Pimenta deliciosa!"
	A iki aoi	Irmão diz
	Awẽ keyovãimãi	E quando termina
	A teshavãiki	Outro pouco pega

O desaninhador de japós

249

695	Tsãovãi aoi	Ali coloca
	Awẽ aská akaki	Assim mesmo faz
	A yotxi pirao	Pimenta ele come
	Vanaina aoi	E vai falando

	"Yotxi sheniyarakĩ!"	"Pimenta gordurosa!"[46]

700	A iki aoi	Irmão diz
	Onãtĩpakis	Sem nada perceber

	"Yotxi naí akĩki!"	"Ai, pimenta ardida!"

	Awẽ iki amaĩnõ	Assim ele diz

	"Wakapasha avarã!"	"Traga água!"

705	Awẽ iki amaĩnõ	Assim ele pede

	"Ewa mã ewa	"Mãe, minha mãe
	A wakapashanã	Não tem mesmo
	A a yamara?"	Água de beber?"

	Awẽ aki aoa	Võ Nea diz

710	"Wakapasha yamanã"	"Água acabou"

	A ikianã	Ela responde
	Wa a chomoki	E naquele pote
	Ãta avetavai	Ele vai procurar
	Awẽ askámaĩnõ	E assim então
715	Shapo chinãivoya	Shapo, mais sabido
	A a kakĩse	Vai logo saindo

	"Akõvãitanõnã"	"Lá fora encontrarei"

---

[46] A pimenta é uma substância admirada na culinária marubo.

Isko metaska

	Ikia karãi	Assim diz e vem
	A oki amaĩnõ	Mas ao chegar
720	Wa waka poketĩ	Na beira do igarapé
	A votokarãki	Em seu encontro
	A awẽ oĩa	Ali ele vê
	A wakapashaki	Água de beber
	Mã a netsôya	Já toda seca
725	A oĩanãki	Assim mesmo vê
	Waka tavairiki	Pelo rio desce
	Tsas ipakãi	Abrindo caminho[47]
	A aki aoi	Assim mesmo vai
	Awẽ askámaĩnõ	E logo então
730	Võ Nea sheni	Võ Nea, o antepassado
	A shotovarãki	Vem mesmo atrás
	A awẽ oĩa	E não encontram
	A wakapashaki	Água de beber
	A itimavai	Que já secou
735	Wa epe tavaki	Ao lado da jarina
	Wasã iki pakei	Buraco ele cava[48]
	Awẽ aki amaĩnõ	E enquanto o irmão
	Awẽ askámaĩnõ	Água ali procura[49]
	Võ Nea sheni	Võ Nea, o antepassado
740	Richkia aoi	Seu irmão mata
	Võ Nea sheniki	Võ Nea, o antepassado

---

[47] O irmão de Võ Nea vai abrindo caminho pelo mato (*tsas*, uma onomatopeia para os galhos quebrados e afastados) para encontrar água.

[48] O irmão cava a terra ao lado de uma touceira de jarina, que supostamente armazenaria água.

[49] Nesta e noutras passagens, o cantador se utiliza de duas fórmulas-padrão de conexão praticamente iguais (*Awẽ aki amaĩnõ/ Awẽ askámaĩnõ*), que eu aproveito para inserir informações subentendidas nos versos, a fim de esclarecer a leitura.

O desaninhador de japós

	Awẽ mão vaká	E seu duplo solitário[50]
	Rapakekãi	Vai logo saindo
	Wa naí shavaya	Para aquele céu
745	*Shavá avainita*	Para o céu sobe
	Naí Koĩ Nawavo	Nas pimentas-névoa
	Koĩ yotxi vanati	Do Povo do Céu-Névoa
	Koĩ yotxi pei	Nas folhas-névoa
	Votĩ iki irinõ	Ali se enrola
750	*Koĩ mai tsomĩsho*	Na terra-névoa agarrado
	Nioi kaoi	Ali vai viver
	Ave anõshorao	Para assim fazer
	Koĩ shae merano	Tamanduá-névoa aparecer[51]
	Wanĩ rave aĩvo	Mulher Wanĩ Rave
755	*Shetẽ yotxi pasanõ*	Da pimenta come
	Yove yovekãi	e outra vira
	Naí põshã meisho	No pulmão do céu[52]
	Tsaoi kaoi	Agarrada fica
	Ave anõshorao	Para assim fazer
760	*Põsẽ naĩ merano*	Preguiça malhada aparecer[53]
	Aská avainiki	E depois então
	"Isko Onã Nawavo	"A gente do Povo Japó
	A atõ ashã	Vou procurá-los
	Ẽ anõ oĩnõ"	Onde jogam timbó"[54]

---

[50] Robson diz que o cantador não estava certo ao mencionar o "duplo solitário" (*mão vaká*), que é ruim e não vai para o destino celeste após a morte. Deveria ter mencionado o *chinã nató* (duplo do peito ou coração), que tem um destino diferenciado.

[51] O duplo do irmão de Võ Nea vai para o último estrato celeste da cosmografia marubo, a Morada do Céu-Névoa (*Koĩ Mai Shavaya*), e lá se agarra às folhas das plantações de pimenta. Transforma-se em tamanduá-névoa, que não é, portanto, o tamanduá dessa nossa terra.

[52] Metáfora para árvore.

[53] *Bradypus variegatus*.

[54] Entre os Marubo, tais pescarias com timbó são eventos coletivos, que costumam reunir toda a parentela residente em uma maloca.

765	A ikianã	É o que diz
	Shete shara mõtiki	E vespas vorazes
	A vivai iniki	Ele vai levando
	Awe kakĩ oĩa	E no caminho vê
	A tachikãiki	Quando vai chegando
770	A awe nĩkã	Ele algo escuta
	A iã ashãi	No lago pescarem
	A a oĩ	Võ Nea vê
	A shoko shokosa	Todos juntos juntos
	Nokovãi aoi	Ali chegando
775	A nokovãisho	E ao chegar
	Rovo panã peiki	Folhas de açaí-japó
	Tova tovatashõki	Arranca e arranca
	Shovo aki avaiki	Abrigo faz
	A shetẽ shara mõtiki	E vespas vorazes
780	A awẽ kepẽa	Ele vai soltando
	A a kepẽki	E ao soltar
	A awe nĩkã	Ele algo escuta
	Wa iã kesoki	Na beira do lago
	A a kãtxisho	Mães reunidas
785	Vake kokáishõi	Para os filhos cantarem
	"Mãkõ iã iãri"	"O lago do carecaca..."
	Iki koká yoi	É o que cantam
	A a askái	Assim elas fazem
	Awẽ koká imaĩnõ	E enquanto cantam
790	Shetẽ shara mõtiki	Vespas vorazes
	A awẽ kepẽa	As vespas solta
	Noko tachi aoi	E elas chegam
	Txakarki aoi	As crianças berram
	Awẽ askámaĩnõ	E dizem então
795	"A awesai	"Por que será
	A txakarimai?	Que estão berrando?
	Mĩ anõ iki	Vá logo você

O desaninhador de japós

253

	Ene ene ariwẽ!"	Calar as crianças!"[55]
	A iki aoi	Diz alguém
800	*A askátanise*	Mas logo porém
	A txakarkiki	Também eles berram
	Shokoini aoi	Dos parentes todos
	A pãtxo kinĩki	Seus ouvidos
	A ereikoi	As vespas invadem
805	*A wetsaki*	Daquele outro
	Wa rekĩ tseweki	A sua narina
	A ereiko aoi	As vespas invadem
	A a askáki	Assim acontece
	Isko Onã Nawavo	À gente do Povo Japó
810	*Shetẽ shara mõtino*	As vespas vorazes
	Atokia keyoa	Todos exterminam
	Matsí matsí atãi	E assim acalmam
	A aki avai	E logo depois
	Ato keyotaniki	Que todos terminaram
815	*A pama tiovo*	Feito frutos inchados[56]
	Atõ shara mõtino	As vespas vorazes
	Wei iki amaĩnõ	Vão voltando
	Kepokia avaiki	E ele recolhe[57]
	Awẽ kakĩ oĩa	E andando vê
820	*A a masoa*	Montes de corpos
	Nokovãi aoi	Ao ali chegar
	Iã tavariki	O lago contorna
	Oĩ pakevãiki	E passando encontra

---

[55] Os próprios parentes reclamam entre si e mandam alguém ir acalmar as crianças. Não percebem ainda o que está acontecendo.

[56] Fruto não identificado (parece se tratar da amaparana, *Apocynaceae*).

[57] Escondido em um abrigo, Võ Nea espera as vespas voltarem (gordas, do tamanho de um fruto por terem chupado todo o sangue das pessoas) e as fecha no estojo de taboca.

	A awẽ oĩa	Ali mesmo vê
825	*Shane Vama sheni*	O velho Shane Vama
	A tsismã meweya	Uma traíra segurando
	Ã tachi inamãi	Ali ele encontra .
	"Koka mã koka	"Tio, meu tio[58]
	Mia aská aivo	Não fazia assim
830	*Imismata miaki*	De mim não mangava
	Atoni raveya	Mas deles é
	A raveyata	Também mais um
	A a miai"	É também você"
	A ikianã	Assim diz
835	*Ã tsismã keõki*	Espeto de peixes
	Viãkesnãki	Do tio toma
	A tsismã keõne	E o espeto
	A napôtakĩki	Em sua barriga
	Richkiki aoa	Na barriga bate[59]
840	*Wetsa wetsakãi*	E vai virando
	Shane Vama sheni	Antepassado Shane Vama
	Ave anõshorao	Para então fazer
	Shane áka merano	A saracura aparecer
	Aská aki aoi	Assim acontece
845	*Võ Nea sheni*	Antepassado Võ Nea
	Aská aki atãi	Assim mesmo faz
	Isko Onã Nawavo	As carcaças
	Potaini ini	Do Povo Japó
	Ato akĩ avaiki	Ele ali ajeita
850	*Nioake kawãsho*	E fica em pé
	Võ Nea sheni	Antepassado Võ Nea

---

[58] Irmão da mãe.

[59] Seu tio carrega um espeto no qual enfiara as traíras pescadas. Robson diz que o protagonista bate nas costas de seu tio com o espeto, e não na frente, como diz essa versão da história.

O desaninhador de japós

"*Ẽ evemeravo*	"Meus meios-irmãos
Mã ẽ akanã	Todos mesmo matei
Roa aki verina!"	Venham terminar!"

855	*A ikianã*	É o que diz
	Pa ika ikaini	*Ooo* — urubus chama
	A aki aoi	Assim logo faz
	Võ Nea sheni	Võ Nea, o antepassado[60]

---

[60] O final do *Isko metaska saiti* se junta ao *Kamã Txi Ninã saiti*, a história do roubo do fogo de Onça. Lauro, no entanto, aqui termina a sua versão. Disseram-me que, ao retornar para casa, Võ Nea coloca o estojo com as vespas em um canto da maloca. Seus pais, desobedecendo as instruções do filho, mexem nas vespas, que acabam sugando também o seu sangue. Võ Nea fica triste e decide ele mesmo comer a pimenta dos urubus. Termina por se transformar em capivara e vai viver em um determinado rio (*yora waka*). Essa capivara é maior do que as que se encontram por aí e costuma andar sozinha pelo mato. Outra versão desta narrativa conta que as vespas ficam com vergonha (*ravĩa*) de terem matado a família de Võ Nea e, por conta disso, vão embora para o céu. Uma parte vai para o olho do tucumã (*pani peso tanáiri*) e vira mel arapuá ou mel de tucumã (*panĩ vakõ*); outras vão para o olho da samaúma (*shono pesotanáiri*) e viram mel arapuá de samaúma (*shonõ vakõ*). Outras, ainda, vão para o matamatá (*nĩwa*) e para a paxiúba (*tao*), virando outras espécies de mel. É por isso que as vespas *chara* sugam sangue dos animais. Quando se mata uma caça, elas sentem de longe o cheiro do sangue. Outras destas vespas viraram *tiva*, uma abelha que suga a seiva de certas árvores e que faz um mel de má qualidade.

10

Temĩ Txoki

Temĩ Txoki, o surgimento de Lua

Cantado por Antonio Brasil Marubo

A história de Temĩ Txoki se refere ao conhecido tema pan-amazônico da Lua, cujo surgimento se dá através de uma figura masculina que tem relações conflituosas (muitas vezes incestuosas) com sua parentela próxima. Uma versão kaxinawá foi registrada há um século por Capistrano de Abreu[1] e, mais recentemente, republicada pelo poeta português Herberto Helder.[2] O texto aqui traduzido apresenta uma versão mais detalhada e marcada pela estrutura formular dos cantos *saiti* marubo. Temĩ Txoki (nome do protagonista antes de sua transformação final) é outra figura da solidão e da liminaridade, que permanece nos limbos do parentesco até o desfecho da narrativa. Entre o adolescente e o infantil, ele costuma ser chamado de lascivo e insensato, muito embora não deixe de ser também respeitado pelos atuais Marubo. Após sua transformação final em lua, Temĩ Txoki segue mantendo uma relação especial com as mulheres, que ele costuma assediar durante a noite. Dizem que o sangue menstrual é o seu sêmen, uma vez que Lua copula com as mulheres em certo período do mês. Não por acaso, os Yaminawa (também falantes de uma língua pano) costumam evocar Lua para estancar as hemorragias pós-parto das mulheres. Em seus cantos de cura *koshoiti*, os xamãs de tal povo da Amazônia ocidental dizem conhecer o *yochĩ* (agente humanoide) deste corpo celeste que ataca as mulheres. Através de uma série de comandos verbais, expulsam aos poucos o invisível homem inconveniente, a fim de restaurar a saúde das mulheres enfermas.[3]

---

[1] João Capistrano de Abreu (1941 [1914]).

[2] Herberto Helder (1997).

[3] Cf. Graham Townsley (1993: 449-68).

A construção do mito de Temĩ Txoki se vale de um dilema narrativo comum à mitologia marubo e outras tantas ameríndias: a separação inexorável entre um homem e uma mulher que pertencem a posições distintas do cosmos. Isso tanto no que se refere à relação entre vivos e mortos (tal como no caso de "Raptada pelo Raio") quanto entre pessoas que pertencem a coletivos humanos distintos uns dos outros (nestes mundos em que *humano* não é uma exclusividade nossa, mas sim uma qualidade genérica do cosmos). A despeito de se revelarem em seu aspecto humanoide, as Mulheres-Juriti, também protagonistas desta história, são outro tipo de gente. Por conta disso, acabam por criar conflitos nesta terra (e uma estrutura de tensão entre nora e sogra se reproduz novamente aqui, tal como nas narrativas de Shoma Wetsa e de Shetã Veká). Mais adiante, Temĩ Txoki encontrará dificuldades para se adaptar à referência de sua esposa-juriti e terminará por se envolver em confusões. Nesse ponto, a violência decorrente da relação entre pessoas de distintas posições ou mundos adota novamente aquele sentido etiológico peculiar observado nas outras páginas: ela dá origem às características do cosmos atual, cujas qualidades e elementos derivam, mais uma vez, do corpo como matéria de transformação privilegiada pelo pensamento mítico.

1	*Temĩ Txoki sheni*	Diz Temĩ Txoki[4]
	"Anõ kaminati	"Meu urucum
	Ẽ mashe vanaa	De rosto pintar
	Ã keyokãi	Já quase acaba
5	*Ẽ anõ oĩnõ"*	Outro vou buscar"
	A ikianã	Assim fala
	Mashe shovo ashõki	E abrigo faz
	A awẽ owia	No pé de urucum
	Mashe shovo avai	Para se esconder
10	*A tsao ikosho*	Ali mesmo senta
	A awẽ oĩa	E então vê
	Nomã Peko iniki	Peko, Mulher Juriti
	Nomã Mashe aĩvo	E Mashe, Mulher Juriti
	A tachivarãi	Juntas chegando
15	*Nomã Peko aĩvo*	Peko, Mulher Juriti
	Pai ina kawãi	No arbusto sobe
	A a wetsarao	Enquanto a outra
	Tero niákemaĩnõ	Embaixo fica
	Pai ina kawãki	Peko sobe
20	*Mashe metsetavai*	Frutos colhe
	Toshavakĩvaiki	Frutos abre
	Tapãshemevakĩ	E pinta os pés
	A aki avaikĩ	Assim faz e
	Wetsa metsevarãvai	Mais frutos colhe
25	*A tero niáya*	E para baixo
	Ori ashõ voãi	Para Mashe joga
	Ori ashõ voãa	E tendo jogado
	Mashe toshavakĩvai	Frutos abre

---

[4] *Temi* é a goma da mandioca processada (*atsa poyô*). O nome do personagem, no entanto, não deve assim ser traduzido e não parece corresponder exatamente a tal termo da língua marubo atual.

Tapãshemẽvakĩ	E pinta os pés[5]

30	*A aki amaĩnõ*	Assim faz e
	Wetsa metsetavai	Mais fruto colhe
	Toshavakĩvaiki	Fruto abre
	Kaminavakĩ	Rosto pinta
	A aki avaikĩ	E logo então
35	*Wetsa metsevaiki*	Mais fruto colhe
	A tero niáya	E para baixo
	Ori ashõ voãi	Para Mashe joga
	A aki aoi	Assim faz

	A aki amaĩnõ	E ali então
40	*Temĩ Txoki sheni*	Antepassado Temĩ Txoki
	A kayakãiki	Da tocaia sai
	A awẽ oĩa	Embaixo encontra
	A tero niáya	Mashe, Mulher Juriti
	Ã kayamaĩnõ	Que rápido foge
45	*Matxipai ayase*	Mas a de cima
	A teavãii	Ele vai cercando
	A aki avaiki	E assim ele
	Nomã Peko aĩvo	Peko, Mulher Juriti
	Na atxivaiki	A mulher pega

50	*"Aĩvo mã aĩvo*	"Mulher, ô mulher
	Ẽ mia vinõnã	Quero te levar
	Anõ piá amasho	Para comida preparar
	Ẽ mia merai"	Para isso te encontrei"

| | *Awẽ aki aoa* | E ela diz |

| 55 | *"Mia yoamara?"* | "Não mente?" |

| | *Awẽ aki aoa* | Ele responde |

---

[5] Daí em diante, as aves juriti passarão a ter as patas avermelhadas.

	"Ẽ yoamanã	"Não minto
	Anõ píti amasho	Para comida fazer
	Ẽ mia merai	É que te encontrei
60	Ẽ mia oĩnõ"	Para comigo casar"
	Awẽ aki aoa	E ela então
	"Mia yoamaraki?	"Não mente mesmo?
	Ẽ mia oĩnõ"	Vou te examinar"
	A ikianã	Diz mesmo ela
65	"Mia ia oĩnõ"	"Por piolhos procuro"[6]
	A ikianã	Assim diz
	A awẽ voki	E seu cabelo
	A vepẽpakesho	Vai abrindo
	A awẽ oĩa	Para encontrar
70	Ia pei ayavo	Muitas pulgas aladas
	As veiainii	Que dali saem
	Toakoinii	E se espalham
	Owa naí shavaya	Pelo espaço do céu
	Shavá avaiñita	Pelo espaço vão[7]
75	Shete Vero Kene	Urubu Vero Kene
	Anõ vesokãia	Seu lugar de despertar
	Txaitivo shakĩni	No grande gavião
	Shete Vero Kene	De Urubu Vero Kene
	Naí osho vakoshe	Em seu escudo
80	Awẽ vitxi aoa	De brancas nuvens
	Vitxi kene tsitsõne	Todo listrado[8]

---

[6] A mulher testa Temĩ Txoki ao procurar piolhos nos seus cabelos: supõe-se que um homem que não tem piolhos na cabeça deva ser cuidado por sua esposa.

[7] Nesse tempo, parece que os piolhos tinham asas e, por conta disso, voaram na direção da mulher que os procurava entre os cabelos de seu pretendente.

[8] Tal como dito anteriormente, "Lugar de despertar" é metáfora para aldeia;

	Teai voiya	Ali elas ficam
	Ave anõshorao	Para assim fazer
	Shetẽ ia meranõ	Piolho de urubu aparecer
85	Askáki aoi	Assim acontece
	Awẽ askámaĩnõ	E enquanto isso[9]
	"Ea yoamanã	"Não minto mesmo
	Ẽ mia oĩa"	Contigo quero casar"
	A ikianã	É o que diz
90	A vivarãi	Ele vem trazendo
	A ewevarãki	E a faz entrar
	A awẽ ewaki	E para a mãe
	Tanamaki aoi	Ele tudo conta
	"Ewa mã ewa	"Mãe, minha mãe
95	Ẽ aĩvo merai	Mulher encontrei
	Anõ píti amasho	Para comida preparar
	Ẽ aĩvo merai"	Mulher encontrei"
	A iki aoi	Assim mesmo diz
	Askáki avaiki	E depois então
100	"Ẽ wai txashanõ"	"Vou capinar"
	A ikianã	É o que diz
	A awẽ kamaĩnõ	E enquanto vai
	A awẽ aĩni	Sua mulher
	Ã ave aĩvõ	Mais as outras
105	A novo akarao	Nas conchas trabalha
	A novo txixpoki	Cacos de conchas

"Grande gavião", para o interior da maloca; "Escudo de brancas nuvens listrado", para as asas de Urubu. A sequência dos versos 75 a 81 pode então ser lida da seguinte maneira: "Em sua aldeia/ No pátio da maloca/ De Urubu Vero Kene/ Em suas asas/ Com brancas penas/ Nas asas listradas...".

[9] O trecho se refere ao surgimento desses tais piolhos de urubu. Em seguida, o narrador retoma o fio da história.

	Topiake tavaki	Poucos cacos colhe
	Pani mayávaiki	Nos fios de tucum
	Tĩ aki aoi	Nos fios enfia
110	*Txitxã vepẽ inisho*	Cesto abre
	Tĩ aki avaiki	Ali guarda
	A vetashe pakesho	Tampa coloca
	Enekia aoi	E ali deixa
	Aská aki avaiki	Assim faz e
115	*A awẽ owia*	As outras espiam[10]
	Aská aki avaiki	Assim mesmo faz
	A ave aĩvõ	Com as mulheres
	Waka aka oĩna	Caiçuma prepara
	Yoá ninivarãvai	Grande panela traz
120	*Manichi shokavai*	Uma banana descasca
	A a yoápa	E na panela
	Nanekia avaiki	No meio coloca
	Sheki sai raká	Um grão de milho
	A teai inisho	Ela pega
125	*Naka akeakevãi*	Mastiga e mastiga
	Pais akĩ avaiki	E dentro cospe
	Toati ninivarãvaiki	Peneira traz
	A vetashe pakesho	Panela tampa
	Tsaokia aoi	E ali deixa
130	*Tsaokia avaiki*	E tendo deixado
	A awẽ oĩa	Ela logo vê
	A awẽ veneki	Seu homem

---

[10] Mulher Juriti quebra os cacos de concha de caramujo aruá (*novo*) para fazer contas (com as quais se preparam colares e outros adornos), junto com as outras mulheres suas afins. De modo extraordinário, ela consegue encher um cesto com adornos feitos a partir de poucos cacos, o que as demais mulheres olham com inveja e admiração (o trabalho nas conchas de aruá, mais valioso bem para os Marubo, é árduo e demorado).

	A meitãi	Voltar do trabalho
	Ã tachikarãmãi	E quando chega
135	*"A awẽ wakarao*	"A caiçuma dele
	Mã ea mashteai	Já terminei
	A waka atso!"	Caiçuma beba!"[11]
	Awẽ iki aoa	Assim diz
	A vepẽ inisho	Ao abrir o pote
140	*A awe oĩa*	Ele logo vê
	Ãsĩ tae taepa	Pés e pés de mutum
	A tsaokia aoi	Na caiçuma preparada
	Ãsĩ tae taepa	Pés e pés de mutum[12]
	A oĩkia aoi	Ele mesmo vê
145	*Waka weainivãi*	Da caiçuma serve-se
	A awẽ amaĩnõ	E assim então
	A ave aĩvõ	Mulheres dizem
	"Mevi yomanasho	"Com as próprias mãos
	Txi shana yomanash	No calor do fogo
150	*Ẽ akanã*	Caiçuma faço
	A a ariwẽ!	Faça você igual!
	Inãriviro	Assim mesmo
	A aská ariwẽ!"	Faça você também!"[13]
	Ii kawãina	Elas reclamam
155	*A aki aíya*	Assim juntas dizem
	Aská aki avaiki	E depois então
	Pí mashtekãi	Refeição terminando
	A awẽ amaĩnõ	Mulher Juriti fala

---

[11] Mulher Juriti faz também aí algo de extraordinário: com apenas uma banana e um caroço de milho ela produz uma panela inteira de caiçuma.

[12] Referência metafórica à crosta que se forma sobre a caiçuma, seca e toda listrada por conta de suas rachaduras, que assim se assemelha às patas rajadas do mutum.

[13] As mulheres estão bravas, estão com inveja de Peko, que fazia a caiçuma aparecer por magia, enquanto elas trabalhavam mais do que dobrado.

160	"A a reshpirao	"Um adorno nasal
	Ẽ mia ashõi	Para você fiz
	A a tanawẽ!"	Venha vestir!"
	A ikianã	É o que diz
	Txitxã vepẽ inivai	Seu cesto abre
	A a reshpiki	E belo adorno
165	Sawemaki aoi	No homem veste
	A a paviki	Outro adorno nasal
	Sawemavevakĩi	Ela vai vestindo
	Poyãkiri osheki	As braçadeiras
	Sawemavevakĩi	Ela vai vestindo
170	A mevĩosheki	As pulseiras
	Sawemapavãi	Ela vai colocando
	A a paoti	A bandoleira
	Tsekainivaiki	Do cesto tira
	Sawemaki aoi	E vai vestindo
175	A a txiwiti	O cinto
	Sawemaki aoi	Vai vestindo
	A taẽ osheki	A tornozeleira
	Sawemaki aoi	Vai vestindo
	Awẽ aki amaĩnõ	E diz então
180	"Mevi yomanasho	"Com cansaço das mãos
	Ẽ mia ashõi	Seus adornos fiz
	Inã rivirao	Foi assim mesmo
	Mia aská ashõi	Que adornos fiz
	A a sawewẽ!"	Venha tudo vestir!"
185	A a ikinã	Assim diz
	A aki aíya	Assim Peko faz
	A anõ yosinõ	Seu modo aprender
	Itirao amẽki	Bom mesmo seria
	Aská aki aíya	Mas inveja têm
190	Nomã Peko aĩvo	Da Mulher Juriti

Temĩ Txoki, o surgimento de Lua

	Atõ aská a aki	Inveja todas têm[14]
	A a tsaosho	E ela senta
	A awẽ veneki	Perto do marido
	A aská askásho	Faz assim assim
195	*A tavasho*	Com o marido
	Vake toĩ okõi	E filho logo ganha
	A aki aoi	Assim acontece
	Vakẽ toĩ okõsho	Com seu filho
	Awẽ tsaomaĩnõ	Ali mesmo está
200	*A awẽ veneki*	Quando homem
	Yoĩni chinãi	Caça vai buscar
	Manokãimaĩnõ	Enquanto isso
	Nachikatsi imaĩnõ	Ela quer banhar
	A vavãwãki	E a sogra[15]
205	*A a vakero*	Seu filho
	Ikomavãi iniki	No colo pega
	A kayakãisho	E ela sai
	Wa txipãtavaki	Ali no terreiro
	Waka yove ashõki	Rio-espírito faz[16]
210	*A a nachi*	Para banhar
	Awẽ tsaomaĩnõ	E enquanto isso
	Vake wai imaĩnõ	Criança chora
	Vake toainisho	No colo da avó
	Nive vakĩvakĩ	Que perambula
215	*A vavãwãki*	A avó da criança
	Vake txakarimaĩnõ	Ao bebê berrando
	A vanairao	Vai mesmo dizendo

---

[14] Com apenas algumas contas, Peko fez o conjunto completo dos adornos corporais. As outras mulheres ficam com inveja da magia da estrangeira.

[15] *Vavãwa* é um termo de parentesco recíproco utilizado na relação entre sogra e nora.

[16] Peko, a Mulher Juriti, faz um rio por magia, cuspindo no chão.

	"A txakariama	"Não berre não
	Vakemã vake	Bebê, meu bebê
220	*Papã veshpo viama*	Não é rosto do pai
	A veshpo viaya	É rosto da mãe
	A txakariama"	Não berre não"[17]
	Awẽ aki aoa	Assim sogra canta
	A vavãwane	Mas o canto
225	*Vake askã aka*	Sobre seu filho
	A nĩkãnãki	Ela tudo escuta
	Vatxi sawe inivãi	Sua saia veste
	A ikokarãi	E vem entrando
	Chomo tsaotavai	Pote d'água deixa
230	*A kochi karãki*	E se aproxima
	A vavãwaki	A mãe do neto

---

[17] A sogra é afim com relação a este neto (*vava*), por não ser ele filho de sua filha, mas de seu filho. No sistema de parentesco e de nominação marubo, como já se disse, transmite-se o nome para a filha da filha (que será chamada de *shokó*), mas não para os filhos ou filhas do filho, que devem portanto herdar o nome da mãe da nora. É por isso que, na narrativa, a avó considera sua nora como afim estrangeira e, por conseguinte, também o seu neto. Note-se que a estrutura do mito reproduz a mesma tensão entre nora e sogra, decorrente das relações de afinidade, que aparecia na história de Shoma Wetsa. Grande parte do nexo das duas narrativas decorre de um desentendimento entre as duas mulheres e da posição liminar ocupada por uma figura masculina (Ranẽ Topãne e Temĩ Txoki). A presente história, aliás, apresenta outra inversão estrutural com relação à de Shoma Wetsa: aqui, a nora se desentende com seus parentes afins por conta de seus poderes extraordinários; no mito de Shoma Wetsa, a sogra é a figura extraordinária e, por isso, se desentende com seu filho e nora. Em ambos os casos, temos uma figura masculina deslocada de seu núcleo familiar inicial, que assim desencadeia determinadas consequências (o surgimento de Lua, o surgimento dos estrangeiros bravos). A estas duas posições estruturais opõe-se ainda uma terceira: a de Shetã Veká (antes de se casar com Ranẽ Topãne e de entrar na história de Shoma Wetsa), que tem um casamento arranjado com dois homens por sua mãe e dois amantes estrangeiros ocultos. Shetã Veká se desentende com sua mãe, desencadeando os eventos sucessivos: estão aí duas figuras femininas conflituosas em posição de consanguinidade e duas figuras masculinas exteriores ao núcleo familiar. Nos outros dois mitos, o conflito irrompia entre mulheres afins umas às outras, por intermédio de duas figuras masculinas internas ao próprio núcleo de consanguinidade.

	Vake viãkei	A criança pega
	Vake viá akevãi	Criança pegando
	Vake eneakirao	A criança acalma
235	Vakẽ toainivãi	Criança ninando
	"A wai iroa	"Não chore não
	Vakemã vake	Bebê, meu bebê
	Papã veshpo viama	Não é rosto do pai
	Ea veshpo viaya	É mesmo meu rosto
240	A wai iroa"	Não chore não"
	A aki aoi	Assim canta
	A ikianã	Assim mesmo diz
	Vake eneairao	E criança acalma
	Nomã Peko aĩvo	Peko, Mulher Juriti
245	A kaya nakiki	No pátio da maloca
	Nive vakĩvakĩ	Por ali perambula
	Vakẽ eneairao	E criança acalma
	Nive vakĩvakĩvai	Ali perambula
	A kayakãi	E vai embora
250	Atsa võkô txaxisho	Ramo de macaxeira[18]
	Vake ima imai	À criança dá
	Akĩ akõvãi	Para brincar
	A awẽ kamaĩnõ	Enquanto isso
	A awẽ veneki	Seu homem
255	A nitãi	Tendo caçado
	A tachikarãki	Vem já voltando
	Ã ereikoki	Na maloca entra
	A awẽ aĩki	E sua mulher
	A mano tachii	Ele não encontra
260	"Ewamã ewa	"Mãe, minha mãe
	A vavãwarora	A mãe do neto

---

[18] Dá uma folha de macaxeira para a criança se distrair, enquanto vai embora.

	Ato kaiki	Para onde foi?
	A vavãwarora	A mãe do neto
	Awetora kaiki?"	Aonde está?"
265	*Awẽ aki amaĩnõ*	Ela responde
	"Vake txakarimaĩnõ	"Com o bebê chorando
	A a nenose	Aqui por perto
	Nive vakĩvakĩa	Aqui perambulando
	Ẽ oĩainã!"	Eu a vi!"
270	*Awẽ aki amaĩnõ*	Assim então
	Itima vawãki	Mulher procurar[19]
	A aki avai	Logo ele vai
	Awẽ kakĩ oĩa	E no caminho encontra
	A manã vaĩki	Caído na terra
275	*Atsa võkô txaxisho*	Ramo de macaxeira
	Vake ima imai	Para criança brincar
	Aki akõvãi	Ele encontra
	Awẽ kakĩ aoa	E andando percebe
	Oĩ akõvãi	Vai mesmo olhando
280	*Awẽ kakĩ oĩa*	Ela ir embora
	Noa poke akesho	O rio cruzando
	Noa okiri kesoki	Na outra margem
	A noa machĩki	Na praia do rio
	Vake ima imai	Bebê embalando
285	*A awẽ tsaoa*	Ali mesmo sentada
	A mera tachisho	Ali ele encontra
	"Aĩvomã aĩvo	"Mulher, minha mulher
	A awesasho	Como você
	Mĩ pokeakeai	Fez para cruzar
290	*Aĩvomã aĩvo?"*	Mulher, minha mulher?"

---

[19] Expressão da língua especial para *meravoã*, "por todas as partes" (em marubo cotidiano).

	Awẽ aki aoa	Ela responde
	"A a anorao	"Ali, bem ali
	Sanĩ vetxeshtirao	Folha de mirar[20]
	A ano masoa	Ali amontoada
295	*A a anõrao*	A folha pegue
	Vetxeshmevakĩvai	Nos olhos esprema
	A vetsopakesho	Feche os olhos
	A a tsaowẽ!"	E espere sentado!"
	Awẽ aki aoa	Assim diz
300	*Sanĩ vetxeshtirao*	Folha de mirar
	Vetxeshemevakĩvai	Folha espreme
	A vetso pakesho	Olhos fecha
	A awẽ tsaoa	E ali sentado
	Noa okiri kesoki	Para outra margem
305	*Wa a tavase*	Para lá passa
	A awẽ aĩ tsaoa	Mulher sentada
	Merakia aoi	A mulher encontra
	Askákia avaiki	Assim acontece
	A anose	Ali mesmo
310	*Wa noa machĩse*	Na praia do rio
	Rakã akevãisho	Com ela deita-se
	A awẽ aĩki	E mulher
	A aki avai	A ele fala
	"Nõ vonõna"	"Vamos embora"
315	*A ikianã*	É o que diz
	A awẽ veneki	E seu homem
	A ewevãi	Ela o leva
	Chiwã Nawa niáya	Pelo rio Chiwã Nawa
	Akĩ waka anea	Rio assim chamado

---

[20] Uma certa folha cujo sumo é usado como colírio.

Temĩ Txoki

320	*Waka tanáini*	O rio seguem
	A kaki aoi	E juntos vão
	Txana ná ronoa	Ninho de japim
	A nokoinisho	Um ninho encontram
	A tesapakesho	Que ela puxa
325	*A a noĩki*	Para dali tirar
	A vivainiki	Muitas minhocas
	A kaki aoi	E viagem seguir
	Chiwã Nawa niáya	No rio Chiwã Nawa
	A awẽ oĩa	Ali mesmo veem
330	*Chichĩ maspô tsaoa*	Grande formigueiro[21]
	A nokoinisho	Formigueiro encontram
	A awẽ aĩni	E mulher fala
	"Ẽ koni ayono	"Vou pegar poraquês
	A ea manatso"	Espere por mim!"[22]
335	*A ikianã*	É o que diz
	A awẽ vakeki	Com o bebê
	Tsãokia avaiki	Ele sentado fica
	A chichĩ maspoki	E no formigueiro
	A meivãiki	Ali ela mexe
340	*A tsekavarãvai*	De dentro puxa
	Ori aki aoi	E joga para lá
	Seke noĩrasĩki	Muitas minhocas
	Tseka okõ okõi	Ela tira tira

---

[21] Formigas vermelhas de picada dolorida, saúvas talvez. Dentro deste formigueiro estão as minhocas que Mulher Juriti quer pegar.

[22] O que o homem vê como minhocas, Nomã Peko vê como peixes elétricos (poraquês): um conflito de perspectivas derivado da mudança de posição que se segue à travessia do rio. Com a mudança de perspectiva, invertem-se também os papéis de gênero. Antes, do outro lado do rio, era o homem que caçava, enquanto a mulher ficava com a criança; agora, enquanto a mulher procura por comida (específica, aliás, de sua referência), é o homem que cuida de seu filho. Essa inversão continuará a ser uma constante na narrativa, como se verá.

Temĩ Txoki, o surgimento de Lua

Seke noĩrasĩki	Muitas minhocas
345 *Tseka okõ okõi*	Ela tira tira
Awẽ aki amaĩnõ	E disso então
A awẽ veneki	Seu marido
Seyáshoki aoi	Com nojo fica
Seyáshoki amaĩnõ	E assim ficando
350 *"A seyáshoroa*	"Não tenha nojo!
Ewaini paparao	Meus pais
Mekimaivonõnã"	Vão disso gostar"
A ikianã	É o que diz
Oi noĩrasĩki	E minhocas pretas
355 *Tseka akõ akõi*	Ela tira tira
Seke noĩ rasĩki	Minhocas listradas[23]
Tsekakia aoi	Ela vai tirando
A aki avaiki	Assim termina e
A panã peiki	Com folhas de açaí
360 *Tetõ ake akei*	Um cesto faz
A panã peiki	Folhas de açaí
A tovapakevaiki	As folhas quebra
Tetõ ake akei	E cesto faz
A aki avaiki	Assim então
365 *Navek aki avaiki*	Cesto forra
Mespoinivaiki	As mãos enche
Tĩ apa apai	E minhocas coloca
A aki avaikĩ	Assim faz
Pati aki avaikĩ	Corda prepara
370 *A papi ini*	E cesto carrega
Akĩ avainiki	Assim faz

---

[23] Do ponto de vista de Mulher Juriti, são todas distintas espécies de poraquês.

	A voki aíya	E eles partem
	A awẽ ewa inĩki	Ali na maloca
	Ã papa niáki	De pai e mãe
375	*Nokoini aosho*	Ali eles chegam
	Meramaki aoi	Os pais encontram
	A meramaki	E ao encontrá-los
	Ã ewa iniki	Sua mãe
	A awẽ papaki	Mais seu pai
380	*Anõ meki kawãi*	Ficam felizes
	"Ẽ aĩ vakenã!"	"Minha filha moça!"
	Ato iki amaĩnõ	Assim dizem
	"Ewa mã ewa	"Mãe, minha mãe
	Koni avarãi	Poraquês trouxe
385	*Koni pasa iniwẽ*	Sopa prepare
	Ewa mã ewa!"	Mãe, minha mãe!"
	Awẽ aki aoa	Assim mesmo diz
	Reoake aoi	Poraquê cozinha
	A a shekiki	E milho
390	*Renekia avaiki*	O milho mói
	A pasaini	Sopa prepara
	A aki avaiki	E logo então
	A piki aíya	Começam a comer
	"Nõ neská anõnã	"Vamos comer
395	*Ẽ mia avai*	Vou te servir
	Ichnámanã tanawẽ!"	Não é ruim, prove!"
	A aki aoi	Assim diz
	Aská aki avaiki	E tendo comido[24]

---

[24] Nesta versão cantada por Antonio, o homem come a sopa de poraquê que, para o seu ponto de vista, é feita de minhocas. Noutras versões, porém, o homem re-

	A atõ oĩa	Ele olha para
400	*Neã Rási inĩki*	Rási, Homem Jacamim[25]
	Neã Tóvi akavo	E para o chamado Tóvi
	Atõ shatxi winoki	Que ali se esquartejam[26]
	Shatenãnã nãnãi	Com afiados cajados

	Aki akõvarãi	Ele se aproxima
405	*A ato amaĩnõ*	Enquanto homens
	A awẽ aĩki	Mais sua mulher
	Ave meranãnãsho	Encontram-se todos
	Ave shatenãnãi	Para se esquartejarem
	Atõ aki amaĩnõ	E diz Temĩ Txoki

410	*"Awẽ kawatasho*	"Homens habituados
	Awẽ ikiramẽkĩ	A isso mesmo são
	Ẽ aĩnã!"	Mas ai, minha mulher!"

	A ikianã	É o que diz
	A erekãimãi	E chega correndo
415	*Awẽ aĩ iniki*	E com a mulher
	Ato shatenãnãmai	Eles se esquartejam

	"Ẽ aĩnã!"	"Minha mulher!"

---

cusa a sopa e a irmã mais nova de Mulher Juriti diz então que, se ele não gosta da sopa de minhoca, também não deve gostar de mulher (pois mulheres e minhocas partilham de substâncias viscosas). Trata-se de uma brincadeira entre primos cruzados, que corresponde à posição de afinidade ocupada por Temĩ Txoki na casa de sua esposa.

[25] São parentes de Mulher Juriti essas pessoas-jacamim, isto é, os duplos (*vaká*) de tais pássaros. O Povo Jacamim (*Nea Nawavo*), que aparece também nos cantos "Pajé Samaúma" e "Raptada pelo Raio", não é o mesmo que o Povo Juriti (*Noma Nawavo*), ao qual pertence a coprotagonista da história. O Povo Jacamim é o dono de *Poto* (*Povo Ivovo*), uma espécie de pó mágico que recebe esta designação pelos espíritos. Trata-se de um pó invocado nas curas e outras atividades xamanísticas, por exemplo, para estancar diarreias, hemorragias e outros fluxos (tais como a própria chuva excessiva). *Poto* é, portanto, um remédio trazido por certa classe de espíritos magníficos, que têm flores na cabeça e chapéus adornados com algo similar ao algodão.

[26] Ver, a seguir, nota 27.

A ikianã	É o que diz
Awẽ erekãimãi	Ao chegar correndo

420
"A a miarao	"Você não deve
Neno erekarãroa!	Aqui chegar!
Ẽ kawatasho	Por viver com eles
A atoinĩ	Agora já estou
Ikirivinã"	A isso habituada"

425
A ikianã	Assim ele diz
A awẽ aĩni	E sua mulher
A atõ shatea	Eles esquartejam
Pakei kawãmai	Mas seus pedaços
Atõ shatxi potonõ	Com pó das lanças

430
Txiwákia avaiki	Eles logo emendam
Yonokia aíya	E ela ordena

"A anoshose	"Fique daí mesmo
A ea oĩtso!	Me olhando!
A a nenorao	Por estar habituada

435
A askái kawasho	A este lugar
Ẽ ikirivinã"	É que assim faço"

"A ẽ aĩnã!"	"Ai, minha mulher!"

A aki aoa	Ele assim lamenta
Temĩ Txoki sheni	Temĩ Txoki, o antepassado

440
Niákei kashõrao	Ali mesmo fica
A awẽ oĩa	Para ela olhando
A roase amẽkĩ	Agora já inteira
Awẽ aĩ inirao	Mas eles todos
Ato shatenãnãmãi	Se esquartejam de novo

445
A erekãi	E ele vem correndo

"Ẽ ẽ aĩnã!"	"Ai minha mulher!"

A ikianã	Assim mesmo diz
Awẽ erekãimãi	E quando vem correndo

Temĩ Txoki, o surgimento de Lua

	Temĩ Txoki sheni	Antepassado Temĩ Txoki
450	*Neã Rási inisho*	Rási, Homem Jacamin
	Neã Tóvi akavo	Mais o chamado Tóvi
	Atõ shatxi winonõ	Com afiados cajados
	Ashõ akiavo	Assim mesmo fazem
	Yasha akiavo	Eles o esquartejam[27]
455	*Yasha aki ashõki*	E todo esquartejado
	Torê iã shakĩni	No lago-podridão[28]
	Ori aki aíya	Suas coxas jogam
	Ave anõshorao	Para assim fazer
	Torê vẽcha revono	Sucuri-podridão aparecer
460	*Askáki aíya*	Assim acontece[29]
	Aská akiavo	E isso feito
	A mão vakáki	Seu duplo solitário
	Rapakekãi	Vai se desprendendo
	Torê isã peiki	Na folha de patauá-podridão
465	*To iki vakíchi*	Em sua sombra
	Nioi kaoi	Ali mesmo fica[30]
	Aská akiavo	Foi o que fizeram

---

[27] Por desobedecer a lógica desta outra referência em que se encontra, na qual Mulher Juriti e os homens Jacamim realizam o estranho jogo de esquartejamento e recomposição dos corpos, Temĩ Txoki termina também por ficar esquartejado. Dois esquemas estruturais, recorrentes nos mitos ameríndios, fazem-se aí presentes: em primeiro lugar, a desobediência dos critérios de outros mundos e suas consequências específicas; em segundo lugar, a montagem e desmontagem de partes dos corpos.

[28] O classificador "podridão" (que acompanha o futuro nome do protagonista e outros elementos a ele associados ao longo do canto) se refere aos riscos e qualidades vinculados a Temĩ Txoki, talvez por conta de sua associação com o sangue menstrual e seu odor (*iaka*, "catinga"), a princípio incompatível com as qualidades xamanísticas.

[29] As partes cortadas do corpo do protagonista dão origem aos corpos das sucuris. O procedimento é comum na mitologia marubo, como se vê mais uma vez aqui: de uma pessoa morta, surgimentos diversos são desencadeados (seja a partir de seu sangue derramado, das partes de seu corpo ou de seus duplos diversos que se desprendem da carcaça).

[30] Este "duplo solitário" não parece fazer surgir nada de específico, ao contrário do próximo, como se verá na sequência.

	Temĩ Txoki sheni	A Temĩ Txoki
	Yasha akiavo	Por eles esquartejado
470	*Awẽ shavã tsaosho*	Seu tronco sentado
	Txishkeake akei	Se arrasta arrasta
	Awẽ shavã tsaosho	Seu tronco sentado
	A kakĩ aoi	Embora mesmo vai
	Torê kamã ponoki	Vasos de onça-podridão
475	*Nĩ sapavaiki*	Nos vasos agarra[31]
	Torê waka shakĩni	No rio-podridão
	A pakekãiki	Ele vai caindo
	Torê waka shakĩni	No rio-podridão
	Veva vevakãiki	Ele vai descendo
480	*Awẽ takã parãsho*	E por iscar peixes
	Yapa avainiki	Com seu fígado
	A kaki aoi	Do corpo sai
	A mão vakáki	Outro duplo solitário[32]
	Rapakekãii	Que assim escapa
485	*Ene matô wetsanõ*	E na terra-rio
	Nioi kaoi	Ali mesmo fica
	Ave anõshorao	Para então fazer

---

[31] Trata-se de uma metáfora para o cipó do tipo *isis paka*, no qual o tronco de Temĩ Txoki se agarra para pular no rio.

[32] Temĩ Txoki quer pegar peixes para entregar à sua mãe e, para tanto, usa o próprio fígado como isca. Uma vez pescados, ele enfia os peixes por suas bocas em um cipó, tal como costumam fazer as crianças marubo. Eis outra inversão da figura do protagonista: antes, ele ficava em uma posição feminina ao esperar sua mulher procurar por alimentos; agora, ele realiza uma tarefa infantil para sua mãe, que consiste em pescar pequenos peixes e enfiá-los pela boca em um cipó. Tal tarefa é oposta ao trabalho masculino por excelência, que consiste em trazer caça grande para sua família. Temĩ Txoki é, de fato, uma figura estruturalmente intermediária entre o masculino, o feminino e o infantil: no começo da história, ele não tem ainda uma mulher (o que implica em uma certa imaturidade social). Em seguida, passará a uma posição feminina diante de sua esposa quando atravessa o rio para, depois, ser reduzido a uma condição entre o adolescente e a criança, como se vê aqui e no restante da narrativa, quando ele passa a depender novamente de sua mãe.

	Ene oshe meranõ	Lua d'água aparecer[33]
	Askákia aoi	Assim acontece
490	*Temĩ Txoki sheni*	Antepassado Temĩ Txoki
	Torê waka shakĩni	Pelo rio-podridão
	Ikaini kaita	Vai logo embora
	Torê waka shakĩni	Pelo rio-podridão
	Veva inakãi	Vai ele descendo
495	*Awẽ taka parãsho*	Traz peixes pescados
	Yapa avainiki	Com seu fígado
	A tachikãi	E vem chegando
	"Ewa mã ewa	"Mãe, minha mãe
	A ea kepẽwẽ!"	Abra a porta!"
500	*Awẽ iki amaĩnõ*	Assim diz e
	A kepẽvãiki	Ela vai abrindo
	Awẽ ewã oĩa	E logo encontra
	Awẽ shavã tsaosho	Tronco sentado
	Txichkekãi karãi	Que vem rastejando
505	*Yapa keõ meweya*	Trazendo peixes
	"Ewa mã ewa	"Mãe, minha mãe
	Ẽ takã parãsho	Com meu fígado
	Yapa avarãi	Peixes pesquei
	A yapa piriwẽ	Peixes venha comer
510	*Ewa mã ewa!"*	Mãe, minha mãe!"

---

[33] Quando oferece o fígado como isca para os peixes, o protagonista deixa escapar de seu corpo-carcaça outro duplo, que vai então se transformar em uma certa lua. Esta é a lua que existe no céu da referência-água, do mundo ou dimensão subaquática. Disseram-me que esta lua "é só pensamento de pajé, pois ela não acende, não fica clara, é duplo de lua mesmo" (*kẽchĩtxo chinãrivi, naosma, oshẽ vakárvi*). E acrescentaram os meus interlocutores que um outro duplo também se desprende do protagonista aí neste episódio: vai para cima da folha de tabaco-podridão (*torê rome pei votĩkiri nĩka*), dando origem à lua lasciva, ou aos duplos-lua lascivos (*oshe akatsiparasĩ*) que costumam incomodar os viventes.

	Ato aki aoi	Assim diz
	Awẽ shavã tsaosho	O tronco sentado
	Awẽ awe shavovo	Nas suas irmãs
	Shamã shamãvãi	Ele mexe mexe
515	Awẽ aki amaĩnõ	E com jenipapos
	Nane michkĩvaiki	Nas redes guardados
	A tero tsaosho	Mãos lambuzam
	A atõ oĩa	E dali vigiam
	Awẽ shavã tsaosho	O tronco sentado
520	Txishkekãi karãi	Que vem rastejando

	Awẽ awe shavovo	E nas irmãs
	Shamã shamãvãi	Ele mexe mexe
	Awẽ aki amaĩnõ	Com jenipapos
	Nane michkivaiki	Nas redes guardados
525	A tero tsaosho	Mãos lambuzam
	A atõ oĩa	E dali vigiam
	Txishkekãi karãi	Ele chegar rastejando

	Awẽ aki amaĩnõ	O safado então
	Nane mevaiki	Das mãos manchadas
530	Vepastakiavo	Um tapa toma[34]
	Vana vana kawãi	E então lamenta

	"Ewa mã ewa	"Mãe, minha mãe
	Ẽ awekatsai	Que virarei
	Mĩ anõ chinã	Para você lembrar
535	Ẽ teãraopa	Igarapé viro
	Ewa mã ewa?	Mãe, minha mãe?
	A teãnashõrao	Se igarapé virar
	Nõ nachivarãi	Ali nos banharemos
	Txipo kaniaivo	Os depois nascidos

---

[34] O protagonista (ou, antes, o seu tronco) se aproxima das irmãs deitadas nas redes e quer mexer em suas vaginas. Cansadas do assédio, as irmãs lambuzam a mão em potes de jenipapo guardados sob as redes e dão um tapa na testa do safado. É por isso que a lua cheia exibe sua mancha escura. Não se pode rir de Lua nem olhar para ele, sob o risco de tropeçar depois no mato.

Temĩ Txoki, o surgimento de Lua

540	*Anõ iki anõvo*	Assim mesmo farão
	Iki shavánevonã	Nas épocas que virão
	A awekatsai	Que virarei
	Manã keyáraopa	Alto barranco viro
	Ewa mã ewa?	Mãe, minha mãe?
545	*A manã keyápash*	Se barranco virar
	Noke yãtávarãi	No escuro ficaremos
	A manã keyápasho	O alto barranco
	A noke yomeai	Nos cansará
	Eki yoi inõvo	Para isso servirei
550	*Manã keyáraopa*	Se barranco virar
	Ewa mã ewa	Mãe, minha mãe
	Ẽ awekatsai?	Que virarei?
	Ewa mã ewa	Mãe, minha mãe
	Voĩ tapãraopa	Tronco viro
555	*Ewa mã ewa?*	Mãe, minha mãe?
	A voĩ tapãnesh	Se tronco virar
	Nõ tenevarãi	Iremos ali descansar
	Eki yoi inõvo	Para isso servirei
	A voĩ tapãraopa	Se tronco virar
560	*Ewa mã ewa*	Mãe, minha mãe
	Ẽ awekatsai?	Que farei?
	Ẽ shãtôraopa	Buraco viro
	Ewa mã ewa?	Mãe, minha mãe?
	Ẽ nemĩraopa	Remanso viro
565	*Ewa mã ewa?*	Mãe, minha mãe?
	Ẽ awekatsai	Que virarei
	Ewa mã ewa	Mãe, minha mãe
	Ẽ osheraopa?	Lua viro?
	Oshe varipa	Clara lua
570	*A nõ veanã*	Que nos ilumina
	Eki yoi inõvo"	Para isso servirei!"
	Ii kawãi	Diz e diz assim
	Vana vana kawãi	Ele fala fala

	Temĩ Txoki sheni	Temĩ Txoki, o antepassado
575	*A kawãvai*	E continua
	"A manã keyapash	"No barranco maior
	A oshe tachina	Lua vai chegar
	Nõ oĩvarãi	Para que olhemos
	A oshe varipa	Lua mais clara
580	*A nõ veanã*	Que nos ilumina
	Txipo kaniaivo	Os depois nascidos
	A iki anõvo	Sempre mesmo verão
	A osheraopa	Vou lua virar
	Ewa mã ewa?"	Mãe, minha mãe?"
585	*Ii kawãvai*	Vai e vai dizendo
	"Naí verõtemea	"No céu pendente
	Txokiraopa?"	Deve Txoki ficar?"
	A ikianã	É o que diz
	Torê shawã ina	Cauda de arara-podridão[35]
590	*Torê panã yora*	E tronco de açaí-podridão
	Rapatsavainiki	Ele então escala
	Nẽinakãi	E vai subindo
	Torê panã yora	Tronco de açaí-podridão
	Yora eneinii	O tronco deixa
595	*Awẽ kati iwiki*	Na árvore de viajar
	Oshe kati iwiki	À árvore de Lua
	Teki inakãi	Ele logo passa
	Naí mechpõ ronoa	E cordas celestes
	Patsainivãii	Vai agarrando
600	*Naí mechpõ ronoa*	As cordas celestes
	Atxi inivãini	Ele vai pegando
	Naí matô wetsãno	Noutra colina do céu

---

[35] Metáfora para cipó.

Nioi kaoi	Ali vai viver[36]

"Naí verõtemea	"No céu pendente
605 *Ẽ txokinõ"*	Txoki agora está"

Iki aka iniki	Assim mesmo diz
Nioi kaoi	E ali vai viver
Torê Nawa sheni	Torê Nawa, o antepassado[37]

---

[36] Em sua subida aos céus, Temĩ Txoki passa por duas árvores, uma das quais é aí descrita como "a árvore de viajar de Lua" (linhas 595-6), ou seja, uma árvore destinada especificamente para o seu deslocamento. Em seguida, ele passa pelas cordas celestes *naí mechpõ*, um elemento da cosmografia marubo que aparece também no canto "Raptada pelo Raio".

[37] Temĩ Txoki muda de nome no final da história para Torê Nawa, que poderia ser traduzido literalmente por "Estrangeiro-Podridão". O primeiro era seu nome de infância, pelo qual sua mãe o chamava; o segundo é a referência utilizada pelos pajés para "pensá-lo" (*anõ chinãti*) em seus cantos de cura.

11

Inka roẽ yõká

Pedindo machado ao Inca

Cantado por Armando Mariano Marubo

O canto "Pedindo machado ao Inca" relata a viagem dos antigos Marubo às terras do Inca, com a intenção de obter machados para cultivar seus roçados. A casa do Inca era toda de pedra; ele é por conta disso considerado como "o dono da pedra", para quem os antepassados levavam arcos, flechas e cajados de pupunheira a fim de realizar suas trocas.[1] O Inca marubo é um dos primeiros *nawa* (estrangeiro detentor de implementos tecnológicos) dos antepassados; ocupa uma posição que, mais adiante, será dos peruanos exploradores da borracha e, atualmente, dos próprios brasileiros. Esta narrativa é, assim, testemunho de uma história que não começou no contato com os brancos, mas que compreende as antigas redes de relação características da Amazônia ocidental e suas relações com as culturas andinas.

Não devemos compreender o relato da expedição ao Inca como "histórico" apenas porque ele trata de um coletivo humano familiar às ciências humanas e, portanto, supostamente mais verdadeiro do que o Povo Raio ou a gente da morada subaquática. Como já se disse, não partimos aqui de nossos critérios de objetividade para julgar os de outrem, mas levantamos as condições possíveis a partir das quais se cria um pensamento narrativo.[2] O *saiti* "Pedindo machado ao Inca" é considerado tão verdadeiro pelos Marubo quanto qualquer outra história aqui compilada. Dedica-se também aos relatos de viagens e às relações potencialmente conflituosas entre coletivos estrangeiros, vale-se das

---

[1] Vale observar que a região do Vale do Javari é, de modo geral, desprovida de pedras.

[2] Para um estudo sobre outras variações do Inca pano, ver Oscar Calavia Saez (2000).

mesmas estruturas narrativas, refere-se aos feitos dos mesmos protagonistas antepassados (os integrantes do Povo Sol, Povo Azulão e outros) e está respaldado pela mesma autoridade (aquela dos xamãs cantadores) que garante a veracidade dos outros cantos *saiti*.

Alguns homens marubo costumam trocar o termo *inka* por *incra*, talvez por terem escutado o nome do INCRA (Instituto Nacional de Colonização e Reforma Agrária). A identificação é significativa, já que o *inka* Marubo é um *nawa* ("estrangeiro"), termo que se estende, como dizíamos, não apenas aos brasileiros, mas também ao povo Chamicuro e aos peruanos que os Marubo encontraram, ao que tudo indica, entre meados do século XIX e o século XX. Em diversos relatos, entretanto, os velhos trocam os termos *espanhol*, *nawa*, *inka*, *txamikorovo* e *peruano*, ao se referirem às populações com as quais estabeleceram relações conflituosas no rio Javari, sugestivamente chamado de *Roe Ene* (Rio-Machado). Ali, os *Ino Nawavo* (Povo Onça), *Sata Nawavo* (Povo Ariranha) e *Rane Nawavo* (Povo Adorno) teriam encontrado os Chamicuro, que supostamente falavam *inka*.[3]

Agente presente no xamanismo marubo (ainda que numa posição menos central do que para outros povos pano tais como os Kaxinawá e os Shipibo-Conibo), a figura do Inca é mobilizada para as reflexões sobre a alteridade. Quando mostrava revistas com fotos das ruínas de Machu Picchu e outras dos antigos Incas para Armando, as imagens pareciam aos olhos dele reforçar a existência de tal povo, que vive na direção oeste. Mesmo quando eu dizia que as casas visíveis nas fotos eram ruínas, ele não associava a isso o desaparecimento do povo em questão. Na cosmologia marubo, o tempo antigo não é um passado terminado, mas uma dimensão virtual de subjetividades, a todo tempo prestes a interferir nessa referência presente. Não por acaso, o duplo/ alma (*vaká*) do Roe Inka costumava chegar no corpo de um falecido pajé marubo e bater nas pessoas. Os rezadores acabavam por expulsá-lo da maloca, dizendo: "Não somos insensatos como você! Vá embora e não volte mais!". O Roe Inka (Inca-Machado) "surge do néctar da pedra-bravo" (*sinã shasho nãkõsh wenía*) e se chama também Panã

---

[3] Ver Welper (2009) e Ruedas (2002, 2004) para mais detalhes sobre a etno-história marubo.

284   *Inka roẽ yõká*

Pakaya (Açaí Guerreiro). Sua língua é incompreensível. Alguns me disseram que ele é como "Satanás"[4] e que atira flechas.

Ao longo da viagem narrada adiante, os antepassados encontrarão o ambíguo Povo das Mulheres e com elas estabelecerão um contato limítrofe entre o jocoso e o ameaçador. Obstáculo intransponível para alcançar o Inca, as mulheres são afins perigosas e instáveis; as relações sexuais que mantêm com os protagonistas se dão em um ambiente guerreiro e, no limite, canibal. Como vimos noutras páginas, o próprio mito de surgimento dos antepassados (*Wenía saiti*) conta como os povos empreendem uma jornada pelo grande rio *Noa* em direção às cabeceiras, ao longo do qual encontram diversas populações, que a eles fornecem conhecimentos tais como a maneira correta de copular ou de efetuar rituais funerários. Mais uma vez, vemos como o saber que se cristalizou na atual sociedade marubo é adquirido do exterior, de populações encontradas ao longo desta e de outras tantas viagens realizadas nos tempos antigos, marcadas pelas paradas e encontros com sucessivos povos estrangeiros.

---

[4] Para se entender a apropriação marubo da noção de "Satanás", ver Cesarino (2011a: 179 ss.).

Pedindo machado ao Inca

1	Varĩ vake Nawavo	Filhos do Povo Sol
	Shanẽ vake Nawavo	Filhos do Povo Azulão
	Inõ vake Nawavo	Filhos do Povo Jaguar
	Kanã vake Nawavo	Filhos do Povo Arara
5	Rovõ vake Nawavo	Filhos do Povo Japó
	Áve atiki	São eles que
	Naí votĩ ikitõ	Aonde céu encurva
	Inka roẽ yõkánõ	Ao Inca pedir machado
	A ikianã	Juntos todos vão
10	"Aĩvo Nawa	"Ao Povo das Mulheres
	Nõ aki vonosho"	Nós todos vamos"
	A ikianã	É o que dizem
	Kape vene retesho	E matam jacaré
	Kape vene inãnõ	A cauda cortam
15	Paka tatxich aíya	Para lança aquecer[5]
	Paka vana akĩrao	E com lança conversam
	"Mechõtote vimi	"Fruto longo comprido
	Vimi kavi inai	Feito fruto duro
	Mĩ as koĩ	Você assim fique
20	Paka mã paka"	Lança, minha lança"
	Akĩ vanaya	Assim falam e
	Chichi vene retesho	Matam quati
	Chichi vene inãnõ	A cauda cortam
	Paka tatxich aíya	Para lança aquecer
25	"Vari awá shao	"Osso de anta-sol[6]
	Shao kavi inai	Feito osso duro

---

[5] O sujeito esquenta a cauda do jacaré e passa sobre seu pênis para propiciar boas ereções. A sequência do canto segue com outras magias dedicadas ao mesmo fim, acompanhadas de metáforas para pênis ("lança", *paka*, e "fruto longo comprido", *mechõtote*, um fruto semelhante ao ingá).

[6] Não se trata aí de uma anta "solar", mas de uma anta da classe "sol", já que os protagonistas da história são *Vari Nawavo* (Povo Sol).

	Mĩ as koĩ	Você assim fique
	Paka mã paka"	Lança, minha lança"
	Akĩ vana aíya	Assim falam
30	*Mechõtote vimĩno*	Longo fruto cortam
	Paka tatxich aíya	E na lança passam
	"Vari voi shẽto	"Bastão de cera-sol[7]
	Shẽto kavi inai	Feito duro bastão
	Mĩ as koĩ	Você assim fique
35	*Paka mã paka"*	Lança, minha lança"
	Akĩ vana aíya	Isso dizem
	Aská akĩ mashtesho	E assim fazendo
	A voki aíya	Todos viajando vão
	Naí votĩ ikitõ	Aonde céu encurva
40	*Sai inakĩta*	Viajam festejando
	A atõ oĩa	E ali olham
	Voĩ Nawa raká	Povo Pica-Pau
	Nawa nokoiniki	O povo vem chegando
	A atõ oĩa	Eles ali olham
45	*Terẽakõ nami*	Carne de anta
	Nami ochnivãi	Nacos comerem
	Wa natĩni	Os estrangeiros encostados
	A kepinasho	Naquela pilastra
	A piki aoa	Da carne comerem
50	*Oĩni owia*	Eles ali olham
	Voĩ Nawa raká	Povo Pica-Pau
	Nawa tavaini	O povo passando
	A voki aíya	E vão viajando
	Txana Nawa raká	Povo Japinim
55	*Nawa nokoiniki*	O povo vem chegando

---

[7] Bastão da cera de marimbondo utilizada como aderente em diversos elementos da cultura material.

	A atõ oĩa	E eles olham
	Terẽakõ pichi	Vestidos com chapéus
	Pichi maitiyavo	De costelas de anta
	Oĩni owia	Eles ali olham
60	*Txana Nawa raká*	Povo Japinim
	Tavaini owia	O povo passando
	Ro Nawa raká	Povo Guariba
	Nawa nokoiniki	O povo vem chegando
	A atõ oĩa	E eles olham
65	*Aĩvo õsiya*	Mulheres misturadas
	A keniyavoki	Todas barbadas
	Oĩni owia	Eles ali olham
	Ro Nawa raká	Povo Guariba
	Nawa tavaini	O povo passando[8]
70	*Aĩvo Nawa*	Povo das Mulheres
	Nawa nokoiniki	O povo vem chegando
	A atõ oĩa	E eles olham
	Atõ voa meranã	Ao encontrá-los
	Wa tawaki	Aquelas flechas
75	*A pakevãiki*	Elas vão pegar
	A atõ tawaki	As suas flechas
	Txari ikõ ísi	*Clac clac clac*
	Txari ikõ ísa	*Clec clec clec*
	Nĩkãki aíya	Eles escutam
80	*Naí parô irisho*	Do canto do céu
	Vota panã pei	Na folha de açaí
	Pesotaná irisho	Ali de cima

---

[8] O guariba (*Alouatta sp*) é um símio barbado. "São iguais aos padres" (*padri keská*), disse um marubo.

	Vota shawã setea[9]	Araras pousadas
	Tachi inimaĩnõ	Vêm chegando
85	*Wa naí shaváki*	Aquele claro céu
	Shavá vestoini	O claro cobrem
	Atõ aki amaĩnõ	E elas então
	Wetsã kanetakima	Nas araras acertam
	Tekõkia avo	Todas as flechas
90	*Oĩki aíya*	E eles olham
	Aĩvo Nawa	Povo das Mulheres[10]
	Ivo vaĩ oĩya	Seus homens buscar
	Yãta kawãmaĩnõ	Quando anoitece
	A ovõiniki	Ela se deita
95	*A wetsãki*	Com aquele outro
	A aki aoi	E transa
	Yame potxĩni akemãi	À meia-noite
	A aki aoi	Ela transa
	Shavá omakemãi	No raiar do dia
100	*A aki avai*	Ela transa
	A nachinõ	Indo banhar
	Iki aka iniki	De novo transa
	Nachi kashõki	Terminado o banho
	A aki aoi	De novo transa
105	*A wetsãki*	Com aquele outro
	A yãtáirise	Até anoitecer
	Awẽ anõ avai	Ela transa
	Osha tenãmakĩrao	Sem sono sentir
	Shavá mashte kawãmãi	Findado o dia
110	*A wetsãki*	Com aquele outro
	Awẽ aská ashõ	E depois então

---

[9] *Vota* é nome de uma espécie de arara, sem tradução. O verso está no singular em marubo, muito embora indique uma multidão de araras pousadas sobre as folhas de uma palmeira.

[10] Mulheres estrangeiras libertinas.

Pedindo machado ao Inca

	A vesokõki	Quando desperta
	Yoãki aíya	Vão perguntando
	"A anõ miarao	"Você aí
115	*A txainã aweti*	Com esse primo
	Mĩnõ pairavai"	Quanto transou?"
	Awẽ iki amaĩnõ	E ela responde
	"Áve anõ earao	"Eu com ele
	A yãtáirise	Até anoitecer
120	*Ea aki avai*	Eu transei
	Yame potxĩni akemãi	À meia-noite
	A aki avai	Eu transei
	Shavá mashte kawãmãi	Até o fim do dia
	Ea aki avai	Eu transei
125	*Nachinõ inã*	Indo banhar
	A kashõrao	Quando lá fui
	Ea aki avai"	Também transei"
	A iki aoi	Assim diz
	"Miarao katái	"E você, quanto
130	*Atõ aki aoa"*	Com eles transou?"
	"A anõ earao	"Eu com ele
	A yãtairise	Até anoitecer
	Ea aki avaiki	Eu transei
	Shavá mashte kawãmãi	Até o fim do dia
135	*Ea aki avaiki"*	Também transei"
	Awẽ iki amaĩnõ	Ela conta e então
	"Áve anõ arao	"Este primo preguiçoso
	Nokẽ asmĩ yotxi	Com nossa pimenta
	Nõ noe anõnã"	Vamos temperar!"
140	*A ikianã*	Assim dizem

Inka roẽ yõká

	A tawaki	E suas flechas
	Pakeki aoi	Vão apanhar
	Aĩvo Nawã	Povo das Mulheres
	Ato aská aki	Assim mesmo faz
145	Aĩvo Nawa	Povo das Mulheres
	Nawa tavaini	Vai o povo passando
	"Naí votĩ ikitõ	"Aonde céu encurva
	Inka roẽ yõkáno"	Vamos pedir machados"
	A ikianã	É o que dizem
150	Atõ vokĩ oĩa	E viajando vão
	Vari Norã Nawavo	Povo Sol Norã
	A nokoiniki	O povo vem chegando
	A atõ oĩa	Eles olham
	Awẽ mapo resoki	Os miolos mexerem
155	Tarãikõ isa	Tra tra tra
	Nĩkãkia aíya	Assim escutam
	Vari Norã Nawavo	Povo Sol Norã
	Tavaini owia	O povo vai passando[11]
	"Naí votĩ ikitõ	"Aonde céu encurva
160	Inka roẽ yõkánõ"	Vamos pedir machados"
	A ikianã	É o que dizem
	A nokoiniki	E Inca vem chegando
	A atõ oĩa	E olham as mulheres
	Poi waka txichtoya	Caiçuma de cocô
165	Monokarã karãmãi	Trazerem dançando[12]

---

[11] Os *Vari Norã Nawavo* são carecas no alto da cabeça, mas têm cabelo comprido atrás, caindo pelas costas. O miolo (cérebro) destes *Vari Norã Nawavo* era de pedra. Quando mexiam a cabeça, o miolo chacoalhava lá dentro, fazendo barulho. "É o *kẽchĩtxo* (pajé cantador) que tá mangando, eles não são assim de verdade", me disseram depois. Importante notar que esse povo não é ainda o Inca. O chefe dos Incas, por sua vez, costumava raspar o cabelo até o meio da cabeça, feito um frade.

[12] São as mulheres do Inca que vêm dançando e oferecendo a caiçuma de fezes aos que chegam.

Pedindo machado ao Inca

	"Awẽ poi wakaro	"Caiçuma do Inca
	Veyatsoma aroa!	Vocês não recusem![13]
	Iki nĩkãsamẽnã"	Escutem bem!"
	A wetsãki	Aquele outro
170	Keyoakevãi	Caiçuma acaba
	Awẽ aki amaĩnõ	E tudo bebendo
	A roe pachaki	Machado bom
	A ninivarãsho	Inca vem trazendo
	Inãki aoi	E a ele entrega
175	A anõ wetsãki	Mas aquele outro
	Awẽ poi waka	Caiçuma de cocô
	Awe veyamaĩnõ	Caiçuma recusa
	A roe shanaki	E machado ruim
	A ninivarãsho	Inca vem trazendo
180	Inãki aoi	E a ele entrega
	Awẽ aĩ shani	De pentelhos de mulher
	Shani poto ashõki	Inca rapé faz
	Inka reshõya	O Inca cheirador
	Oĩki aíya	Que eles veem
185	Awẽ roẽ natĩni	Na pilastra de pedra
	Inka veyẽia	Sua testa esfregar[14]
	Oĩkia aíya	Assim mesmo veem
	A roeki	E seu machado
	A vikĩrao	Machado pegam
190	A chinãkirao	E vão pensando
	Nokẽ shoma takeya	"Clareiras na mata[15]

---

[13] A caiçuma de fezes é na verdade café (*cafi*), dizem alguns.

[14] Dizem que o Inca esfrega a cabeça na pilastra para ficar com a testa lisa, brilhante.

[15] *Shoma takeya*, literalmente "seio irmão", é uma metáfora para "floresta" (*ni*).

Shavá avaĩsho	Vamos juntos abrir
Píti koĩ meramash	Para boa comida
Nõ anõ yaninõ	A todos fartar!"

195   *Ikĩ chinã owia*   Assim mesmo pensam

12

Tama rera

Rachando Árvore

Cantado por Armando Mariano Marubo

Este pequeno e belo *saiti* conta como os antepassados do Povo Sol encontraram os cachorros, as distintas espécies de milho, os nomes pessoais pertencentes a uma seção do povo marubo (o Povo da Flor da Árvore, *Tama Owavo*) e alguns dos grafismos *kene*.[1] Mais uma vez, elementos importantes do que os Marubo chamam de "o nosso jeito" (*yorã tanáti*), e que traduzimos por "cultura", são adquiridos de coletivos ou de subjetividades estrangeiras. É por isso que, ao finalizar a edição do livro, Robson Dionísio sugeriu colocar esse canto depois da narrativa sobre o Inca, que também versa sobre a aquisição de elementos provenientes do exterior: naquele caso, dos machados obtidos junto ao estrangeiro dono da casa de pedra. Grande parte dos padrões gráficos *kene*, encontrados quando os antepassados se deparam com essa árvore mágica, são, ainda nos dias de hoje, utilizados com frequência pelas mulheres nas pinturas corporais e em outros suportes. O mesmo vale para os nomes que os *Tama Owavo* costumam passar aos seus filhos.

A árvore que os antepassados tentavam derrubar (distinta da Torá Tama, o grande *axis mundi* presente em "Raptada pelo Raio") é um tanto quanto singular. Como se não bastasse essa sua capacidade de abrigar desenhos, cachorros e espigas de milho, Árvore é aqui também um sujeito. Ainda estamos no tempo em que tudo falava, no tempo em que as pessoas conseguiam ver e escutar o que a paisagem dizia. Só

---

[1] O termo *kene* é uma designação geral para os padrões gráficos considerados, aos nossos olhos, "geométricos", que se aplicam a diversos suportes. Ele se contrapõe ao termo *yochĩ*, que designa as imagens figurativas. Para mais detalhes, ver Cesarino (2011d, 2012).

depois é que foram ficando surdas, quando os antigos fizeram aos poucos com que o mundo emudecesse. Aqui como na narrativa que abre esta antologia, "Quando a Terra deixou de falar", vemos que a paisagem-sujeito, relacionada pelo parentesco aos viventes, possui uma posição de neutralidade. São estes que, por cobiça ou insensatez, acabam por tirá-la de tal estado, instaurando as separações do mundo atual.

1	*Inõ vake Nawavo*	Filhos do Povo Jaguar
	Ãsĩ Osho inisho	De Gente Mutum Branco
	Vakõ Osho ewãne	E Gente Galinha Branca
	Piti vero koĩrao	Grãos do Olho Verdadeiro[2]
5	*A ato inã*	Os grãos recebem
	Anõ yaniaivo	Para se fartar
	Iki nĩkã anãki	Mas outros escutam[3]
	Ari kẽvoãi	E invejosos ficam
	Awẽ meso wetsano	Num galho encontram
10	*Tiro osho yayoi*	Cão branco sentado
	Awẽ meso wetsãnõ	Noutro galho encontram
	Seke shawã vero	Olhos de arara listrada[4]
	Verokia yayoi	Os olhos ali colocados
	Awẽ meso wetsãnõ	Noutro galho encontram
15	*Imi shawã vero*	Olho de arara sangue
	Verokia yayoi	Os olhos ali colocados
	Awẽ vosoirino	E no topo
	Iso kamã vake	Filhote de cão preto
	Vakekia yayoi	Filhote encontram
20	*Awẽ aki amaĩno*	E diz Povo Sol
	"*Nõ tama reranõ*	"Árvore vamos rachar
	Píti vero koĩrao	Para ali pegar
	Anõ yanineshona	Comida do olho verdadeiro
	Nõ nori vinõnã"	E nos fartar!"
25	*A ikianã*	Assim dizem
	Varĩ vake Nawavo	Filhos do Povo Sol
	Atõ aya weníti	Que há tempos surgiram

---

[2] Metáfora para milho.

[3] O Povo Sol (*Vari Nawavo*), que vivia ao lado do Povo Jaguar (*Ino Nawavo*).

[4] O Povo Sol, com inveja do Povo Jaguar, que havia recebido o milho, encontra então outros tipos de grãos nessa árvore onde estão também os cachorros: milhos rajados e milhos vermelhos, referidos metaforicamente como "olho de arara listrada" e "olho de arara sangue".

	Vari yawa sheta	Com seus machados
	Atõ roe atõ	De dente de queixada-sol
30	*Atõ Tama reraa*	Árvore cortam
	Atokia parãi	Mas Árvore engana
	Toshki amãino	*Toch toch* — finge tombar[5]
	A sai ikiki	E os homens
	Shokoini ini	Ainda trabalham
35	*A aki avaiki*	Juntos gritocantam
	Vari ipa kawãmaĩnõ	E cai o sol
	"Nõ tenã akõno!"	"Amanhã acabamos!"
	A ikianã	Assim dizem
	Oshainishniki	Vão descansar
40	*A veso okõki*	E logo acordam
	A atõ oĩa	E veem árvore
	Ma voinaya	Inteira em pé
	Aská oĩ anãki	E então encontram
	Vari waka shakĩni	No Rio-Sol
45	*Vari kape mapo*	Cabeça de jacaré-sol[6]
	Potaini otivo	Há tempos jogada[7]
	Wakeini otãsho	Dali retiram
	Vari shoĩ tatxa	E de madeira-sol[8]
	Ashká roa inisho	Um cabo fazem
50	*Roe vorimaya*	E machado montam
	Naí osho vema	Raiz de árvore-nuvem
	Voto taná irinõ	Ali do lado

---

[5] Ela finge que vai cair, mas não cai.

[6] Metáfora para um machado duro (*koro roe*).

[7] Jogada por Ene Voã, Ene Toro e Matsi Toto, os espíritos demiurgos fazedores do rio (*waka shovimaivo*).

[8] Madeira de uma raiz aérea (*patxo*).

	Awá osho pesho	Seu ombro de anta branca[9]
	Rakãini otivo	Há tempos colocado
55	*Wakeini otãsho*	Eles retiram
	Vari shoĩ tatxa	De madeira-sol
	Ashkároa inisho	Um cabo fazem
	Roe vorimashõki	E machado montam
	Tama rera owia	Para Árvore rachar
60	*Tama chinãivoya*	Os mais sabidos
	Wa vema wetsãno	Numa sapopema
	A ni karãi	Ficam em pé
	Vore Sere Tama	O chamado Vore Sere Tama[10]
	Wa wema wetsãno	Noutra sapopema
65	*A ni karãi*	Fica em pé
	Peso Peso Tama	O chamado Peso Peso Tama[11]
	Wa vema wetsãno	Noutra sapopema
	A ni karãi	Fica em pé
	A aki ashõki	Todos juntos
70	*Atõ Tama reraa*	Árvore racham
	Atokia parãi	Mas Árvore engana
	Toshki amaĩno	*Toch toch* — finge tombar
	A sai ikiki	E os homens
	Shokoini ini	Ainda trabalham
75	*A aki aíya*	Juntos gritocantam
	Vari ipa kawãmai	E quando cai o sol
	Enevaĩvaĩa	Voltam e veem
	Voina inasi	Ela inteira em pé

---

[9] Metáfora para o âmago de uma árvore, utilizado para fazer machados mais duros. Deixava-se a árvore apodrecer até que sobrasse apenas o cerne, que era então utilizado.

[10] *Vore*, "podado"; *sere*, "rachado". "Árvore Podada" é uma tradução literal.

[11] Nome sem tradução.

	"Aká aká inãna"	"Árvora inteira está!"
80	*A ikianã*	Assim exclamam
	Atõ shavá amo	Com breus brilhantes
	Shavá isko inãnõ	E brilhantes penas
	Inã rashõv inisho	Com penas decorados[12]
	Yapa nawa ichĩnõ	Cipó de envireira
85	*Rasheroa inisho*	Com cipó amarrados
	Atõ shavá amo	Seus brilhantes breus
	Amo ketĩ inisho	Os breus acendem
	Tama rera owia	E Árvore racham
	Atõ masoirisho	Sobre suas cabeças
90	*Pero osho ewãvo*	Feito brancas borboletas
	Pero iki kaviai	Brilham brancos cocares[13]
	Tama rera owia	E Árvore racham
	Shavá mashte kawãmãi	Mas findada a noite
	Tama vanainai	Árvore fala
95	*"Ẽ anẽ kenavo*	"Meus parentes
	Mã ea yamamai	Querem me matar
	Ẽ anẽ kamẽi	Meu nome então
	Mã kamẽ kenai	Vocês devem portar
	Tama ikiasi	Chamem-se de Árvore[14]
100	*Ẽ ivipa anei*	Nome de minha casca
	Tama Ivi iki	Casca de Árvore será
	Ẽ shãkõ anei	Nome de meu broto
	Tama Shãko iki	Broto de Árvore será

---

[12] Trata-se de tocheiros feitos de breu, uma resina de árvore perfumada e incandescente comum na Amazônia.

[13] Os cocares iluminados pelas tochas se parecem com multidões de borboletas brancas.

[14] "Árvore" é o primeiro nome próprio dado por Árvore, dentre os diversos outros que seguem.

	Ẽ natõ anei	Nome de meu âmago
105	*Tama Nato iki*	Âmago de Árvore será
	Ẽ owã anei	Nome de minha flor
	Tama Owa iki	Flor de Árvore será
	Ẽ imĩ anei	Nome de meu sangue
	Tama Imi iki	Sangue de Árvore será
110	*Mã kamẽai"*	Chamem-se assim"[15]
	A ikiaoi	E segue dizendo
	"Matõ awe shavovo	"Para suas irmãs
	A anekirao	Estes nomes todos
	Ea mã neská	A vocês entrego
115	*Ẽ naí kawãtõ*	Nome de minha dor
	Tamã Nai iki	Dor de Árvore será
	Mã kamẽai	Chamem-se assim
	Ẽ imi yakatõ	Do sangue derramado
	A anekirao	Vem o nome
120	*Tamã Yaka iki*	Árvore Ensanguentada
	Ea mã neská	A vocês entrego
	Yochĩ yochĩ kawãtõ	De meu atordoamento[16]
	A anekirao	Vem o nome
	Tama Yochi iki	Árvore Atordoada
125	*Mã kamẽai"*	Chamem-se assim"

---

[15] Estes são os nomes dos *Tama Owavo* (Povo da Flor da Árvore). Os membros do Povo Sol querem derrubar a árvore para pegar o milho que ali está. Acabam, porém, por encontrar também desenhos, nomes e cães. A partir daí, os filhos dos membros do Povo Sol passarão a ser chamados pelos nomes que surgem de Árvore e receberão um novo nome coletivo, Povo da Flor da Árvore.

[16] Uma tradução mais direta da expressão, que indica estados de perda de sentido e de atordoamento, seria "transformar-se em espectro".

Rachando Árvore

	A iki avai	Assim diz e
	Vari tachi inamãi	Ao nascer do sol
	Vanaina aoi	Fala novamente
	"Awetokirira	"Em qual lado
130	Ẽ votxo ikatsai?	Vou agora despencar?
	Naí votĩ ikitõ	Aonde céu encurva
	Votxo iki pakepa?	Com a copa cairei?
	Vari owátõno	Aonde vem o sol
	Ẽ txĩti inápa?	Meu tronco fincarei?[17]
135	Ẽ votxo ikatsai	Onde despencarei
	Naí parô wetsano	Naquele canto do céu
	Votxo iki pakepa?	Com a copa cairei?
	Naí parô wetsãno	Noutro canto do céu
	Ẽ txĩti inapa?	O tronco fincarei?
140	Vari oá veyai	Fitando o sol nascente
	Ẽ votxo iki pakepa?	Cairá a copa?
	Naí votĩ ikito	Aonde céu encurva
	Ẽ txĩti inapa?"	Subirá o tronco?"
	A iki avai	Assim mesmo diz
145	Vari oá veyai	E fitando o sol nascente
	Votxo iki pakei	Cai a copa
	Vari kõta yora	No pé de babaçu-sol
	Voto votovãi	Em cima despenca
	Vari yomẽ mevi	E galho de grande árvore
150	Meror aki pakei	Um galho quebra
	Awẽ aki amaĩno	E dali então
	Tiro osho vake	Filhotes de cão branco
	Vake viki aíya	Filhotes pegam

[17] *Txĩti iná* se refere ao tronco que, uma vez quebrado, projeta a sua extremidade inferior para cima; *votxoki*, por sua vez, se refere à copa que pende para baixo, caída no chão. Árvore se pergunta para que direções tronco e copa apontarão.

155	*Seke shawã vero*	Olhos de arara listrada
	Vero viki aíya	Os olhos pegam

Imi shawã vero — Olhos de arara sangue
Vero viki aíya — Os olhos pegam

Iso kamã vake — Filhotes de cão preto
Vake viki aíya — Filhotes pegam

160 *Atõ askámainõ* — Enquanto isso
Atõ awe shavovo — Suas irmãs
Awẽ pespa wetsãno — Num lado da árvore
Kara Mapo kene — Desenho Cabeça de Sapo
Kenekia raká — Desenho ali traçado
165 *Yosikia aíya* — Elas aprendem

Awẽ pespa wetsãno — Noutro lado da árvore
Sheki Toshkã kene — Desenho Trança de Milho
Kenekia raká — O desenho traçado
Yosikia aíya — Elas aprendem

170 *Awẽ pespa wetsãno* — Noutro lado da árvore
Txona Ĩtxok kene — Desenho Rabo de Macaco
Kenekia raká — O desenho traçado
Yosikia aíya — Elas aprendem

Awẽ pespa wetsãno — Noutro lado da árvore
175 *Kevõ Isã kene* — Desenho Bacaba
Kenekia raká — O desenho traçado
Yosikia aíya — Elas aprendem

Awẽ meã wetsãno — Num galho da árvore
Tama Meã kene — Desenho Galho de Árvore
180 *Kenekia raká* — O desenho traçado
Yosikia aíya — Elas aprendem

Kayõ Atxa kene — Desenho Pé de Pássaro
Yosikia aíya — Elas aprendem

Rachando Árvore

	Atõ awe shavovõ	E suas irmãs
185	*Atõ Tama reraa*	Da Árvore rachada
	Tama osho tosha	Branco toco de Árvore
	Matsi waka shakĩni	No rio-frescor
	Txoi iki voiya	Ali dentro jogam[18]
	Tama osho mese	Brancos nacos de Árvore
190	*Ãs iovãi*	Vão se espalhando
	Matsi waka shakĩni	No rio-frescor
	Shokoi voiya	Juntos afundam
	Ave anõshorao	Para assim deixar
	Yapa revo kawãno	Peixe se espalhar
195	*Aská aki avai*	Assim mesmo fazem
	Mevĩ ravĩvoãi	Mas do feito se envergonham[19]
	Tama chinãivoya	Os mais sabidos[20]
	Mevĩ ravĩkãi	E do feito envergonhados
	Naí votĩ ikitõ	Aonde céu encurva
200	*Ivai ini voita*	Juntos todos vão
	Vari paka voro	No toco de taboca-sol[21]
	Maso tanáirinõ	Ali em cima
	Shokoi voiya	Lá vão viver
	Vore Sere Tama	Vore Sere Tama
205	*Peso Peso Romeya*	E Pajé Peso Peso
	Mevĩ ravĩvaĩni	Do feito envergonhados
	Naí votĩ ikitõ	Aonde céu encurva

---

[18] Cortam a árvore em pedaços pequenos e os arremessam no rio, dando assim surgimento aos peixes. (Um segundo surgimento dos peixes, aliás, pois o demiurgo Ene Voã também já os tinha feito antes.)

[19] Envergonham-se de ter derrubado a árvore.

[20] Os chefes dos *Tama Owavo* (Povo da Flor da Árvore), que derrubaram Árvore junto com o Povo Sol.

[21] Metáfora para as colinas nas quais constróem suas aldeias.

	Ivai ini voita	Juntos todos vão
	Vari yawa sheta	Com seus machados
210	*Atõ roe atõ*	De dente de queixada-sol
	Shane tama yora	Árvore-azulão
	Rovo tama yora	Árvore-japó
	Vari tama yora	E árvore-sol
	Nareinivai	Seus troncos furam
215	*Kini shovimainai*	E buracos fazem[22]
	Nai votĩ ikitõ	Aonde céu encurva
	Ivai ini voita	Juntos todos vão
	Vari paka voro	No toco de taboca-sol
	Masotaná irino	Ali em cima
220	*Shokoi voiya*	Juntos vão viver
	Vari kapi voro	No toco de mata-pasto-sol
	Masotaná irino	Ali em cima
	Shokoi voia	Juntos vão viver
	Varĩ vake Nawavo	Filhos do Povo Sol
225	*Askákia aíya*	Assim mesmo fizeram

---

[22] A sequência das linhas 209 a 215 é uma metáfora para as relações sexuais que mantêm com suas mulheres (cavar buracos no tronco de árvores) e, por consequência, para o povo que vão espalhar na futura terra.

Mapa

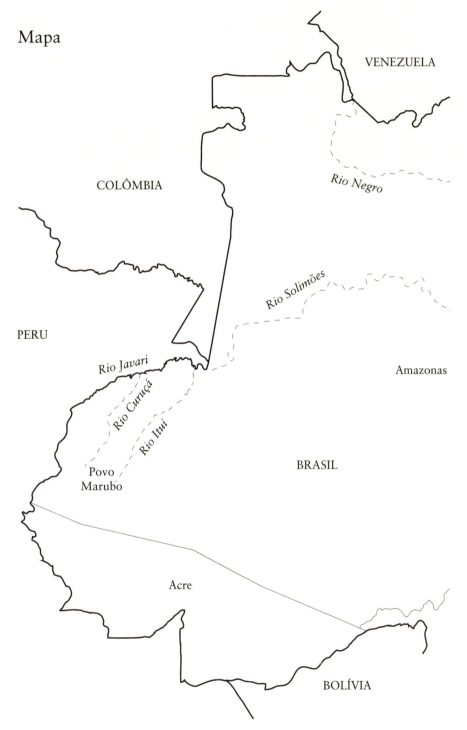

Bibliografia

AGAMBEN, Giorgio (2007). *Profanações*. São Paulo: Boitempo Editorial.

ALBERT, Bruce; KOPENAWA, Davi (2010). *La chute du ciel: paroles d'un chaman yanomami*. Paris: Plon.

ANDRELLO, Geraldo (2010). "Falas, objetos e corpos: autores indígenas no Alto Rio Negro". *Revista Brasileira de Ciências Sociais*, v. 25, n° 73.

BASTOS, Rafael José de Menezes (1990). *A festa da jaguatirica: uma partitura crítico--interpretativa*. Tese de Doutorado: Universidade de São Paulo.

_____ (2007). "Música nas sociedades indígenas das terras baixas da América do Sul: estado da arte". *Mana*, v. 13, pp. 293-316.

BASSO, Ellen (1987). *In favor of deceit*. Tucson: University of Arizona Press.

_____ (1995). *The last cannibals*. Austin: University of Texas Press.

BERTRAND-RICOVERI, Pierrette (2005). *Mythes de l'Amazonie: une traversée de l'imaginaire shipibo-conibo*. Paris: L'Harmattan.

BROTHERSTON, Gordon; MEDEIROS, Sérgio (orgs.) (2007). *Popol Vuh*. São Paulo: Iluminuras.

BUCHILLET, Dominique. 1997. "Nobody is there to hear". *In*: LANGDON, J.; BAER, G. (orgs). *Portals of Power*. Albuquerque: University of New Mexico Press, pp. 211-31.

CABRERA, Luis Urteaga (1995). *L'univers enchanté des indiens Shipibos: une version littéraire des mythes et légendes de la tradition orale shipibo-conibo*. Paris: Galli-mard.

CADOGAN, Leon (1959). "Ayvu Rapyta: textos míticos de los Mbya-Guaraní del Guairá". *Antropologia*, n° 5, Boletim 227. São Paulo: Universidade de São Pau-lo.

CAMPOS, Haroldo de (2000). *Bere'shith: a cena da origem*. São Paulo: Perspectiva.

CAPISTRANO DE ABREU, João (1941 [1914]). *Rã-Txa Hu-ni-ku-ĩ: gramática, textos e vocabulário kaxinauás*. Rio de Janeiro: Edição da Sociedade Capistrano de Abreu.

CARNEIRO DA CUNHA, Manuela (1986). *Antropologia do Brasil*. São Paulo: Brasiliense/Edusp.

_____ (2009). *Cultura com aspas*. São Paulo: Cosac Naify.

CARNEIRO DA CUNHA, Manuela (org.) (2009). *Tastevin, Parrissier: fontes sobre os índios e seringueiros do Alto Juruá*. Rio de Janeiro: Museu do Índio/ FUNAI.

CARNEIRO DA CUNHA, Manuela; ALMEIDA, Mauro (orgs.) (2002). *Enciclopédia da floresta*. São Paulo: Companhia das Letras.

CARNEIRO DA CUNHA, Manuela; VIVEIROS DE CASTRO, Eduardo (2009). "Vingança e temporalidade: os Tupinambá". *In*: CARNEIRO DA CUNHA, Manuela. *Cultura com aspas*. São Paulo: Cosac Naify, pp. 77-101.

CARRUTHERS, Mary (1990). *The book of memory*. Cambridge: Cambridge University Press.

CESARINO, Pedro (2010). "Donos e duplos: relações de conhecimento, propriedade e autoria entre os Marubo". *Revista de Antropologia*, v. 53, nº 1, pp. 147-99. São Paulo: Universidade de São Paulo.

_____ (2011a). *Oniska: poética do xamanismo na Amazônia*. São Paulo: Perspectiva/FAPESP.

_____ (2011b). "Entre la parole et l'image: le systhème mythopoïetique marubo". *Journal de la Société des Américanistes*, v. 97, nº 1, pp. 223-59.

_____ (2011c). "Cartografias do cosmos: imagem, palavra e conhecimento entre os Marubo", ms.

_____ (2011d). "Le problème de la duplication et de la projection visuelle chez les Marubo". *Images Re-Vues*, 8. Disponível em: http://imagesrevues.revues.org/501.

_____ (2012). "A escrita e os corpos desenhados". *Revista de Antropologia*, v. 55, nº 1, pp. 75-139. São Paulo: Universidade de São Paulo.

CLASTRES, Pierre (1974a). *Le grand parler: mythes et chants des indiens Guarani*. Paris: Seuil.

_____ (1974b). *La société contre l'État*. Paris: Les Éditions de Minuit.

_____ (2004). *Pierre Clastres: arqueologia da violência*. São Paulo: Cosac Naify.

COSTA, Luiz Antonio da Silva (2010). "The Kanamari Body-Owner. Predation and Feeding in Western Amazonia". *Journal de la Société des Américanistes*, v. 96, nº 1, pp. 169-92.

COSTA, Raquel (1992). "Padrões rítmicos e marcação de caso em marubo (pano)". Dissertação de Mestrado: Universidade Federal do Rio de Janeiro.

_____ (1998). "Aspects of ergativity in marubo (Panoan)". *Journal of Amazonian Languages*, v. 1, nº 2, pp. 50-103.

Coleção Narradores Indígenas (diversos autores) (1980- 2006). São Gabriel da Cachoeira, FOIRN, 8 vols.

COURSE, Magnus (2009). "Why Mapuche Sing". *Journal of the Royal Anthropological Institute*, V. 15, n° 2, pp. 295-313.

D'ANS, André- Marcel (1978). *Le dit des vrais hommes: mythes, contes, légendes et traditions des indiens Cashinahua*. Paris: Union Générale d'Éditions.

DAMATTA, Roberto (1977). *Ensaios de antropologia estrutural*. Petrópolis: Vozes.

DE CIVRIEUX, Marc (1980 [1970]). *Watunna: an Orinoco creation cycle*. Tradução e organização de David Guss. Berkeley: North Point Press.

DÉLÉAGE, Pierre (2006). *Le Chamanisme Sharanahua: enquête sur l'apprentissage et l'épistemologie d'un rituel*. Thèse de Doctorat. Paris: École des Hautes Études en Sciences Sociales.

_____ (2009a). *Le chant de l'anaconda: l'apprentissage du chamanisme chez les Sharanahua (Amazonie occidentale)*. Nanterre: Société d'Ethnologie.

_____ (2009b). "Les Amérindiens et l'écriture". *L'Homme*, v. 190, pp. 191-8.

_____ (2011). "Présentation. Les discours du rituel". *Journal de la Société des Américanistes*, v. 97, n° 1, pp. 77-87.

DETIENNE, Marcel (1967). *Les maîtres de vérité dans la Grèce archaïque*. Paris: Maspero.

_____ (1981). *L'invention de la mythologie*. Paris: Gallimard.

DIEGUES, Douglas; SEQUERA, Guillermo (2006). *Kosmophonia Mbyá-Guarani*. São Paulo: Mendonça & Provazi Editores.

FLECK, David (2003). *A grammar of Matses*. PhD Thesis, Rice University.

FOUCAULT, Michel (2009). *O que é um autor?* Lisboa: Nova Vega.

FRANCHETTO, Bruna (2000). "Rencontres rituelles dans le Haut Xingu: la parole du chef". *In*: MONOD-BECQUELIN, Aurore; ERIKSON, Philippe (orgs.). *Les Rituels du Dialogue: promenades ethnolinguistiques en terres amérindiennes*. Nanterre: Société d'Ethnologie, pp. 481-510.

_____ (2001). "Ele é dos outros. Gêneros de fala cantada entre os Kuikuro do Alto Xingu". *In*: MATTOS, Cláudia; TRAVASSOS, Elizabeth; MEDEIROS, Fernanda Teixeira. (orgs.). *Ao encontro da palavra cantada: poesia, música e voz*. Rio de Janeiro: 7 Letras/CNPQ, pp. 40-52.

_____ (2003). "L'autre du même: parallélisme et grammaire dans l'art verbal des récits Kuikuro (caribe du Haut Xingu, Brésil)". *Amérindia (CNRS)*, v. 28, pp. 213-48.

_____ (2008). "A guerra dos alfabetos: os povos indígenas na fronteira entre o oral e o escrito". *Mana*, v. 14, n° 11, pp. 31-59.

GARCIA, Wilson Galhego (2003). *Nhande Rembypy: nossas origens*. São Paulo: Editora Unesp.

GOW, Peter (1999). "A geometria do corpo". *In*: NOVAES, Adauto (org.). *A outra margem do Ocidente*. São Paulo: Companhia das Letras, pp. 299-317.

Bibliografia

GUIMARÃES, Daniel Werneck Bueno (2002). *De que se faz um caminho: tradução e leitura de cantos kaxinawá*. Dissertação de Mestrado: Universidade Federal Fluminense.

HANSEN, João Adolfo (2006). "Anchieta: poesia em tupi e produção da alma". *In*: ABDALA JR., Benjamin; CARA, Salete de Almeida (orgs.). *Moderno de nascença: figurações críticas do Brasil*. São Paulo: Boitempo, pp. 11-26.

HILL, Jonathan (2008). *Made-from-bone: trickster myths, music and history from the Amazon*. Champaign: University of Illinois Press.

HUGH-JONES, Stephen (2010). "Entre l'image et l'écrit: la politique tukano de patrimonialisation en Amazonie". *Cahiers des Amériques Latines*, v. 63-4, pp. 195-227.

HYMES, Dell (1981). *"In vain I tried to tell you": essays in Native American ethnopoetics*. Filadélfia: University of Pennsylvania Press.

ÍNDIOS KAXINAWÁ (2007). *Huni Meka: cantos do Nixi Pae*. Rio Branco: Comissão Pró-Índio do Acre. Disponível em: <www.cpiacre.org.br/pdfs/hunimeka.pdf> (acesso em 29/05/2012).

KOCH-GRÜNBERG, Theodor (2006). *Do Roraima ao Orinoco*, v. I. São Paulo: Editora Unesp.

LAGROU, Elsje (2007). *A fluidez da forma*. Rio de Janeiro: Topbooks.

LÉVI-STRAUSS, Claude (1964). *Le cru et le cuit*. Paris: Plon.

_____ (1966). *Du miel aux cendres*. Paris: Plon.

_____ (1971). *L'homme nu*. Paris: Plon.

_____ (1993). *História de lince*. São Paulo: Companhia das Letras.

_____ (2004 [1964]). *O cru e o cozido*. São Paulo: Cosac Naify.

LIMA, Tânia Stolze (1996). "O dois e seu múltiplo: reflexões sobre o perspectivismo em uma cosmologia tupi". *Mana*, v. 2, nº 2.

_____ (2005). *Um peixe olhou para mim: o povo yudjá e a perspectiva*. São Paulo: Unesp/ISA/NuTI.

LORD, Albert (1985). *The singer of tales*. Nova York: Atheneum.

MARUBO, Armando Mariano (2008). "Depoimento" (tradução de Pedro Cesarino). *Azougue: Edição Especial 2006-2008*. CESARINO, Pedro; COHN, Sergio; REZENDE, Renato (orgs.). Rio de Janeiro: Azougue Editorial.

MEDEIROS, Sérgio (org.) (2002). *Makunaíma e Jurupari: cosmogonias ameríndias*. São Paulo: Perspectiva.

MELATTI, Julio Cezar (1977). "Estrutura social Marubo: um sistema australiano na Amazônia". *Anuário Antropológico*, nº 76, pp. 83-120.

_____ (1985). "A origem dos brancos no mito de Shoma Wetsa". *Anuário Antropológico*, nº 84, pp. 109-73.

MELATTI, Julio Cezar; MONTAGNER, Delvair (1999). *Mitologia marubo*, ms.

MESCHONNIC, Henri (2010). *Poética do traduzir*. São Paulo: Perspectiva.

MINDLIN, Betty; SURUÍ PAITER, Narradores Indígenas (2007). *Vozes da origem*. Rio de Janeiro: Record.

MINDLIN, Betty; Narradores Indígenas (2001a). *O primeiro homem e outros mitos dos índios brasileiros*. São Paulo: Cosac Naify.

MINDLIN, Betty; TSORABÁ, Digüt; CATARINO, Sebirop; GAVIÃO, Outros Narradores (2001b). *Couro dos espíritos: namoro, pajés e cura entre os índios Gavião--Ikolen de Rondônia*. São Paulo: Senac/Terceiro Nome.

MONTAGNER, Delvair (1996). *A morada das almas*. Belém: Museu Paraense Emílio Goeldi.

MUSSA, Alberto (2009). *Meu destino é ser onça*. Rio de Janeiro: Record.

NIMUENDAJÚ, Curt Unkel (1987). *As lendas da criação e destruição do mundo como fundamentos da religião dos Apapocúva-Guarani*. São Paulo: Hucitec/Edusp.

OAKDALE, Suzanne (2005). *I foresee my life: the ritual performance of autobiography in an Amazonian community*. Lincoln: The University of Nebraska Press.

PERRIN, Michel. (1996 [1976]). *Le chemin des indiens morts*. Paris: Payot.

RUEDAS, Javier (2002). "Marubo discourse genres and domains of influence: language and politics in an Indigenous Amazonian village". *International Journal of American Linguistics*, v. 68, n° 4, pp. 447-82.

_____ (2004). "History, ethnography, and politics in Amazonia: implications of diachronic and synchronic variability in Marubo politics". *Tipití*, v. 2, n° 1, pp. 23-65.

SÁ, Lucia (2004). *Rain forest literatures: Amazonian texts and Latin American culture*. Minneapolis: The University of Minnesota Press.

SAEZ, Oscar Calavia (2000). "O Inca pano: mito, história e modelos etnológicos". *Mana*, v. 6, n° 2, pp. 7-35.

SAGUIER, Rubén Barreiro (1980). *Literatura guaraní del Paraguay*. Caracas: Biblioteca Ayacucho.

SEEGER, Anthony (1987). *Why Suyá sing*. Cambridge: Cambridge University Press.

SHERZER, Joel (1983). *Kuna ways of speaking*. Austin: University of Texas Press.

_____ (1990). *Verbal art in San Blas*. Albuquerque: University of New Mexico Press.

SEVERI, Carlo (2007). *Le principe de la chimère: une anthropologie de la mémoire*. Paris: Musée du Quai Branly/Éditions Rue d'Ulm.

STRADELLI, Ermanno (2009). *Lendas e notas de viagem*. São Paulo: Martins Fontes.

TAYLOR, Gerald (1980). *Rites et traditions de Huarochirí*. Paris: L'Harmattan.

TEDLOCK, Dennis (1983). *The spoken word and the work of interpretation*. Filadélfia: University of Pennsylvania Press.

TOWNSLEY, Graham (1993). "Song paths: the ways and means of Yaminawa shamanic knowledge". *L'Homme*, n° 126-8, pp. 449-68.

TUGNY, Rosângela Pereira de (2009a) (org.). *Cantos e histórias do Morcego-Espírito e do Hemex*. Rio de Janeiro: Azougue Editorial.

_____ (2009b). *Cantos e histórias do Gavião-Espírito*. Rio de Janeiro: Azougue Editorial.

URBAN, Greg (1991). *A discourse-centered approach to culture*. Austin: The University of Texas Press.

_____ (1996). *Metaphysical community*. Austin: The University of Texas Press.

VALENZUELA, Pilar (2003). *Transitivity in Shipibo-Konibo grammar*. PhD Thesis, University of Oregon.

VIANNA Baptista, Josely (2011). *Roça barroca*. São Paulo: Cosac Naify.

VIVEIROS DE CASTRO, Eduardo (1986). *Araweté: os deuses canibais*. Rio de Janeiro: Zahar/Anpocs.

_____ (2002). *A inconstância da alma selvagem*. São Paulo: Cosac Naify.

_____ (2003). "AND: After-dinner speech given at Anthropology and Science, The 5th Decennial Conference of the Association of Social Anthropologists of the UK and Commonwealth". Manchester: University of Manchester.

_____ (2006). "A floresta de cristal: notas sobre a ontologia dos espíritos amazônicos". *Cadernos de Campo*, n° 14/15, pp. 319-39.

_____ (2007). "Filiação intensiva e aliança demoníaca". *Novos Estudos*, n° 77, pp. 91-126. São Paulo: Cebrap.

WELPER, Elena (2009). "O mundo de João Tuxáua: (trans)formação do povo Marubo". Tese de Doutorado, Programa de Pós-Graduação em Antropologia Social, Museu Nacional/Universidade Federal do Rio de Janeiro.

WERLANG, Guilherme (2002). *Emerging peoples: Marubo myth-chants*. Phd Thesis, University of Saint Andrews.

WISTRAND, Lila May (1976). "La poesia de las canciones cashibo". *Datos etno-linguisticos*, n° 45, Lima.

WRIGHT, Robin (1993). "Pursuing the Spirit: semantic construction in Hohodene Kalidzamai chants for initiation". *Amérindia (CNRS)*, n° 18, pp. 1-40.

ZUMTHOR, Paul (1983). *Introduction à la poésie orale*. Paris: Seuil.

Sobre os cantadores

Antonio Brasil Marubo, Lauro Brasil Marubo e Paulino Joaquim Marubo são importantes *kẽchĩtxo* (rezadores) que vivem no Alto Rio Ituí, na Terra Indígena Vale do Javari, Amazonas. Paulino é chefe da comunidade Paraguaçu. Antonio é chefe da comunidade Alegria, onde também vivia Lauro, já falecido.

Armando Mariano Marubo e Robson Dionísio Doles Marubo são pajés *romeya*, além de rezadores. Armando é chefe da comunidade Paraná e Robson é professor da comunidade Vida Nova, também localizadas no Alto Rio Ituí, na Terra Indígena Vale do Javari, Amazonas.

Todos eles têm sido responsáveis por resguardar a mitologia marubo e suas artes verbais, além de treinar jovens de seu povo no processo de aprendizagem dos saberes dos antigos.

Sobre o tradutor

Pedro de Niemeyer Cesarino nasceu em São Paulo, em 1977. É graduado em filosofia pela Universidade de São Paulo, e mestre e doutor em antropologia social pelo Museu Nacional/Universidade Federal do Rio de Janeiro. Especializado em etnologia indígena e nas relações entre antropologia, arte e literatura, realizou ainda um pós-doutorado em Letras na Universidade de São Paulo. Publicou *Oniska: poética do xamanismo na Amazônia* (Perspectiva/FAPESP, 2011), vencedor em terceiro lugar do Prêmio Jabuti de Ciências Humanas em 2012. Tem vários ensaios publicados em revistas como *Mana, Novos Estudos, Revista de Antropologia, Revista do Instituto de Estudos Avançados, Journal de la Société des Américanistes*, entre outras, além de textos literários. Entre 2010 e 2013 lecionou no Departamento de História da Arte da Universidade Federal de São Paulo e, atualmente, é professor do Departamento de Antropologia da FFLCH-USP.

ESTE LIVRO FOI COMPOSTO EM SABON
PELA BRACHER & MALTA, COM CTP DA
NEW PRINT E IMPRESSÃO DA GRAPHIUM
EM PAPEL PÓLEN SOFT 80 G/M² DA CIA.
SUZANO DE PAPEL E CELULOSE PARA A
EDITORA 34, EM ABRIL DE 2013.